离婚
纠纷
法律实务

雷　莉　郭庆敏 ◎ 著

中国法制出版社
CHINA LEGAL PUBLISHING HOUSE

前　言

　　《离婚纠纷法律实务》一书主要以《中华人民共和国民法典》（以下简称《民法典》）以及《最高人民法院关于适用〈中华人民共和国民法典〉婚姻家庭编的解释（一）》为依据编写。该书以"以案释法"的方式，总结实务中出现频率较高的法律问题结合案例进行系统性解答，通过分析，给予有针对性的指导，力求切实解决读者问题，帮助读者运用法律维护自己的合法权益，并传播法治思想。

　　本书共九章七十节，内容涉及诉前准备、法院判决离婚的情形、未成年子女抚养、离婚财产分割、夫妻共同债务的认定与处理、离婚救济、离婚调解、离婚证据的收集与效力以及其他离婚纠纷的处理，涵盖诉讼离婚中通常涉及的焦点问题。每节内容均由案例引入、律师分析和律师提示三个部分组成。其中，案例引入部分主要援引我国人民法院近些年判决的真实且典型的司法案例，对其进行梳理和简化。律师分析部分结合相关法学理论及法律规定，主要从律师实务的角度阐明案例所涉及的法律问题及如何解决所争议的焦点问题。通过对案例的解析，让读者轻松易懂地学到法律知识。律师提示部分为读者解决此类问题提出相应的建议，并对关联法律知识进行提示和延伸。

　　本书以问题为导向，引用典型离婚案例，以法律法规为基础进行法律分析，最后结合作者丰富的实务经验给出专业建议。法律从业者可将本书作为实务参考；有意了解离婚纠纷信息的非法律从业者，也可以从这本书中找到在离婚纠纷中需要解决的问题。最后，衷心希望本书能够成为读者学习离婚法律知识和维护其合法权益的助手！此外，由于笔者研究水平有限，本书对相关法律问题的研究可能不够深入，恳请读者批评指正，以待进一步研究和完善。

雷莉　郭庆敏

目录
contents

第五章　夫妻共同债务的认定与处理

第六章　离婚救济

第一章
提起离婚诉讼前的准备

凡事豫（预）则立，不豫（预）则废。

——《礼记·中庸》

本章导读

◆ 离婚前的心理准备

◆ 穷尽一切办法调解无果再起诉

◆ 决定起诉离婚前的证据材料准备

◆ 如何选择专业的婚姻家事律师？

第一节 ┃ 离婚前的心理准备

《礼记·昏义》有曰："昏礼者，将合二姓之好，上以事宗庙，而下以继后世也。故君子重之。"结婚乃人生之大事，意味着新生家庭的建立；离婚则是两个人婚姻的终结，意味着原有家庭的破碎，正如马克思所说，"几乎任何的离婚都是家庭的离散"。因此，在离婚前，双方必须做好充分的心理准备。这些心理准备主要包括哪些呢？本节拟就此进行探讨。

一、案例引入

案例来源：（2016）皖1503民初2959号

案情简介：原告吴某与被告李某系自由恋爱，于××××年××月××日登记结婚。双方婚后生育一子。在双方共同生活期间，被告隐瞒原告在外大量借款，原告已为被告偿还借款多达40万元，为此原告于2015年7月向法院提起离婚诉讼，法院审理后判决不准离婚。但双方在该判决作出后仍未能和好，一直处于分居状态。原告于2016年7月再次向法院起诉离婚。

法院认为，原、被告虽系自由恋爱，且婚后双方共同生活十多年，但被告在共同生活期间，隐瞒原告在外大量借款，对原告造成极大伤害。原告为此已提起离婚诉讼，在法院判决不准离婚后，双方未能和好，互不履行夫妻义务，且分居已满一年，现原告再次提出离婚，被告亦表示同意，仅要求原告再次为其偿还部分债务，足见被告对离婚有充分的心理准备，说明夫妻感情确已破裂，故本院准予离婚。原告要求抚养子女，当庭不要求被告承担子女抚养费，被告表示同意，故婚生子由原告抚养。

二、律师分析

《民法典》第1079条第5款规定："经人民法院判决不准离婚后，双方又分居满一年,一方再次提起离婚诉讼的,应当准予离婚。"在上述案件中,双方当事人第一次诉讼离婚未被法院准许,分居已满一年后原告再次提出离婚。根据上述规定,法院应当准予离婚。长达一年的分居足以说明当事人对离婚已经做好较长时间的心理准备,包括对离婚事实的接受、对子女抚养的安排等。

对于离婚前的心理准备,我国《民法典》及相关司法解释并未明文规定。但基于离婚对当事人、子女和家庭均会产生重大影响,若没有对离婚做好心理准备,突如其来的离婚变故可能会使人失去理智,做出危害对方的过激行为。那么,离婚前应做好哪些方面的心理准备呢?笔者认为,离婚前主要应当做好以下六个方面的心理准备:

第一,确认夫妻感情是否彻底破裂,不可挽回。婚姻需要双方的精心经营,夫妻感情不和谐,不是一朝一夕之事,而是日积月累的结果。如果夫妻感情仅是出现裂痕,应早作修复。但若夫妻感情确已无可挽回地破裂,切忌意气用事或者过于情绪化,而应该从现实出发,在解除婚姻的同时保护好自己的合法利益。

第二,反思自己是否放大了对方的缺点和婚姻的痛苦。一个人身上的优点和缺点不会轻易随时间而改变。曾经让你决定与对方结婚的优点,现在却无法挽留你,是这个优点真的不再重要,还是你彻底地忽略了对方的优点而放大了其缺点。对于年轻夫妻,在孩子刚出生不久时,夫妻之间的矛盾可能会增多,但这是大多数婚姻必经的一个阶段,挺过去之后会发现,由于新生命的加入,夫妻从过去的单纯二人世界的快乐过渡到承担共同抚育儿女的责任,是婚姻中必经的一个磨合期。

第三,做好单身或者单亲父母的心理准备。离婚意味着夫妻关系的解除,双方恢复单身,未来需要独自应对生活中遇到的种种困难。双方在离婚前需要考虑自己是否已经做好这方面的心理准备。双方还需要考虑余生寻求新伴侣,追求幸福难度如何?如果离婚,你希望过上什么样的生活,并且怎样去实现这种生活?此外,对于有子女的家庭,也要考虑做好独自抚养孩子的心理准备。离婚后,现在的经济能力是否能争取到孩子的抚养权?争取到抚养权后，如何应对孩子的生活、学习以及青春期可能有的叛逆？

第四，能否找出婚姻失败的主要原因，并保证不再重蹈覆辙。大部分人离婚后，没有准确找出离婚的主要原因，无法有效地调整自己的行为，以至于投入下一段感情或婚姻后，可能也是以分手或离婚收场。

第五，认真考虑离婚时需要处理的事宜。在决定离婚时，和对方好好商量，提出解决方法；或者让对方就离婚事宜提出具体的方案。例如，子女的抚养如何安排，共同财产如何分割，夫妻共同债务如何清偿等。在对方提出具体方案后，如果认为不合理，可与对方进一步沟通，提出自己的看法和要求。因此，在对方提出离婚而自己毫无准备的情况下，需要冷静考虑夫妻关系是否还有维持的必要，同时考虑好子女抚养、财产分割及债务清偿等事宜。

第六，安抚子女。离婚对子女的冲击非常大，因此做好子女的心理辅导十分必要，如果子女处于中考、高考前的关键时期，父母最好不要提出离婚，建议等考试结束后，再向子女说明。

三、律师提示

离婚前双方当事人应当做好心理准备，以免无法接受意料之外的结果而作出偏激的举动。笔者认为，对于离婚前的心理准备，应当注意如下五点：

第一，离婚前的沟通。婚姻中的很多误会和矛盾是因为没有及时沟通导致的。真诚地沟通后，我们也许会发现，婚姻中出现的问题绝大部分不过是些小问题。只要双方稍作调整，这些问题都会迎刃而解。

第二，不要轻易作出离婚决定。结婚是一生中最重要的决定，离婚同样如此，因此应当慎重作出离婚决定。

第三，考虑离婚成本。婚姻是一个利益共同体，离婚意味着夫妻关系结束、财产减少。离婚带来的负面影响可能是离婚前意想不到的。生活本不容易，若再放纵自己的欲望，人为制造离婚，毁掉自己多年辛苦积累的成果，非常不可取。

第四，考虑离婚的影响。双方在离婚前需要考虑离婚对自己、子女、家庭等方面的重大影响。

第五，找一位专业的律师做法律顾问。当面临离婚时，双方在财产分割、子女抚养等方面难免会锱铢必较。在离婚之前，当事人最好找专业的律师为其提供这方面的帮助。律师通过专业分析，帮助当事人分析离婚的必要性和可能性；财产分割、子女抚养、债务清偿等可以作出何种安排；如果起诉离婚，可能会有怎样的结果；等等。做到心中有数，遇事不慌，从容不迫。

第二节 ▏ 穷尽一切办法调解无果再起诉

纠纷解决，特别是离婚纠纷的解决，我们建议尽量和解或者调解结案。柔和的和解或者调解结案往往比理性的裁判结果，更能案结事了。诚然，"一纸判决"虽可以暂时化解矛盾纠纷，但不能从根本上修复破损的亲情和人际关系，无法最终实现案结事了，达到定分止争之目的。当事人双方发生离婚纠纷，如果一方诉至法院，调解为纠纷的解决提供了一条更加人性化的道路，避免当事人在法庭上"针锋相对""六亲不认"。本节就离婚的诉前调解进行探析。

一、案例引入

案例来源：南昌市青云谱区胡某某与邹某某婚姻家庭纠纷调解案[①]

案情简介：2016年5月，胡某某经人介绍与邹某某相识恋爱，同年10月双方登记结婚。邹某某系初婚且比胡某某大十多岁，刚结婚时双方恩爱有加，彼此能容忍各自的不足和缺点。然而，到2017年7月，胡某某生下女儿后，夫妻矛盾不断出现。胡某某不能容忍邹某某邋遢和粗暴的性格，生活中不注意细节，衣服鞋子随手乱放。出于"勤俭持家、共同爱家"的目的，胡某某一心想改造邹某某，因此总是说邹某某的不是。邹某某逐渐开始厌烦，并嫌她唠叨，有时甚至会动手打胡某某，并不准她去看望女儿。长此以往，夫妻矛盾不断恶化。2018年9月，胡某某与邹某某到村委会吵闹要离婚，该村人民调解委员会调解员得知该情况后，主动介入。

针对双方矛盾的焦点，调解员采用"背对背调解法""正反剖析法"等策略调解胡某某与邹某某之间矛盾，最后双方和好。调解员的调解意见如下：

[①] 南昌市司法局：《南昌市青云谱区胡某某与邹某某婚姻家庭纠纷调解案》，网址：http://www.xingguo.gov.cn/xgxxxgk/xg10926/202204/12444c9020484137b80ddeb5d8f173b9.shtml，最后访问日期为2023年4月18日。

第一，邹某某必须书面承诺往后无论如何都不再实施家暴，否则将追究其相应的责任。第二，邹某某在往后的生活中要惜家爱家，尽快改变邋遢随意的性格。第三，胡某某需改善沟通方式，忌反复唠叨，为人不能太强势，凡事记得给丈夫邹某某留余地。夫妻两人听了调解员的意见后，一致表示同意，双方当场签订了调解协议，握手言和。

二、律师分析

我国《民法典》第1079条第1款规定："夫妻一方要求离婚的，可以由有关组织进行调解或者直接向人民法院提起离婚诉讼。"据此，夫妻一方要求离婚，另一方不同意离婚，或者夫妻双方同意离婚但对子女抚养、财产分割等问题不能达成一致的，既可以在申请离婚诉讼前由有关组织进行调解，也可以不经调解直接向人民法院起诉离婚。离婚诉讼前由有关组织进行的调解称为诉讼外调解，也称诉前调解。

在上述案例中，胡某某与邹某某采取的调解方式即为诉讼外调解。诉讼外调解不是离婚的必经程序，不具有法律强制性，应遵循自愿、合法原则，不得强迫对婚姻当事人进行调解。因此，婚姻当事人可以自由决定是否先经过诉讼外的调解程序，由哪些组织进行调解。诉讼外调解不影响婚姻当事人直接向人民法院提出离婚诉讼。这里的"有关组织"是指当事人所在单位、群众组织、村民委员会或居民委员会、人民调解机构、法律服务机构、婚姻登记机关。[①]在本案中，当事人是由人民调解机构进行调解的。

在诉讼外调解中，由于"有关组织"不是审判机关，双方当事人的对立性不强，可以做到不进一步伤害夫妻感情、有利于改善夫妻关系、消除对立情绪。因此此类调解也易于被当事人接受，这对于防止当事人轻率离婚起着积极作用。

诉讼外调解一般有三种结果：一是调解和好。双方重归于好，继续生

---

① 陈苇主编：《婚姻家庭继承法学》（第四版），中国政法大学出版社2022年版，第248页。

活。二是调解离婚。经过调解，双方同意离婚并达成离婚协议，当事人到婚姻登记受理机关办理离婚登记手续。根据现行《最高人民法院关于适用〈中华人民共和国民事诉讼法〉的解释》第148条第1款的规定，对于当事人调解达成协议后，请求人民法院按照调解协议的内容制作判决书的，人民法院不予准许。三是调解无效。一方坚持离婚，另一方坚持相反意见，或者双方都同意离婚，但在子女抚养、财产及债务处理等事项上无法达成一致意见，可诉诸法院解决。[①]

三、律师提示

目前离婚虽然非常普遍，但离婚对当事人、子女及家庭造成的伤害却不容小觑。诉讼外调解具有"防止轻率离婚，维护家庭稳定"之功能。它是诉讼的替代性纠纷解决方式，应当引起人们的足够重视。

笔者认为，当事人应在穷尽一切办法调解无果后再诉讼离婚。在婚姻生活中，双方难免会有一些矛盾和冲突，有时逞一时之气，就会使矛盾扩大，冲突变得激烈。由此，一些尚未达到夫妻感情确已破裂程度的当事人也会要求离婚。若通过诉讼外调解，可以促使双方当事人平息怨恨、减少敌对，对自己的婚姻状况和今后的生活进行充分的考虑，珍惜自己与配偶的婚姻关系。诉讼外调解用最温和、最暖心的方式，将纠纷化解于萌芽状态。若调解和好不成，双方仍坚持离婚，也可以调解离婚。在此种情况下，调解离婚有助于友好达成离婚协议，促进协议的履行。此外，调解还具有保密性，这有利于保护当事人的隐私。

[①] 黄薇主编：《中华人民共和国民法典婚姻家庭编释义》，法律出版社2020年版，第142页。

第三节 ┃ 决定起诉离婚前的证据材料准备

"打官司就是打证据。"在司法实践中,只有掌握了充分的证据,在对证据进行分析的基础上,才能较为客观地确定期望值。离婚案件涉及夫妻关系的解除、子女抚养、财产分割、债务清偿、离婚救济等内容。在诉讼离婚中原则上遵循"谁主张,谁举证"的原则。因此,提起离婚诉讼的一方,负有举证证明夫妻感情确已破裂的责任;主张财产属于其个人财产的一方,负有举证证明其主张的财产是其个人财产的责任,否则会被推定为夫妻共同财产;主张抚养子女的一方,负有举证证明子女由其抚养更有利于子女健康成长的责任;要求另一方给予离婚损害赔偿、经济帮助或者经济补偿的一方,负有举证证明另一方存在法定情形的责任。在起诉离婚之前,当事人应当准备哪些证据材料呢,本节拟就此问题进行探讨。

一、案例引入

案例来源:杭锦旗人民法院

案情简介:陈女士与张先生曾是一对恩爱夫妻。但随着家庭经济条件的不断改善,陈女士发现丈夫回家的时间越来越少,出差的日子却越来越多。陈女士还发现,丈夫经常与一名女子频繁联系。在不断的猜忌和争吵中,张先生承认他与该名女子有亲密关系。但他对妻子说:"我心里并没有她,只是工作压力大,生活在这样的家里,感觉好累。"因此,张先生并不愿就此与妻子分手,他向陈女士表示,自己愿与外面的女子斩断联系,回归家庭,如果对家庭不忠,将自愿把房产留给陈女士,作为抚养孩子的保障。已经不信任丈夫的陈女士,偷偷将丈夫的"坦白"用手机录下。但因为猜疑,两人的关系在几年里并没有得到改善,争吵不断升级。两人都在婚姻中伤痕累累,不堪忍受的张先生向法院提交了诉状,要求与陈女士离婚,财产一人一半。

张女士向法庭提交了一张光盘，该光盘里记录着几年前丈夫的录音，以证明丈夫曾经有出轨的事实，要求法院判令丈夫少分财产。法院委托司法鉴定科学研究院对这份录音证据进行司法鉴定。鉴定人发现陈女士将原本储存在手机中的录音刻录成了光盘，并且录音格式有变化，要求她提交录音原件。陈女士解释说，为了妥善保管，她找了一个街边的手机店，将录音拷贝到光盘上保存起来，而原本手机中的录音由于时间较长早已被她删除了。法院因此未能采信这份录音证据。

二、律师分析

我国《最高人民法院关于民事诉讼证据的若干规定》（2019修正）第15条规定："当事人以视听资料作为证据的，应当提供存储该视听资料的原始载体。当事人以电子数据作为证据的，应当提供原件。电子数据的制作者制作的与原件一致的副本，或者直接来源于电子数据的打印件或其他可以显示、识别的输出介质，视为电子数据的原件。"上述案例中，陈女士删除了手机中的原始录音，导致录音的原始载体被转换，其证据来源遭到质疑。此外，手机店员把手机中的录音拷贝出来制作成CD格式存放在光盘中，这改变了录音的格式。格式被转换后，一方面，可用于鉴定证明未经过剪辑的很多特征消失；另一方面，格式转换本身也是一种人为的操作行为。这最终导致这份可能证明丈夫出轨的证据失去了证明力。由此，这份录音证据未被法院采信。

笔者认为，决定起诉离婚前当事人需要准备的证据材料主要有以下几类：

1.证明原被告诉讼主体资格及婚姻、子女关系的证据

此类证据主要包括：男女双方身份证、结婚证、户口簿、子女出生证等。

2.证明原被告婚姻关系破裂的证据

我国《民法典》第1079条第2款规定："人民法院审理离婚案件，应当进行调解；如果感情确已破裂，调解无效的，应当准予离婚。"该条第3款规定:"有下列情形之一,调解无效的,应当准予离婚:(一)重婚或者与他人同居;(二)实施家庭暴力或者虐待、遗弃家庭成员;(三)有赌博、吸毒等恶习屡教不改;(四)因感情不和分居满二年;(五)其他导致夫妻感情破裂的情形。"根据上述规定,当事人决定提起离婚诉讼前需准备夫妻任何一方存在重婚,与他人同居,家庭暴力,虐待、遗弃家庭成员,有赌博、吸毒等恶习屡教不改,夫妻因感情不和分居已满两年或者存在其他导致夫妻感情破裂的情形的证据。

第一,涉及重婚或者与他人同居的,应准备相关的结婚证,如一方在婚姻关系存续期间与第三者登记结婚领取的结婚证、一方与第三者生育的子女的出生证明、相关的居住证明和相片以及村(居)委会、公安机关出具的证明等证据。

第二,涉及家庭暴力的,可以准备如下证据:一是提供公安机关的出警记录、告诫书、伤情鉴定意见等;二是加害方在实施家暴后向受害方出具的"承诺书""悔过书"等;三是家人及他人出具的证人证言;四是遭受家暴时或者家暴发生后双方就家暴发生进行沟通的录音证据;等等。

第三,涉及吸毒、赌博等恶习屡教不改的,可以提交村(居)委会或者公安机关出具的证明;涉及行政处罚刑事犯罪的,可以提交有关处罚决定或者判决书。

第四,涉及夫妻分居的,可以提供双方签订的分居协议、一方在外居住的证明、证人证言等证据材料。需要注意的是,在原因上,这里的分居是指因感情不和分居,而非因工作、学习等原因暂时分开居住。此外,在时间上,还应证明因感情不和分居已满两年。

第五,决定起诉离婚前除了准备涉及前述情形的证据外,还可以准备存在其他的导致夫妻感情破裂的情形的证据。前述的"其他导致夫妻感情破裂的情形"属于兜底条款。在崔某与金某离婚纠纷案[①]中,法院认为:"本案

---

① 鞍山市铁西区人民法院(2017)辽 0303 民初 1322 号民事判决书。

原、被告虽结婚多年，但双方长期分居生活，被告对家庭不尽义务，造成原告两次来院诉讼要求与被告离婚，属于其他导致夫妻感情破裂的情形。"

3.证明原被告夫妻共同财产或者个人财产的证据

我国《民法典》第1062条规定，在夫妻关系存续期间所得的以下财产属于夫妻共同财产：（1）工资、奖金、劳务报酬；（2）生产、经营、投资的收益；（3）知识产权的收益；（4）继承或者受赠的财产，但是遗嘱或者赠与合同中确定只归一方的财产除外；（5）其他应当归共同所有的财产。该法第1063条规定，以下财产属于夫妻一方的个人财产：（1）一方的婚前财产；（2）一方因受到人身损害获得的赔偿或者补偿；（3）遗嘱或者赠与合同中确定只归一方的财产；（4）一方专用的生活用品；（5）其他应当归一方的财产。

夫妻共同财产或者个人财产的证据材料的准备事关当事人能够分割到多少财产。夫妻一方或者双方可以准备财产清单，列明财产的种类、数量、现状，取得时间和方式。财产主要包括房产、存款、股票基金等有价证券、股权、保险、住房公积金、养老金等。对于房产，可以准备房产证明、购房合同、交款发票、出资证明等。对于存款，应准备关于存款银行、账户、存款数额、存款时间等证据材料。夫妻一方或双方还可以准备证明双方经济状况的证据材料。例如，双方的收入、存款、债权债务等证明，这包括单位出具的证明、工资卡、存款人、账号、金额等。

4.有关子女抚养的证据

我国《民法典》第1084条第3款规定："离婚后，不满两周岁的子女，以由母亲直接抚养为原则。已满两周岁的子女，父母双方对抚养问题协议不成的，由人民法院根据双方的具体情况，按照最有利于未成年子女的原则判决。子女已满八周岁的，应当尊重其真实意愿。"根据该规定，当事人想争取子女抚养权的，应准备双方具体情况以及已满8周岁的子女的真实意愿的证明材料，这大致可以包括以下几类：

第一，关于夫妻双方的综合素质的证明材料。这包括有关当事人的道德修养、知识水平、身心健康状况和有无家庭暴力、赌博、酗酒、传染性疾病等严重影响未成年人身心健康的证据材料。

第二，关于夫妻双方抚养能力的证明材料。一是夫妻双方经济状况的证明材料。较好的经济实力有利于为子女提供更好的学习和生活环境，有利于争取子女的抚养权。因此，双方或一方可以准备相关的工资、存款等证明材料。二是双方的家庭情况的证明材料。根据我国《最高人民法院关于适用〈中华人民共和国民法典〉婚姻家庭编的解释（一）》第47条的规定，在双方条件基本相同的情况下，子女单独随祖父母或者外祖父母共同生活多年，且祖父母或者外祖父母要求并且有能力帮助子女照顾孙子女或者外孙子女的，可以作为父或者母直接抚养子女的优先条件予以考虑。据此，争取子女抚养权的一方可以准备有关子女的居住情况、父母的身份证明等证据材料。

第三，关于未成年子女的真实意愿的证明材料。要取得已满8周岁的未成年子女希望由何方抚养的意愿，可以给子女先做思想工作，客观分析子女由其抚养的利与弊，帮助子女作出客观明智的判断。需要注意的是，为了子女的健康成长，父母不应该为一己私利欺骗子女并诱导子女作出违背其真实意愿的决定。父母可以准备子女出生证、户口证明，子女愿意跟随哪一方生活的表示证明。

5.证明对方应提供离婚救济的证据

这里的离婚救济是指离婚损害赔偿、离婚经济补偿和离婚经济帮助。一方要求另一方提供上述救济的，可在提起离婚诉讼时准备相应的证据材料。

第一，关于离婚损害赔偿的证据材料准备。我国《民法典》第1091条规定："有下列情形之一，导致离婚的，无过错方有权请求损害赔偿：（一）重婚；（二）与他人同居；（三）实施家庭暴力；（四）虐待、遗弃家庭成员；（五）有其他重大过错。"因此，一方要求另一方提供离婚损害赔偿的，需准备对方存在上述情况的证据材料，这包括对方有上述情况而出具的保证书、认错书、忏悔书、协议书等文字材料；录音录像；证人证言；手机短信或者电子邮件的内容；微信、QQ等社交软件的聊天记录；等等。需要注意的是，请求离婚损害赔偿的一方应当是无过错的一方。

第二，关于离婚经济补偿的证据材料准备。我国《民法典》第1088条规定："夫妻一方因抚育子女、照料老年人、协助另一方工作等负担较多义务的，离婚时有权向另一方请求补偿，另一方应当给予补偿。具体办法由双方协议；协议不成的，由人民法院判决。"据此，要求另一方提供离婚经济补偿的，在诉讼离婚前应尽可能准备好因抚养子女、照料老年人、协助另一方工作等负担了较多义务的证据材料。

第三，关于离婚经济帮助的证据材料准备。我国《民法典》第1090条规定："离婚时，如果一方生活困难，有负担能力的另一方应当给予适当帮助。具体办法由双方协议；协议不成的，由人民法院判决。"由此，要求另一方提供离婚经济帮助的，一方面，生活困难的一方须准备自身患有重大疾病、无劳动能力、无经济来源等的证据材料；另一方面，该方还需要准备证明对方有负担能力的证明材料，如对方的收入证明等。

6.其他应当准备的证据材料

此类证据包括：引起离婚的原因的证明材料，如因第三者插足引起离婚的，提供第三者介入的具体事实、证人证言、视听资料等证明材料；有生理缺陷、精神疾病的，提供诊断书、鉴定书；曾经起诉离婚的，提供法院判决书、裁定书等材料；等等。

三、律师提示

第一，准备的证据应符合证据的三性。当事人在准备证据时，证据的三性必须同时齐备。真实性、合法性与关联性是任何一个民事诉讼证据必须同时具备的属性，缺一不可。

第二，及时固定重要证据。随着信息技术的不断发展，电子证据的证据形式也随之进入司法领域，这对我国传统的证据体系提出了新的挑战。手机短信、QQ、邮件、微信、录音录像等在一定条件下都可以作为证据使用，但当事人应及时有效固定此类证据。

第三，采用合法手段取得证据，排除非法证据。在离婚纠纷中，有关重婚、同居、婚外情等情感过错的证据往往具有隐秘性，收集难度较大。当事人准备证据时，应采用合法手段进行收集。否则辛苦收集的证据将招致不被采信的风险。此外，如果是通过录音记录谈话的过程，谈话时的态度、语气不能被认定为是在胁迫对方，如果被认定为在胁迫对方，录音证据将无法使用。

第四，注意提供证据的原始载体。当事人以视听资料作为证据的，应当提供存储该视听资料的原始载体。当事人以电子数据作为证据的，应当提供原件。人民法院调查收集视听资料、电子数据，应当要求被调查人提供原始载体。① 因此，应注意妥善保存此类证据的原始载体。

第五，培养证据意识。当事人平时应留意收集相关证据。例如，许多当事人由于缺少收集和固定证据的意识，在遭受家暴后未及时报案，最终影响对家暴事实的认定。

---

① 《最高人民法院关于民事诉讼证据的若干规定》（2019 修正）第 15 条、第 23 条。

第四节 ┃ 如何选择专业的婚姻家事律师？

随着人们观念的转变和法律意识的增强，婚姻家事诉讼案件大量增多。不仅如此，鉴于我国人口老龄化的加速、重组家庭的增多以及家庭财富的激增，继承纠纷也越来越多。此外，由于各国人口流动更加频繁，跨国婚姻也越来越多，加上高净值人群需求的增多等，使得婚姻家庭领域越来越需要专业的法律人士提供法律服务。目前法律服务领域中的律师也越来越多。那么，当事人应当如何选择专业、可靠的婚姻家事律师呢？本节拟就此进行探讨。

一、案例引入

案例来源：江苏法制报①

案情简介：镇江市司法行政部门开出首张罚单——一名假律师被责令停止非法执业，没收违法所得×××元，罚款×××元。与此同时，个别冒牌法律工作者也受到相应的处理。2009年6月，镇江市司法局律师管理部门接到群众举报，投诉王某冒充律师受理案件，收受律师代理费。该局执法人员随即立案展开调查。经查，王某在未取得律师执业证书的情况下，在该市报纸刊登广告、私自印发镇江×××律师事务所、私家律师名片，在某小区设立办公地点，进行非法执业。王某竟以收取律师代理费为由，向受骗群众开具收据，非法收取费用。

执法人员表示，根据我国《律师法》的相关规定，没有取得律师执业证书的人员以律师名义从事法律服务业务，非法代理案件，收受代理费用，由所在地的县级以上地方人民政府司法行政部门责令停止非法执业，没收违法

---

① 鲍成林、朱宇程：《"重拳"整顿法律服务市场——一假律师被罚千元》，载《江苏法制报》2009年12月25日第5版。

所得，处违法所得一倍以上五倍以下的罚款。

二、律师分析

根据《中华人民共和国律师法》（2017修正）（以下简称《律师法》）第55条的规定："没有取得律师执业证书的人员以律师名义从事法律服务业务的，由所在地的县级以上地方人民政府司法行政部门责令停止非法执业，没收违法所得，处违法所得一倍以上五倍以下的罚款。"上述案例中，王某并无从事律师业务的资格，但其冒充律师从事法律服务业务，收取代理费用，应当受到相应的处罚。除此之外，部分律师在其代理的涉及未成年人的案件中，将不属于可以公开审理的案件中当事人的通信内容等发布在自己的微博、博客上。[1] 根据我国现行《律师法》第48条第4项的规定，律师有泄露个人隐私的，由设区的市级或者直辖市的区人民政府司法行政部门给予警告，可以处一万元以下的罚款；有违法所得的，没收违法所得；情节严重的，给予停止执业三个月以上六个月以下的处罚。

由此可见，在我国民众维权意识日益增强的同时，法律服务市场仍然鱼龙混杂。民众无法辨识律师自我介绍是否真实，无法对律师服务进行评价，一旦发现其不尽职不尽责造成损失，追偿非常困难。[2] 尤其是在婚姻家事诉讼领域，律师不仅应该有专业素养，还要有情怀、有温度。那么，怎样选择一位专业可靠的婚姻家事律师呢？笔者认为，可以从以下几个方面进行考虑：

第一，看专注领域。韩愈的《师说》提到"闻道有先后，术业有专攻"。意思是懂得道理有先有后，技能学业各有钻研与擅长。当事人选择律师也同样如此，要了解律师专注的领域和专长。婚姻家事律师专门处理有关婚姻家

① 章门仁：《"出位"律师被罚，值得多方反思》，载《广州日报》2014年3月8日第F02版。

② 中国新闻网：《法律服务市场鱼龙混杂　全国政协委员张金英呼吁建立统一平台》，访问网址为 https://baijiahao.baidu.com/s?id=1726566332832192348&wfr=spider&for=pc，最后访问日期为2022年5月4日。

庭的案件。与专注于刑事、商事等领域的律师相比，婚姻家事律师一般在家事领域的理论及专业功底较强，他们不仅熟悉自己代理过的案子，对全国最新的婚姻案例及相关的法律法规的规定也非常熟悉。特别是针对那些较为复杂，法官能够自由裁量的家事案件，在诉讼过程中，婚姻家事律师能发表自己独特的观点，进而影响法官作出判决。因此，若当事人想找专业的离婚律师代理自己的案件，应尽可能找一个擅长做家事案件的律师。

第二，看经验。如今法律服务市场不分执业领域的律师不在少数。为了避免因委托非婚姻家事领域律师带来的损失，当事人在委托律师之前应综合考察律师在婚姻家事领域的执业经验。律师代理的婚姻家事案件越多，实践经验就越丰富。经验丰富的婚姻家事律师代理案件会快速找准案件的争议焦点，能较为有效、及时、全面地处理当事人委托的案件。

第三，看律所。看律师所在的律所是专业性律所还是综合性律所。若是专门的婚姻家事律所，则该律所和团队办理的婚姻家事案例和掌握的数据将非常多，办案经验一般也较为丰富。若是综合性律所，特别是在一些比较大的律所里面，会单独分出与婚姻家事相关的部门。一般而言，对于家事案件，该部门的律师会比其他部门的律师具有更丰富的经验，当事人从中选择律师会省去不少麻烦。

第四，看态度。律师对案件的重视程度和认真程度很可能关系到整个诉讼的输赢。若律师投入的时间和精力更多，对案情的了解则会更透彻，办理案件也更得心应手，能为当事人争取的合法权益也会更多。所以，找到一个责任心强的婚姻家事律师至关重要。

与其他领域律师相比，婚姻家事律师不仅要专注于事，还要专注于人。家事领域更需要交叉领域的知识，需要人与事的融合。在处理家事案件时，需要通过一些心理辅导和关怀，帮助当事人过滤掉负面情绪。要与当事人共情，尽可能缩短离婚阵痛期，用最平和的方式避免亲人之间反目成仇。既要促进定分止争，也要维护好弱势方的权益，同时尽可能帮助当事人从纠纷中学会经营婚姻和自我成长。

三、律师提示

一个好的选择是取得成功的关键。笔者认为，当事人在选择婚姻家事律师时，应当注意以下两点：

第一，选择专业的律师、专业的团队代理案件。家事案件因其高度的人身属性而不同于普通民事纠纷。家事案件的审理复杂而特殊，不单纯以追求当事人孰是孰非为目的，而是重在调整人际关系，使当事人恢复到正常生活状态。因此，当事人选择专业的家事律师和团队将更有利于家事纠纷的有效解决。

第二，结合当事人的经验、资质、工作态度等进行综合判断，切勿贪图便宜、盲目选择代理律师。家事案件尤其是离婚案件，牵扯各方面的因素较多，除了离婚本身外，还有夫妻共同财产的分割、子女抚养、债务清偿等问题。因此，离婚案件不仅要考验律师的法律专业业务能力，还要考验律师的经验、工作态度以及其所在的律所。一个既具有专业知识和丰富经验又具有责任心的律师，无疑是当事人的一个较好的选择。此外，当事人所委托的婚姻家事律师如果具有相关的心理学等方面的知识、具备抗压能力、自身具有较好的心理素质将更有利于为当事人争取更大的权益。

第二章
法院判决离婚的情形

离婚仅仅是对下面这一事实的确定：某一婚姻已经死亡，它的存在仅仅是一种外表和骗局。

——［德］马克思

本章导读

◆ 夫妻一方实施家庭暴力，另一方起诉离婚能否得到支持？

◆ 起诉离婚的一方存在过错，法院会判离婚吗？

◆ 夫妻分居已满二年，法院能否据此判决离婚？

◆ 一方婚内出轨，法院何种情况下判决不准离婚？

◆ 判决不准离婚后，双方分居，一方再次起诉离婚，是否应当准予离婚？

第一节 | 夫妻一方实施家庭暴力，另一方起诉离婚能否得到支持？

婚姻中不仅有甜蜜的夫妻生活，也有矛盾、争吵甚至是家庭暴力。家庭暴力是指家庭成员之间以殴打、捆绑、残害、限制人身自由以及经常性谩骂、恐吓等方式实施的身体、精神等侵害行为。[①]夫妻之间实施家庭暴力不仅会造成当事人身体上的创伤，甚至可能危害生命，同时也会严重伤害到夫妻感情。那么，夫妻一方实施家庭暴力，另一方起诉离婚能否得到法院支持呢？本节拟就此问题进行探讨。

一、案例引入

案例来源： 最高人民检察院第三十一批指导性案例（检例第126号：张某云与张某森离婚纠纷支持起诉案）[②]

案情简介： 2006年3月，张某云与张某森登记结婚。2019年6月，因张某森实施家庭暴力，张某云起诉离婚。法院审理后认定，虽然张某云提交因遭受家庭暴力受伤的照片，但未能提供充分证据证实达到婚姻法规定的"家庭暴力"并导致夫妻感情确已破裂的程度，考虑到双方结婚十余年，且婚后还育有两个未成年子女，遂判决不准离婚。一审判决生效后，张某森与张某云继续分居。张某森仍时常殴打、恐吓张某云，导致张某云无法正常生活，夫妻关系并未改善，反而更加恶化。

2020年4月12日，张某云以遭受家庭暴力请求离婚为由向河北省武邑县司法局申请法律援助。在该局指引下，张某云向河北省武邑县人民检察院申请支持起诉。武邑县检察院通过询问张某云，查阅报案材料、派出所出警记

---

① 《反家庭暴力法》第2条。
② 最高人民检察院关于印发《最高人民检察院第三十一批指导性案例的通知》，2021年11月。

录、张某云伤情照片、微信聊天记录等调查核实工作,查明张某森对张某云多次实施殴打,造成张某云面部、颈部多处瘀青、眼球充血;张某森还对张某云实施经常性恐吓等精神强制。

2020年4月16日,张某云再次向法院提起离婚诉讼,武邑县检察院同日发出支持起诉意见书。2020年4月16日,武邑县法院受理张某云的起诉。2020年5月,武邑县法院作出一审民事判决,认定张某云遭受家庭暴力的事实,认为夫妻感情确已破裂,准予张某云与张某森离婚。一审判决后,张某森提出上诉。2020年7月,河北省衡水市中级人民法院作出民事调解书,双方当事人同意离婚,并就子女抚养、夫妻共同财产分割等达成协议。

二、律师分析

根据我国《民法典》第1079条第3款第2项的规定,实施家庭暴力,调解无效的,应当准予离婚。在本案中,通过相关的报案材料、派出所出警记录、张某云遭受家庭暴力的受伤照片、微信聊天记录等,证实了张某森对张某云实施家庭暴力的事实,法院最终判决准予离婚。由此可见,夫妻一方实施家庭暴力,另一方起诉离婚,在法院调解无效的情况下,应当准予当事人离婚。

夫妻一方因遭受家庭暴力而提起离婚的诉讼请求是否能够得到法院支持,关键在于如何证明另一方对其实施了家庭暴力。基于家庭暴力的隐秘性、当事人维权意识薄弱、家庭暴力证据本身的易变性和不易保存性、部分法院认定家庭暴力的证明标准较为严格等原因,家庭暴力的认定较难。[1]本案主要结合有关家庭暴力的报案材料、派出所出警记录、受害人遭受家庭暴力的受伤照片、微信聊天记录等综合确定存在家庭暴力的事实。笔者认为,关于如何证明夫妻一方对另一方实施家庭暴力,可以从以下几个方面予以考虑:

第一,公安机关的出警记录、告诫书、伤情鉴定意见等。《反家庭暴力

---

[1] 林前枢:《未成年人证言可作为家庭暴力事实的认定依据》,载《人民司法·案例》2018年第32期,第32-33页。

法》第20条规定："人民法院审理涉及家庭暴力的案件，可以根据公安机关出警记录、告诫书、伤情鉴定意见等证据，认定家庭暴力事实。"公安机关在防治家庭暴力领域发挥着不可替代的作用。首先，公安机关的工作时间较为特殊，执行24小时无间断值班备勤的工作模式，使警察可以在接警后第一时间抵达家庭暴力发生的现场，及时开展调查取证工作。其次，公安机关具有强制调查的职权。警察在处理涉家庭暴力案件时可以要求对加害人、受害人以及其他目击者或邻居进行询问，并制作询问笔录，进行现场勘察。此外，公安机关的执法人员具有专业性，掌握一定的侦查技术，收集证据能力较强，也可以为受害人提供收集证据方面的专业意见。[1]公安机关提供的证据具有较强的证明力，容易被法院所采信。

第二，实施家庭暴力一方的保证书、认错书、悔过书、忏悔书等。在薛某诉陈某离婚纠纷案中，法院根据实施家庭暴力一方出具的保证以后不再打原告的保证书，原告方的门诊治疗、法医检验等证据，认定被告的暴力行为给原告身心造成了一定的伤害后果，支持了原告的离婚请求。[2]

第三，因遭受家庭暴力受伤，受害人去医院治疗时保留的诊断证明、病历本、医疗费票据、照片等。这些材料可以证明家庭暴力的情况。

第四，实施家庭暴力一方实施家庭暴力或者承认实施家庭暴力的录音录像，并保留好原始的视听资料。夫妻一方实施家庭暴力或者承认实施家庭暴力的录音录像，可以作为认定存在家庭暴力的证据。

第五，未成年人所作的与其年龄和智力状况相当的证言，可作为家庭暴力事实的认定依据。在赖某与黄某离婚纠纷案中，黄晶某、黄悦某作为赖某与黄某的婚生女，在目睹家庭暴力发生时均已年满10周岁，虽为限制民事行为能力人，但二人对父亲黄某是否有殴打母亲赖某这一家庭暴力事实均已具备相应的感知和正确的表达能力，相关证言与二人的年龄、智力状况相当，且能够与其他在案证据报警回执、疾病诊疗证明书和行政拘留决定书等

---

[1] 李琼宇、贺栩溪：《家庭暴力民事认定中的警察参与——兼论警察对轻微家庭暴力事实的先行判断》，载《妇女研究论丛》2017年第4期，第40页。

[2] 朱朝阳：《家庭暴力的司法认定》，载《人民司法·案例》2007年第18期，第10页。

相互印证，故法院将两位未成年人的证言作为证明家庭暴力事实的证据予以确认。[①]

三、律师提示

随着时代的发展和禁止家庭暴力法律观念的普及，反对家庭暴力已成为社会共识。但是，在实务中依然存在家庭暴力较为多发却难以认定的困境。因此，笔者认为，国家应该加强普及反家庭暴力的知识，增强公民反家庭暴力意识以及证据意识；同时，公民也要重视并及时收集和固定家庭暴力证据。

---

① 林前枢:《未成年人证言可作为家庭暴力事实的认定依据》，载《人民司法·案例》2018年第32期，第32-33页。

第二节 | 起诉离婚的一方存在过错，法院会判离婚吗？

根据我国现行法的规定，夫妻中的任何一方均有权向法院提起离婚诉讼。法律并不会因一方具有过错，就剥夺其起诉离婚的权利。但在过错方起诉离婚的情况下，法院是否会作出离婚判决呢？本节拟就此问题进行探讨。

一、案例引入

案例来源：（2020）甘2921民初528号

案情简介：原告马某1与被告马某2于2006年2月登记结婚，婚后生育3个孩子。共同生活期间，夫妻双方经常为生活琐事发生矛盾。2018年2月，双方因生活琐事再次发生矛盾后，原告回娘家生活。2019年3月，原告诉至本院，要求与被告离婚。后原告撤诉，但双方仍未和好。2019年7月，原告与他人交往并同居，被告发现后向派出所报案才得以阻止。现原告再次诉至本院，坚持要求与被告离婚，并抚养2个女孩，愿意放弃分割共同财产；被告表示同意离婚，要求抚养男孩及其中1个女孩，并要求原告赔偿7万元。

法院认为，原、被告虽系登记结婚，但在共同生活期间，双方常为生活琐事发生矛盾，加之原告撤诉后双方仍未和好。现原、被告对离婚已达成一致意见，本院应予以采纳。2个女孩年龄尚小，一直随原告生活，由原告抚养为宜；男孩一直随被告生活，由被告抚养为宜。在婚姻关系存续期间，原告与他人同居，给被告造成了损害，原告存在过错，被告要求原告赔偿的主张，应酌情予以支持。遂判决准予离婚；儿子由被告抚养，2个女儿均由原告抚养；原告赔偿被告3万元。

二、律师分析

我国《最高人民法院关于适用〈中华人民共和国民法典〉婚姻家庭编的解释（一）》第63条规定："人民法院审理离婚案件，符合民法典第一千零七十九条第三款规定'应当准予离婚'情形的，不应当因当事人有过错而判决不准离婚。"该条规定的"当事人"，包括提起离婚诉讼的一方。此外，我国《民法典》第1079条第2款规定："人民法院审理离婚案件，应当进行调解；如果感情确已破裂，调解无效的，应当准予离婚。"该条规定的具体的"应当准予离婚"的情况包括：（1）重婚或者与他人同居，调解无效的；（2）实施家庭暴力或者虐待、遗弃家庭成员，调解无效的；（3）有赌博、吸毒等恶习屡教不改，调解无效的；（4）因感情不和分居满二年，调解无效的；（5）其他导致夫妻感情破裂的情形，调解无效的；①（6）一方被宣告失踪，另一方提起离婚诉讼的；（7）经人民法院判决不准离婚后，双方又分居满一年，一方再次提起离婚诉讼的。由此可见，即使起诉离婚的一方存在与他人同居、实施家庭暴力等过错，只要是双方夫妻感情确已破裂，调解无效，人民法院即应当判决准予离婚。

本案中，马某1在婚姻关系存续期间与他人交往并同居，违反了夫妻忠实义务，属于有过错的一方。双方夫妻感情一般，且均同意离婚，法院准予离婚。该准予离婚的判决既符合我国法律的规定，也符合当事人自愿解除婚姻关系的意思表示。

我国《民法典》明确规定，夫妻应当互相忠实，互相尊重，互相关爱，禁止重婚，禁止有配偶者与他人同居。②这要求夫妻应当互相忠实于对方。

---

① 例如，我国《最高人民法院关于适用〈中华人民共和国民法典〉婚姻家庭编的解释（一）》第23条规定，夫妻双方因是否生育发生纠纷，致使感情已破裂，一方请求离婚的，人民法院经调解无效应视为"其他导致夫妻感情破裂的情形"。

② 我国《民法典》第1042-1043条。

但在现实生活中，违背夫妻忠实义务的人不在少数。虽然存在过错的一方起诉离婚，婚姻关系的解除与否不受该方是否存在过错的影响，但是，一方的过错行为却会影响离婚财产的分割和离婚损害的赔偿。

第一，离婚财产的分割应照顾无过错方。我国《民法典》第1087条第1款规定："离婚时，夫妻的共同财产由双方协议处理；协议不成的，由人民法院根据财产的具体情况，按照照顾子女、女方和无过错方权益的原则判决。"在李某与魏某离婚纠纷案中，法院根据财产的具体情况，按照照顾无过错方的原则，在房产的分割上考虑了原告的过错程度，判决原告给予被告魏某房屋差价款189万元。

第二，无过错方有权请求离婚损害赔偿。根据我国《民法典》第1091条规定，夫妻一方有重婚，与他人同居，实施家庭暴力，虐待、遗弃家庭成员，其他重大过错，导致离婚的，无过错方有权请求损害赔偿。因此，因一方的上述过错导致离婚的，无过错方可以申请离婚损害赔偿。在上述马某1与马某2离婚纠纷案中，法院判决过错方给予无过错方离婚损害赔偿3万元，在上述李某与魏某离婚纠纷案中，法院判决过错方给予无过错方离婚损害赔偿2万元。

三、律师提示

笔者认为，在一方存在过错，并导致夫妻感情破裂，一方或者双方想要离婚的情况下，应当注意以下三点：

第一，无论提起离婚诉讼的一方有无过错，只要夫妻感情确已破裂，调解无效的，法院均可以判决准予离婚。因此，夫妻一方存在过错并不影响其起诉离婚的权利，法院也不会因其过错而判决不准离婚。法院判决准予离婚与否，应以夫妻感情是否确已破裂为标准。

第二，如果提起离婚诉讼的一方存在重婚，与他人同居，实施家庭暴力，虐待、遗弃家庭成员等[1]重大过错，达到了请求损害赔偿的条件的，无

---

① 《民法典》第1091条。

过错方可以申请离婚损害赔偿。

第三，在分割夫妻共同财产时，如果双方协议不成，法院会根据财产的具体情况，照顾无过错方的权益。

第三节 ┃ 夫妻分居已满二年，法院能否据此判决离婚？

有学者认为，分居是依司法裁判或者夫妻双方的合意，解除夫妻同居义务，但婚姻关系仍然存续的法律制度。[①]一般来说，分居意味着夫妻双方不再共同生活，不再互相履行夫妻同居义务，包括停止性生活等。夫妻长期分居两地必然会对双方的感情产生一定影响。那么，夫妻分居若已满二年，一方起诉离婚，法院能否据此判决准予离婚呢？本节拟就此问题进行探讨。

一、案例引入

案例来源：（2016）黔0523民初445号

案情简介：项某某与熊某某经人介绍后同居生活，于婚前生育一女。孩子出生后，项某某与熊某某于1996年6月办理结婚登记。婚后生育两个儿子。2012年8月，项某某外出几天，熊某某怀疑其有外遇而对其进行打骂，给双方夫妻感情造成了一定伤害。2012年底，双方协商由项某某将孩子带回老家进行照顾。但项某某回家后于2013年1月4日独自外出打工，下落不明。项某某出走后，熊某某四处查找无果。2016年2月，项某某诉至本院，要求离婚。被告熊某某认为夫妻感情至今尚未破裂，不同意离婚。本案经当庭调解无效。

法院认为：原、被告系生育长女后才结婚。同居期间，双方已有充分了解，婚姻基础较好。本案中，原告项某某与被告熊某某虽已分居两年，但是因打工而分居，并不属于夫妻感情不和而分居，同时，原告也不能举证证明原、被告的夫妻感情确已破裂和存在准予离婚的情形，因而，判决不准原告项某某与被告熊某某离婚。

---

① 姚秋英：《婚姻效力研究》，中国政法大学出版社2013年版，第166页。

二、律师分析

婚姻关系的维系以夫妻感情为基础。我国《民法典》第1079条规定，如果感情确已破裂，调解无效的，应当准予离婚；同时列举了因感情不和分居满二年，调解无效的，应当准予离婚。因此，"因感情不和分居满二年"是法院认定夫妻感情破裂的一项重要依据。

在现实生活中，造成夫妻分居的原因多种多样，并非只要夫妻双方分居已满二年，一方起诉离婚，法院就应当准予离婚。只有在双方因"感情不和"分居已满"二年"，经调解无效，夫妻感情确已破裂的情况下，法院才准予当事人离婚。本案中，项某某与熊某某的分居是因工作造成的，虽然分居已达两年，但不属于因感情不和分居已满二年的情形。此外，熊某某在本案中认为双方感情尚未破裂，希望挽回婚姻。法院据此判决不准双方离婚。

我国并无法定分居制度，司法实践在认定夫妻分居满两年的标准上存在分歧。部分当事人仅凭自身的口头陈述无法达到证明夫妻因感情不和分居满两年的事实。例如，在贾某与严某1离婚纠纷案[①]中，上诉人认为，上诉人和被上诉人分居两年半之久，夫妻感情确实已经彻底破裂，请求改判上诉人与被上诉人解除婚姻关系。但上诉人并未提供有效的证据证明双方因感情不和分居满二年。同时考虑到婚生子女年龄尚小等因素，判决驳回上诉，维持原判。

法院对因感情不和分居满两年的认定，主要从夫妻双方分开居住的原因和时间来判断。夫妻双方必须是因感情不和而分开居住，不是因学习、工作等其他原因造成的分居，且分开居住的时间须连续达到两年，而非累加计算。同时，这并不意味着在出现分居的情况下，法院必须判决离婚。法院判决离婚的标准在于"夫妻感情破裂，再无和好可能"，夫妻双方分居即使未达到两年，在出现感情确已破裂的其他情形时，经调解无效，人民法院也应

---

① 山西省运城市中级人民法院（2017）晋08民终2775号民事判决书。

当判决离婚。

怎样理解因感情不和分居满二年？司法实践中，夫妻因感情不和导致分居满二年，经调解无效后，法院才会判决准予离婚。夫妻感情破裂、分居满二年要有充分、有效的合法证据，分床不分房、因工作原因异地居住等情况，法院往往难以认定是分居。证明夫妻分居的常见证据有：（1）双方签订的夫妻感情不和分居的书面协议；（2）一方在外居住的房屋租赁合同；（3）村居委会出具的居住证明；（4）双方认可因为感情不和分居满二年；（5）双方来往的书信、聊天记录等能证明双方感情不和分居的事实；（6）其他证据。

三、律师提示

对于因感情不和分居满二年的夫妻，调解无效的，应当调解或判决准予离婚。这里需要注意以下六点：[1]

第一，一般来说，法律上的分居应当符合主客观要件：在主观上夫妻一方或双方无继续共同生活的意思；在客观上夫妻分别居住生活。

第二，分居的原因是夫妻感情不和，而非工作、学习等原因导致两地分居，或者住房问题造成夫妻不能同室而居。

第三，分居强调夫妻双方不履行夫妻义务，而非单方不履行家庭义务。

第四，夫妻分居的时间要满二年，但未造成夫妻感情确已破裂或经调解尚有和好可能的，即使分居已满两年也不能认为已具备准予离婚的条件。

第五，夫妻分居满二年不是当事人诉请离婚的必要条件。如果感情确已破裂，调解无效的，虽无分居事实或者分居未满二年，也应当依法判决准予离婚。

第六，即使夫妻分居已满二年，当事人的婚姻也不会自动解除。在我国，结婚需经法定程序，离婚也不例外。未办理离婚手续与第三人结婚或形成事实婚姻，将涉嫌重婚罪。

---

[1] 黄薇主编：《中华人民共和国民法典婚姻家庭编释义》，法律出版社2020年版，第149-150页。

第四节 | 一方婚内出轨，法院何种情况下判决不准离婚？

婚内出轨既违背了夫妻忠实义务，也背叛了夫妻感情。夫妻双方不管谁出轨，对家庭都会造成不可逆转的伤害。即便一方婚内出轨后得到另一方的谅解，夫妻之间的感情也很难破镜重圆。在司法实践中，因一方婚内出轨，另一方起诉离婚的案件比比皆是，但这类案件很多得不到法院的支持，原因何在？本节拟就此问题进行探讨。

一、案例引入

案例来源：（2019）赣1002民初3511号

案情简介：危某与杨某1于2011年6月经朋友介绍相识后恋爱。后来双方办理结婚登记。婚后生育儿子杨某2和杨某3，现两个儿子均随杨某1父母一起生活。在危某与杨某1夫妻关系存续期间，可确认的共同财产有自建房屋一套、小车一辆及货车一辆，无共同存款，无共同债权、债务。双方因杨某1出轨产生矛盾，自2018年7月起分居至今。现危某以杨某1婚内出轨为由向本院起诉，要求与杨某1离婚。

法院认为，危某与杨某1虽经人介绍相识，但婚后生育了两个儿子，自建了房屋，购买了汽车，表明双方已建立了较好的家庭关系。现杨某1婚内出轨，危某起诉离婚，表明双方夫妻感情已出现重大危机，但出于维护家庭稳定和有利于小孩的健康成长考虑，给双方一次和好的机会。据此，依照《婚姻法》①第32条之规定，判决不准原告危某与被告杨某1离婚。

---

① 已废止，现为《民法典》婚姻家庭编。

二、律师分析

夫妻感情是婚姻关系赖以存续的基础。我国《民法典》第1079条以夫妻感情确已破裂，调解无效为判决离婚的法定理由。可见，法院审理离婚案件，准予或不准予离婚是以夫妻感情是否破裂作为区分的界限。单纯的出轨行为并不是法律规定的人民法院准予离婚的事由，若一方的出轨行为并未导致夫妻感情无可挽回地破裂，则法院不会判决离婚。

本案中，虽然杨某1有出轨行为，但其出轨行为仅表明夫妻双方感情出现重大危机，并未达到夫妻感情确已破裂的程度，且被告又不愿意离婚，故法院判决不准离婚。通过这一个案例我们可以看出，在实际案件中，仅以出轨为由申请离婚，一般情况下会被法院驳回，除非起诉离婚的一方能够证明该出轨行为导致夫妻感情确已破裂。

婚内出轨行为虽然并不直接导致离婚，但是出轨行为违背了夫妻忠实义务，违背了道德要求。根据我国《民法典》第1043条第2款规定，夫妻应当互相忠实，互相尊重。该条规定了夫妻之间的忠实义务。夫妻忠实义务，主要指夫妻在性生活上保持专一，也包括一方不得恶意遗弃配偶以及不得为第三人利益而损害配偶利益的内容。[1]设立夫妻忠实义务，是体现和贯彻社会主义一夫一妻制的客观要求，有助于净化社会风气，推进法治与德治相融。[2]

我国关于夫妻忠实义务的规定符合国际立法惯例，不少国家和地区对夫妻忠实义务也进行了规定。例如，《日本民法典》第770条规定，夫妻一方可以因配偶有不贞行为提起离婚之诉。[3]《瑞士民法典》第159条第3款规定："夫

---

[1]　参见李志敏主编：《比较家庭法》，北京大学出版社1988年版，第105页，转引自李明舜主编：《婚姻家庭继承法学》，武汉大学出版社2011年版，第48页。

[2]　陈苇主编：《婚姻家庭继承法学》（第四版），中国政法大学出版社2022年版，第79页。

[3]　刘士国、牟宪魁、杨瑞贺译：《日本民法典》，中国法制出版社2018年版，第189页。

妻双方应当相互忠诚并相互扶助。"①《德国民法典》第1353条规定："夫妻系就终身而缔结的。配偶双方互相有义务进行婚姻上的同居；配偶双方互相为对方负责。"②

在司法实践中，法官在审理离婚案件时，通常情况下，当一方第一次起诉离婚，且另一方不愿意离婚的情况下，即使一方有出轨行为，法官也会判决不准离婚，给予双方相互冷静和调和的机会，以免冲动离婚。③

三、律师提示

忠诚是对伴侣最基本的要求，是夫妻之间最重要的承诺，是夫妻感情得以维持的基础，也是婚姻的底线。一旦跌破了底线，即便婚姻能勉强维持，也可能不会幸福。对于婚内出轨等违背夫妻忠实义务的行为，可能导致夫妻感情无可挽回地破裂。但在没有导致夫妻感情确已破裂的情况下，一方仅因另一方婚内出轨起诉离婚的，法院一般会判决不准离婚。因此，法院判决离婚的关键仍然是夫妻感情确已破裂，而非一方存在婚内出轨等过错行为。

---

① 于海涌、赵希璇译：《瑞士民法典》，法律出版社2016年版，第63页。
② 陈卫佐译注：《德国民法典》，法律出版社2015年版，第437页。
③ 参见贵州省晴隆县人民法院（2021）黔2324民初1406号民事判决书。

第五节 | **判决不准离婚后，双方分居，一方再次起诉离婚，是否应当准予离婚？**

婚姻家庭的稳定是社会和谐稳定的前提。但随着人们婚姻家庭观念的变化、生活压力的增加、法律意识的增强等，人们对婚姻的容忍度降低，越来越多的夫妻选择离婚以结束婚姻关系。我国的离婚程序包括协议离婚和诉讼离婚。就诉讼离婚而言，要证明具备法定离婚理由，对于起诉离婚的一方来说并非易事。那么，在法院判决不准离婚后，一方仍无法挽回对方的感情，双方分居，一方再次起诉离婚，法院是否准予离婚呢？本节拟就此问题进行探讨。

一、案例引入

案例来源：（2021）鲁0683民再13号①

案情简介：原告韩某与被告崔某1于1993年经人介绍认识。双方办理结婚登记后育有一子崔某2。2005年11月，韩某向法院起诉离婚，经调解双方和好。2019年3月底，崔某1到商铺居住，韩某与儿子崔某2在家中居住。2019年4月，韩某再次诉至法院要求离婚，法院经审理于2019年8月判决不准离婚。判决作出后双方仍未同居生活。2021年3月，韩某第三次向法院起诉离婚。

法院原审认为，婚姻家庭受国家保护，家庭成员应当维护平等、和睦、文明的婚姻家庭关系。韩某第一次起诉法院判决不准离婚后，在原告母亲去世后双方关系有所缓和，原告主张夫妻感情确已破裂没有提交充分的证据证实，且被告不同意离婚，因此对原告的诉讼请求，法院不予支持。遂判决不准离婚。

---

① 韩某、崔某1离婚纠纷案，山东省莱州市人民法院（2021）鲁0683民再13号民事判决书。

法院再审认为,《民法典》第1079条第5款规定:"经人民法院判决不准离婚后,双方又分居满一年,一方再次提起离婚诉讼的,应当准予离婚。"2019年8月,法院判决不准韩某与崔某1离婚。2021年3月,韩某再次向法院提起离婚诉讼。在此期间,双方未共同生活,分居又满一年。原审判决不准双方离婚,有违上述规定,应予纠正。遂判决准许韩某与崔某1离婚。

二、律师分析

根据我国《民法典》第1079条第5款的规定,经人民法院判决不准离婚后,双方又分居满一年,一方再次提起离婚诉讼的,应当准予离婚。本案中,韩某在2019年8月被法院判决不准离婚后,与崔某1又分居满一年,2021年3月,韩某再次提起离婚诉讼,这表明夫妻双方的感情已经无可挽回地破裂,事实上已无和好的可能,法院应当准予离婚。法院再审对原审判决进行了纠正。

在民法典编纂过程中,司法部门普遍反映,在审判实践中,经法院判决不准离婚后再次起诉离婚的现象比较普遍,建议将法院判决不准离婚后的分居情况作为认定可否离婚的依据之一在法律中予以规定。立法部门经过深入调研,反复论证,吸收了这一建议,在《民法典》第1079条第5款中规定:"经人民法院判决不准离婚后,双方又分居满一年,一方再次提起离婚诉讼的,应当准予离婚。"该规定的可操作性强,有利于审判实践工作的展开,可以解决现实生活中久拖不决的离婚案件。[1]

1989年12月,最高人民法院发布了《关于人民法院审理离婚案件如何认定夫妻感情确已破裂的若干具体意见》。根据该司法解释第7条的规定,"经人民法院判决不准离婚后又分居满1年,互不履行夫妻义务的","视为夫妻感情确已破裂。一方坚决要求离婚,经调解无效,可依法判决准予离婚"。

---

[1] 黄薇主编:《中华人民共和国民法典婚姻家庭编释义》,法律出版社2020年版,第151页。

我国《民法典》第1079条第5款新增"经人民法院判决不准离婚后，双方又分居满一年，一方再次提起离婚诉讼的，应当准予离婚"。该规定吸收了上述司法解释的内容，并将司法解释中的"可依法判决准予离婚"变更为"应当准予离婚"。从"可"转变为"应当"，意味着后者必须适用，这为许多悬而未决的案例提供了一个明确的指引。

三、律师提示

当事人初次提起的离婚诉讼请求被法院驳回后，夫妻双方又持续分居满一年，互不履行夫妻义务，长期分居亦使夫妻感情失去挽回的机会，这表明夫妻感情在前次诉讼之后并无改善。且夫妻一方再次提起离婚诉讼，这说明当事人要求解除婚姻关系的意志坚决。在此种情况下，应尊重当事人的婚姻自由。此外，从维护家庭及社会秩序的正常运行等角度考虑，在符合上述条件的情况下准予离婚，有利于避免无法离婚的一方作出过于偏激的行为。

第三章

未成年子女的抚养

父母为其子女提供抚养费的义务是自然法的原则，生育子女，意味着父母自愿承担抚养该子女的义务。

——［英］威廉·布莱克斯通

**本章导读**

◆ 如何确定未成年子女由何方直接抚养？

◆ 父母是否可以轮流抚养未成年子女？

◆ 离婚后一方能否请求变更子女抚养关系？

◆ 法院如何确定子女抚养费？

◆ 在何种情况下可以变更子女抚养费？

◆ 主张子女抚养费给付至大学毕业能否得到法院支持？

◆ 一方拒不协助另一方行使探望权，怎么办？

◆ 一方不给付子女抚养费，另一方能否阻止其探望子女？

第一节 | 如何确定未成年子女由何方直接抚养？

亲子关系具有永续性，离婚虽然可以解除夫妻关系，却不能终止父母与子女之间的亲子关系。但是父母对子女的抚养方式却会因离婚而发生变化，即由父母双方共同抚养变为父或母直接抚养，或者双方轮流抚养。在现实生活中，离婚时父母"争养"或"推养"未成年子女的纠纷经常发生，这也是离婚纠纷的重点。在离婚诉讼中，法院该如何确定未成年子女由何方直接抚养？本节拟就此问题进行探讨。

一、案例引入

案例来源：（2020）豫16民终2089号[①]

案情简介：孙某1与田某于2017年正月经人介绍相识，2017年农历腊月举行结婚仪式，随后办理了结婚登记手续。双方婚后生育一女孙某3。由于双方相识时间较短，婚后性格不合，经常因琐事生气吵架。2019年10月，田某向法院提起离婚诉讼。法院判决不准离婚后，双方关系并无改善。现孙某1以夫妻感情已彻底破裂，无法继续共同生活，无和好可能为由，再次向法院起诉，请求判决孙某1与田某离婚；判决孙某3由田某抚养，孙某1支付抚养费。

一审法院认为，原、被告夫妻感情已彻底破裂，本院准予双方离婚。关于子女抚养，因双方婚生女孙某3不满2周岁，以由田某抚养，孙某1支付必要的抚养费为宜。被告孙某1应负担婚生女自2020年6月至其年满18周岁期间的抚养费50545元（15163.75元/年×20%÷12×200个月）。从本判决生效之日起，每年的12月30日前支付3000元整，直至支付完毕止。

二审法院认为，由于双方婚生女不满2周岁，且上诉人孙某1在诉讼过程中并未提供证据证明被上诉人田某患有××，提供的证据不足以证明田某

[①] 孙某1、田某离婚纠纷案，河南省周口市中级人民法院（2020）豫16民终2089号民事判决书。

有抚养条件而不尽抚养义务，故婚生女归田某抚养为宜。而根据上诉人孙某1的陈述及提供的证人证言，其并未直接抚养孙某3，而是由孙某3的爷爷奶奶代为照顾，但子女由祖父母代养，对管理教育好小孩有诸多不便。根据未成年人利益最大化原则，为最大化保护婚生女孙某3的身心健康，法院最终维持了由田某直接抚养孙某3的判决。

二、律师分析

我国《民法典》第1084条第3款规定："离婚后，不满两周岁的子女，以由母亲直接抚养为原则。已满两周岁的子女，父母双方对抚养问题协议不成的，由人民法院根据双方的具体情况，按照最有利于未成年子女的原则判决。子女已满八周岁的，应当尊重其真实意愿。"在本案中，田某和孙某1的女儿尚不满2周岁，原则上应由母亲田某直接抚养。且田某不存在《最高人民法院关于适用〈中华人民共和国民法典〉婚姻家庭编的解释（一）》第44条规定的患有久治不愈的传染性疾病或者其他严重疾病，子女不宜与其共同生活；有抚养条件不尽抚养义务；或者其他子女的确不宜随母亲生活的情况。因此，判决女儿由母亲田某抚养符合儿童最大利益原则。

亲子关系不因父母离婚而消除，离婚后子女无论由父或母直接抚养仍是父母双方的子女，并且离婚后父母对子女仍有抚养、教育、保护的权利和义务。父母虽然不因离婚而丧失与子女的血缘关系，却会因离婚而争夺子女的直接抚养权。那么，父母离婚时，法院该如何确定子女由何方直接抚养呢？

第一，不满2周岁的子女，以由母亲直接抚养为原则。根据我国《民法典》第1084条和《最高人民法院关于适用〈中华人民共和国民法典〉婚姻家庭编的解释（一）》第44—45条的规定，离婚案件涉及未成年子女抚养的，对于不满2周岁的子女，以由母亲直接抚养为原则。但是母亲有以下情形之一，父亲请求直接抚养的，人民法院应予支持：（1）患有久治不愈的传染性疾病或者其他严重疾病，子女不宜与其共同生活；（2）有抚养条件不尽抚养义务，而父亲要求子女随其生活；（3）因其他原因，子女确不宜随母亲生活。

此外，父母双方协议不满2周岁子女由父亲直接抚养，并对子女健康成长无不利影响的，人民法院应予支持。

第二，已满2周岁的子女的抚养，首先由父母双方协商，若父母双方协商不成，人民法院应该根据父母双方的具体情况，按照最有利于未成年子女的原则进行判决。如果子女已满8周岁的，还应当听取子女的意见，尊重其真实意愿。

如果父母对已满2周岁的未成年子女均要求直接抚养，一方有下列情形之一的，可予优先考虑：第一，已做绝育手术或者因其他原因丧失生育能力；第二，子女随其生活时间较长，改变生活环境对子女健康成长明显不利；第三，无其他子女，而另一方有其他子女；第四，子女随其生活，对子女成长有利，而另一方患有久治不愈的传染性疾病或者其他严重疾病，或者有其他不利于子女身心健康的情形，不宜与子女共同生活。①

如果父母抚养子女的条件基本相同，双方均要求直接抚养子女，但子女单独随祖父母或者外祖父母共同生活多年，且祖父母或者外祖父母要求并且有能力帮助子女照顾孙子女或者外孙子女的，可以作为父或者母直接抚养子女的优先条件予以考虑。②在有利于保护子女利益的前提下，父母双方协议轮流直接抚养子女的，人民法院应予支持。③

三、律师提示

笔者认为，人民法院在处理子女由何方直接抚养时，应当坚持最有利于未成年子女原则，对于已满8周岁的，还应该尊重未成年子女的真实意愿。一切以未成年子女的最大利益为首要考虑。即便父母一方有抚养未成年子女的需要和条件，如果由该方抚养未成年子女不利于该未成年子女的最大利益，法院也不应当支持该方的诉讼请求。

---

① 《最高人民法院关于适用〈中华人民共和国民法典〉婚姻家庭编的解释（一）》第46条。
② 《最高人民法院关于适用〈中华人民共和国民法典〉婚姻家庭编的解释（一）》第47条。
③ 《最高人民法院关于适用〈中华人民共和国民法典〉婚姻家庭编的解释（一）》第48条。

第二节 ┃ 父母是否可以轮流抚养未成年子女？

婚姻双方当事人离婚以后，双方解除了夫妻关系，彼此不再互负同居义务，这意味着未成年子女的抚养安排将会发生变化。在我国，夫妻双方离婚后，子女一般由父母一方直接抚养。父母双方是否可以轮流抚养子女呢？在本节中，我们将对此进行探讨。

一、案例引入

案例来源：上海市第二中级人民法院发布8起未成年人家事纠纷典型案例之三

案情简介：雍某和陈某于2008年登记结婚，2011年生育一女陈小某。后因家庭琐事致使夫妻关系失和，双方自2015年12月起分居。2017年雍某起诉请求判决离婚，陈小某随母亲雍某共同生活，陈某每月支付抚养费。陈某辩称，同意离婚，但主张陈小某随其共同生活，雍某每月支付抚养费。

一审法院判决准予双方离婚；女儿陈小某随陈某共同生活。一审判决后，雍某不服，提出上诉，请求二审法院将孩子的抚养权判归雍某。

二审法院受理雍某上诉后，本着实现未成年子女利益最大化的审判原则，合议庭分析了雍某、陈某的抚养条件、抚养能力、双方分居期间陈小某生活状况等，综合本案情形，提出调解建议：双方可以半年或一年为周期轮流抚养。雍某和陈某最终接受法官提出的轮流抚养的调解方案，并在法院主持下，签署了按半年周期轮流抚养孩子的调解协议，并表示今后与孩子有关的重大事项均将尽量友好协商解决。

二、律师分析

我国《最高人民法院关于适用〈中华人民共和国民法典〉婚姻家庭编

的解释（一）》第48条规定："在有利于保护子女利益的前提下，父母双方协议轮流直接抚养子女的，人民法院应予支持。"可见，父母轮流抚养子女也是夫妻离婚后抚养子女的一种方式。在实践中，法院在综合评估子女利益以及父母双方的抚养条件后，可准予当事人轮流抚养子女。从某种意义上讲，轮流抚养能够适当减少父母离婚给子女带来的伤害。

本案中，双方当事人均要求直接抚养未成年子女，法院根据双方的抚养条件、抚养能力和未成年子女的生活状况等，以儿童最大利益为原则，提出轮流抚养的调解建议，当事人接受该建议，从而成功解决了抚养权争夺纠纷。该案说明，当事人可以协议轮流抚养子女，法院亦可以建议当事人轮流抚养子女，但前提是轮流抚养子女必须符合儿童最大利益原则。

若轮流抚养子女不利于未成年人的健康成长，法院将不予支持。在方某诉李某离婚纠纷案[1]中，方某认为，其与李某离婚后须轮流抚养他们的子女方乙，李某则认为，其需要抚养他们共同的女儿方甲，不同意抚养方乙，亦不同意轮流抚养方乙。一审法院认为，方乙目前随方某共同生活，其患有严重残疾且生活不能自理，如果轻易改变其生活居住环境，必将对其产生不利影响，因此，方乙随方某共同生活较为适宜，方某所述的轮流抚养方案不利于方乙健康成长，该项诉讼请求不予支持，遂判决方乙由方某直接抚养，李某每月支付方乙抚养费700元，护理费用900元。二审法院判决维持原判。此案中法院主要考虑了轮流抚养不利于方乙的健康成长，不符合儿童最大利益原则，因此不支持方某的请求。

轮流抚养子女体现的是鼓励父母合作抚养子女，共同承担子女抚养责任。澳大利亚2006年家庭法改革制定了联邦《家庭法修正案（共同抚养责任）法》，该法是澳大利亚鼓励父母共同抚养子女的重大立法改革成果，也符合

---

① 天津市高级人民法院发布8起残疾人权益保护典型案例之七，发布日期为2021年12月。

1989年联合国《儿童权利公约》第18条[1]强调父母应共同承担对子女的抚养责任的要求。此外，澳大利亚2006年的改革增加了法院在作出抚养令时，必须适用父母对未成年子女承担同等的父母责任符合该未成年子女的最大利益的假设。[2]该法鼓励父母在分开后以合作的方式承担子女的抚养责任。有学者认为，澳大利亚联邦《家庭法》第60B条表达的思想之一是共同抚养模式，父母责任应当共同承担，且不受父母关系是否破裂或是否存在的影响，并且子女与父母双方保持交往符合儿童的利益。[3]

不仅是澳大利亚，其他国家也有鼓励离婚父母共同抚养子女的。例如，在捷克，自1998年以来，将共同抚养（shared custody）写进立法，尽管之前的立法并未明确将其排除在外。在此之后，司法实践中出现了一些判决父母共同抚养的案例。2016年，根据该国法院作出的离婚判决情况，父母离婚后由母亲直接抚养的未成年子女占77%，由父亲直接抚养的占7%，由父母共同抚养的占16%。[4]此外，共同抚养模式在一些北欧国家也越来越受欢迎。在20世纪80年代，瑞典只有1%的未成年子女由离婚父母共同抚养，在21世纪初期，这一比例上升到20%，到2014年该比例上升到35%。[5]因此，在没有家庭暴力、虐待或者激烈冲突的情况下，鼓励父母在分手后合作共同承担子女抚养责任，更多地参与到子女的生活中。

048

---

① 1989年联合国《儿童权利公约》对澳大利亚儿童权益保护产生了重要影响。该公约第18条规定："（1）缔约国应尽其最大努力，确保父母双方对儿童的养育和发展负有共同责任的原则得到确认。父母或视具体情况而定的法定监护人对儿童的养育和发展负有首要责任。儿童的最大利益将是他们主要关心的事。（2）为保证和促进本公约所列举的权利，缔约国应在父母和法定监护人履行其抚养儿童的责任方面给予适当协助，并应确保发展育儿机构、设施和服务。（3）缔约国应采取一切适当措施确保就业父母的子女有权享受他们有资格得到的托儿服务和设施。"

② Family Law Amendment（Shared Parental Responsibility）Act 2006（Cth），Schedule 1，Part 1.

③ Bailey-Harris R.，"The Family Law Reform Act 1995（Cth）: A New Approach to the Parent/Child Relationship," *Adelaide Law Review*, vol. 18，no. 1，1996，p.84.

④ Mortelmans D.，ed.，*Divorce in Europe: New Insights in Trends, Causes and Consequences of Relation Break-ups*, Cham: Springer, 2020，p.257.

⑤ Johansson, T. and Andreasson J.，*Fatherhood in Transition: Masculinity, Identity and Everyday Life*, London: Palgrave Macmillan, 2017，p.121.

三、律师提示

在离婚诉讼中，对于未成年子女的抚养，可以由一方直接抚养，也可以由双方轮流抚养。对于轮流抚养未成年子女，必须满足两个条件：第一，轮流抚养必须符合未成年子女的最大利益；第二，离婚当事人必须对轮流抚养达成一致协议。

此外，有研究表明，虽然有些父亲在离婚后仍然对其子女有较大的投入，但是，父亲退出子女生活或者对子女的投入较少的情况更为普遍。[1]笔者认为，在不存在家庭暴力等严重冲突的情况下，尽量鼓励父母以合作的方式共同抚养子女，鼓励双方父母共同参与到子女的生活中。这既有利于增进父母子女之间的感情，又有利于子女的健康成长。

---

[1]　Parkinson P., "Forty Years of Family Law: A Retrospective," *Victoria University of Wellington Law Review*, vol. 46, no. 3, 2015, p.619.

第三节 ┃ 离婚后一方能否请求变更子女抚养关系?

夫妻双方离婚后,子女随何方生活的问题必须得到妥善解决,否则可能会影响子女的健康成长和合法权益的保护。在抚养关系确定以后,父母双方应认真履行抚养、教育和保护子女的义务。但是,如果父母的情况发生了重大变化,是否可以请求变更子女抚养关系呢?如果可以,变更子女抚养关系的情形包括哪些呢?本节拟对此问题进行探讨。

一、案例引入

案例来源:(2021)鲁11民终3020号①

案情简介:孙某与张某1婚后生育一女张某2。双方离婚后,张某2由孙某直接抚养。张某1现已再婚,但并未生育子女。现孙某申请变更抚养关系,理由是其患有抑郁症,具有自杀倾向,且婚生女张某2愿意跟随张某1共同生活。孙某提交了某医院90项症状清单(SCL-90)、门诊病历、收费票据予以证实。90项症状清单载明孙某躯体化症状较重、强迫症状中度、抑郁较重、焦虑中度、敌对严重、偏执中度、××性严重等。2021年7月孙某到医院就诊,被诊断为情绪冲动、睡眠障碍、抑郁状态、焦虑状态,并接受药物治疗。此外,一审法院对张某2进行了调查,张某2明确表示其愿意与张某1一起生活。另查明,孙某与张某1收入均不稳定,孙某2021年之前每月收入4000—5000元,张某1在2021年之前每月收入4000元左右。

一审法院认为,孙某提交的门诊病历等证明其心理状况目前不适合继续抚养张某2。且根据孙某提供的证据可以看出,其目前处于抑郁、焦虑状态,情绪不够稳定,由其抚养张某2将不利于其心理健康成长。孙某与张某

---

① 张某1、孙某变更抚养关系纠纷案,山东省日照市中级人民法院(2021)鲁11民终3020号民事判决书。

1的婚生女张某2已经年满8周岁，具有一定的认知和判断能力，其明确表示愿意随父亲张某1一起生活，考虑孙某目前的心理状况，张某1的抚养能力，基于尊重婚生女张某2真实意愿的原则，一审法院对孙某要求变更抚养关系的诉求予以支持。二审法院维持原判。

二、律师分析

《最高人民法院关于适用〈中华人民共和国民法典〉婚姻家庭编的解释（一）》第55条规定，离婚后，父母一方要求变更子女抚养关系的，应当另行提起诉讼。由此可见，离婚时已经确定子女抚养关系的，如果离婚后父母双方的抚养能力或实际情况发生变化，在满足法定条件的情况下，原已确定的子女抚养关系可以依法进行变更。该司法解释规定，父母一方要求变更子女抚养关系的情形包括：（1）与子女共同生活的一方因患严重疾病或者因伤残无力继续抚养子女；（2）与子女共同生活的一方不尽抚养义务或有虐待子女行为，或者其与子女共同生活对子女身心健康确有不利影响；（3）已满八周岁的子女，愿随另一方生活，该方又有抚养能力；（4）有其他正当理由需要变更。[①]

若申请变更子女抚养关系的一方能够证明存在上述变更子女抚养关系的情形，并且变更子女抚养关系有利于未成年子女的健康成长，法院应予以支持。本案中，孙某提供的证据和法院查明的事实证明，本案符合变更子女抚养关系的两个情形：第一，孙某的心理状况和精神状况较差，其目前"与子女共同生活对子女身心健康确有不利影响"；第二，张某2表达了其愿意随张某1生活的真实意愿，且张某1在2021年之前每月收入4000元左右，具有抚养能力，这符合"已满八周岁的子女，愿随另一方生活，该方又有抚养能力"的情形。从整个案件事实来看，目前变更子女抚养关系将更有利于张某2的健康成长。

---

① 《最高人民法院关于适用〈中华人民共和国民法典〉婚姻家庭编的解释（一）》第56条。

若申请人无法证明存在变更子女抚养关系的情形，法院将不予支持申请变更子女抚养关系的请求。在金某、周某变更抚养关系民事纠纷案①中，由于金某提供的录音、视频资料及照片不足以证明周某存在虐待孩子的行为，且离婚后金某与周某的经济条件及抚养能力均未发生重大变化，出于最有利子女健康成长的考虑，不宜变更其生活环境，故法院不支持金某变更子女抚养关系的请求。

三、律师提示

父母与子女间的关系，不因父母离婚而消除。离婚后，对于未成年子女的抚养关系的变更，主要有两种：

一是父母协议变更子女抚养关系。我国《最高人民法院关于适用〈中华人民共和国民法典〉婚姻家庭编的解释（一）》第57条规定："父母双方协议变更子女抚养关系的，人民法院应予支持。"因此，若父母双方协议变更子女抚养关系，人民法院应予以支持。

二是法院判决变更子女抚养关系。如果一方要求变更子女抚养关系，另一方不同意变更的，要求变更的一方可以向人民法院起诉。②在满足变更子女抚养关系的法定情形下，人民法院应予以支持。

笔者认为，允许变更子女抚养关系，考虑到了未来情况变化可能对未成年子女和父母双方造成的影响，符合实际发展的需要，也有利于保护相关方的利益。无论是父母双方协议变更子女抚养关系，还是法院判决变更子女抚养关系，均应以子女的最大利益为首要考虑，结合父母双方的抚养能力和抚养条件以及子女的实际情况和子女真实意愿等实际情况，认真倾听未成年子女的声音，充分尊重未成年子女的意愿。从最有利于子女健康成长的角度出发，作出符合未成年人最大利益的决定。

---

① 辽宁省葫芦岛市中级人民法院（2021）辽14民终2941号民事判决书。
② 《最高人民法院关于适用〈中华人民共和国民法典〉婚姻家庭编的解释（一）》第57条。

第四节 ┃ 法院如何确定子女抚养费？

子女抚养费包括子女生活费、教育费、医疗费等费用。[①]父母离婚后，子女仍是父母双方的子女，子女由一方直接抚养的，另一方应当负担部分或者全部抚养费。对于子女抚养费的数额和给付期限，可以由父母双方协商，如果协商不成，由人民法院判决。[②]那么，人民法院在司法实践中是如何确定子女抚养费的呢？本节拟就此进行探讨。

一、案例引入

案例来源：（2020）辽01民终8120号[③]

案情简介：郭某1与陈某系夫妻关系，婚后生育一子郭某2。陈某曾于2019年向法院起诉离婚，后申请撤诉。郭某1也曾于2019年向法院起诉离婚，法院判决驳回其诉讼请求。郭某1再次向一审法院起诉，请求法院判令双方离婚，婚生子郭某2由郭某1抚养，陈某每月支付2000元抚养费，直至孩子年满18周岁。

一审法院认为，本案中，郭某1主张离婚，陈某同意离婚，准予双方离婚。此外，陈某的职业系代账会计，无固定收入，参照2019年辽宁省居民服务和其他服务业52707元/年的标准，即4392.25元/月，婚生子郭某2由郭某1抚养，陈某于本判决生效当月起于每月25日前给付子女抚养费1000元至婚生子郭某2年满18周岁止。判决作出后，郭某1提起上诉，请求依法改判被上诉人每月支付抚养费2000元，一次性支付2016年6月至诉讼期间的抚养费，从判决之日起每年一次性支付抚养费24000元。

---

① 《最高人民法院关于适用〈中华人民共和国民法典〉婚姻家庭编的解释（一）》第42条。

② 我国《民法典》第1085条。

③ 郭某1、陈某离婚纠纷案，辽宁省沈阳市中级人民法院（2020）辽01民终8120号民事判决书。

二审法院认为，关于郭某1所提抚养费的数额及给付方式的问题，根据《最高人民法院关于人民法院审理离婚案件处理子女抚养问题的若干具体意见》第7—8条的规定，陈某无固定收入，不具有一次性给付抚养费的能力，一审法院结合同行业标准认定的抚养费数额及给付方式符合上述法律规定，遂维持原判。

二、律师分析

我国《最高人民法院关于适用〈中华人民共和国民法典〉婚姻家庭编的解释（一）》对子女抚养费的给付数额和给付方式均进行了规定。首先，就抚养费给付数额而言，该司法解释第49条规定，"抚养费的数额，可以根据子女的实际需要、父母双方的负担能力和当地的实际生活水平确定。有固定收入的，抚养费一般可以按其月总收入的百分之二十至三十的比例给付。负担两个以上子女抚养费的，比例可以适当提高，但一般不得超过月总收入的百分之五十。无固定收入的，抚养费的数额可以依据当年总收入或者同行业平均收入，参照上述比例确定。有特殊情况的，可以适当提高或者降低上述比例"。本案中，由于陈某无固定收入，法院遂按照2019年辽宁省居民服务和其他服务业52707元/年的标准计算，以每月月总收入约23%的比例给付1000元子女抚养费，符合法律的有关规定，上诉人要求每月支付2000元，远超月总收入20%—30%的范围。

其次，就抚养费给付方式而言，子女抚养费以定期给付为原则，在有条件的情况下可以一次性给付。本案中，由于陈某无固定收入，不具备一次性给付子女抚养费的能力和条件。因此，子女抚养费以定期给付为宜。

根据相关法律规定，离婚后，子女由一方直接抚养的，另一方应当负担部分或者全部抚养费。负担费用的多少和期限的长短，由双方协议；协议不成时，由人民法院判决。[1]如果当事人协议不成或者协议不被法院准许的，[2]

---

[1] 我国《民法典》第1085条第1款。

[2]《最高人民法院关于适用〈中华人民共和国民法典〉婚姻家庭编的解释（一）》第52条规定："父母双方可以协议由一方直接抚养子女并由直接抚养方负担子女全部抚养费。但是，直接抚养方的抚养能力明显不能保障子女所需费用，影响子女健康成长的，人民法院不予支持。"

由人民法院判决确定抚养费。人民法院在确定子女抚养费时，应当确定如下事项：

第一，子女抚养费的数额。子女抚养费的数额，可以根据子女的实际需要、父母双方的负担能力和当地的实际生活水平确定。有固定收入的，抚养费一般可以按其月总收入的百分之二十至三十的比例给付。负担两个以上子女抚养费的，比例可以适当提高，但一般不得超过月总收入的百分之五十。无固定收入的，抚养费的数额可以依据当年总收入或者同行业平均收入，参照上述比例确定。有特殊情况的，可以适当提高或者降低上述比例。[①]本案中，一审法院参照无固定收入的情况，为当事人确定了每月1000元的子女抚养费。

第二，子女抚养费的给付方式。子女抚养费的给付方式应根据父母双方的工作性质、收入情况等进行确定。一般情况下，子女抚养费应当定期给付，有条件的可以一次性给付。父母一方无经济收入或者下落不明的，可以用其财物折抵抚养费。[②]定期给付子女抚养费的，通常以月、季度或者年为时间单位。本案中，法院判决按月给付子女抚养费。

第三，子女抚养费给付的期限。子女抚养费的给付期限，一般是至子女18周岁为止。[③]本案中，法院判决陈某给付子女抚养费至郭某2年满18周岁止。但是，存在以下两种法定情况的除外：一是子女在16周岁以上不满18周岁，以其劳动收入为主要生活来源，并能维持当地一般生活水平的，父母可以停止给付抚养费。二是成年子女不能独立生活的，有负担能力的父母应当给付子女抚养费。[④]这主要包括以下情形：一是尚在校接受高中及其以下学历教育的成年子女；二是丧失、部分丧失劳动能力等非因主观原因而无法维持正常生活的成年子女。[⑤]

此外，给付子女抚养费是未直接抚养子女一方的法定义务，父母不得因

---

① 《最高人民法院关于适用〈中华人民共和国民法典〉婚姻家庭编的解释（一）》第49条。

② 《最高人民法院关于适用〈中华人民共和国民法典〉婚姻家庭编的解释（一）》第50-51条。

③ 《最高人民法院关于适用〈中华人民共和国民法典〉婚姻家庭编的解释（一）》第53条。

④ 我国《民法典》第1067条第1款。

⑤ 《最高人民法院关于适用〈中华人民共和国民法典〉婚姻家庭编的解释（一）》第41条。

子女变更姓氏而拒付子女抚养费。父或者母擅自将子女姓氏改为继母或继父姓氏而引起纠纷的，应当责令恢复原姓氏。[①]

必须注意，我国《民法典》第1015条规定，自然人应当随父姓或者母姓，除非存在特殊情形。[②]根据最高人民法院《关于变更子女姓氏问题的复函》（〔81〕法民字第11号）的有关精神以及公安部《关于父母离婚后子女姓名变更有关问题的批复》（公治〔2002〕74号），成年子女有权决定是否更改自己的姓名，但未成年子女的姓氏应当由其父母双方协商一致后确定，任何一方未征得对方同意，不应随意更改子女姓氏。因此，父母在其未成年子女的姓氏选择问题上享有同等权利。对于离婚双方未经协商或协商未达成一致意见而其中一方要求变更子女姓名的，公安机关可以拒绝受理；对一方因向公安机关隐瞒离婚事实，而取得子女姓名变更的，若另一方要求恢复子女原姓名且离婚双方协商不成，公安机关应予恢复。有关的司法案例并未支持父母离婚后，一方在未经过对方同意的情况下擅自将子女的姓氏变更为另一方的姓氏的做法。[③]

三、律师提示

关于子女抚养费的确定，笔者认为，应当注意以下三点：

第一，子女抚养费由父母双方协商确定，协商不成的由人民法院判决确定。

第二，父母双方协商达成的关于子女抚养费的协议应当有利于子女的健康成长，若双方达成的协议对子女健康成长有不利影响，将得不到法院的支持。例如，父母协议由一方直接抚养子女并由直接抚养方负担全部抚养费，

[①] 《最高人民法院关于适用〈中华人民共和国民法典〉婚姻家庭编的解释（一）》第59条。

[②] 有下列情形之一的，可以在父姓和母姓之外选取姓氏：（一）选取其他直系长辈血亲的姓氏；（二）因由法定扶养人以外的人扶养而选取扶养人姓氏；（三）有不违背公序良俗的其他正当理由。

[③] 例如，魏某与郑某1婚姻家庭纠纷案，福建省福鼎市人民法院（2020）闽0982民初2138号民事判决书；杨某、杨某2姓名权纠纷案，山东省聊城市中级人民法院（2020）鲁15民终1093号民事判决书。

但是，直接抚养方的抚养能力明显不能保障子女所需费用，影响子女健康成长的，人民法院不予支持。[①]

第三，法院确定子女抚养费时应明确子女抚养费的数额、给付方式、给付期限等，作出有利于未成年子女最大利益的判决。

---

① 《最高人民法院关于适用〈中华人民共和国民法典〉婚姻家庭编的解释（一）》第52条。

第五节 | 在何种情况下可以变更子女抚养费？

经父母协议或者法院判决确定的子女抚养费，一般是根据离婚当时子女的实际需要和父母双方的经济状况等因素确定的。在日后的生活中，如果子女的需要或者父母的情况发生变化，则可以进行合理的变更。那么在什么情况下可以变更子女抚养费呢？本节拟就此问题进行探讨。

一、案例引入

案例来源：（2022）鲁01民终10号[①]

案情简介：原告李某乙的法定代理人张某与被告李某甲原系夫妻关系，双方婚姻存续期间生育李某乙。后双方经法院调解离婚，法院出具的民事调解书约定：李某乙随张某生活，李某甲自2011年5月起每月支付抚养费400元至李某乙独立生活之日止；李某乙的医疗、教育等重大支出，由张某和李某甲共同承担。2014年11月，李某乙经×××残疾人联合会批准为精神残疾二级。离婚后张某未再婚，每月平均收入为2200元；李某甲再婚并育有一女，现又离婚，女儿随母亲生活，李某甲无须支付抚养费，李某甲现月收入为4500元。李某乙向法院起诉，请求判令李某甲支付给李某乙的抚养费增加至每月1200元，直到其独立生活为止。

一审法院认为，张某与李某甲离婚时约定原告的抚养费为每月400元，随着社会生活消费水平的提高及李某乙自身的特殊情况，上述数额确实无法满足原告实际需要，结合李某甲及张某的收入状况，法院对李某乙要求增加抚养费的诉讼请求予以支持。法院酌情认定被告李某甲每月向原告支付抚养费1000元，至原告独立生活之日止。李某甲上诉称其没有能力每月支付1000

---

① 李某甲与李某乙抚养费纠纷案，山东省济南市中级人民法院（2022）鲁01民终10号民事判决书。

元的抚养费，请求降低数额。

二审法院认为，一审法院综合考虑李某乙现阶段的抚养需要、当事人双方的抚养能力和经济收入、本地居民的实际生活水平判决李某甲每月向李某乙支付1000元抚养费，合情合理，并无不当。

二、律师分析

根据我国《民法典》第1085条第2款规定，关于子女抚养费的协议或判决，不妨碍子女在必要时向父母任何一方提出超过协议或判决原定数额的合理请求。且《最高人民法院关于适用〈中华人民共和国民法典〉婚姻家庭编的解释（一）》第58条对增加子女抚养费的法定情况进行了明确规定，其中包括原定子女抚养费数额不足以维持当地实际生活水平和因子女患病，实际需要超过原定数额的情形。本案中，李某乙患有精神疾病，需要长期进行康复治疗，加上十年前后生活水平的变化，原来约定的每月400元的子女抚养费数额已经不足以保障李某乙的正常生活需要，因此法院支持其增加子女抚养费的请求符合法律规定。

对于子女抚养费的变更，包括子女抚养费的增加与子女抚养费的减少或免除：

第一，子女抚养费的增加。根据《最高人民法院关于适用〈中华人民共和国民法典〉婚姻家庭编的解释（一）》第58条的规定，具有下列情形之一，子女要求有负担能力的父或者母增加抚养费的，人民法院应予支持：（1）原定抚养费数额不足以维持当地实际生活水平；（2）因子女患病、上学，实际需要已超过原定数额；（3）有其他正当理由应当增加。例如，本案中李某乙的情况，符合上诉支持增加子女抚养费的情形。在司法实践中，若当事人无法提供充分的证据证明其有增加子女抚养费情形，法院将不予支持。[①]

第二，子女抚养费的减少或免除。子女抚养费的确定既要考虑子女的实

---

① 辽宁省盘锦市中级人民法院（2021）辽 11 民终 1365 号民事判决书。

际需要，又要考虑父母的实际负担能力。当一方确实无力按照判决或者协议给付抚养费时，可以请求减少或免除。[1]从我国《最高人民法院关于适用〈中华人民共和国民法典〉婚姻家庭编的解释（一）》第49条[2]的规定来看，子女抚养费在一定条件下是可以减少或者免除的。但是，我国相关法律并未对子女抚养费的减少或免除的具体情形作出明确的规定。在司法实践中，却存在大量申请减少子女抚养费的情况。但是当事人必须提供充分的证据证明其存在减少子女抚养费的情况，否则将得不到法院的支持。在闫某2、闫某1与闫某抚养费纠纷案[3]中，二审法院认为，减少抚养费数额的特殊情形之一是抚养人的经济条件变差或严重恶化。虽然闫某的工资或收入减少，但并没有提供充分的证据证明其经济状况恶化，仍有能力支付原定子女抚养费，因此，法院并不支持其降低子女抚养费的请求。而在何某1与何某2抚养费纠纷案[4]中，何某1提供了证据证明其对外有贷款、借款，投资的公司均已注销、吊销等情况，一审法院和二审法院均认为其负担能力有所下降，并适当减少了其支付的子女抚养费数额。

三、律师提示

子女抚养费是保证子女健康成长的重要物质基础。父母即使离婚，也应当承担起抚养、教育和保护子女的责任和义务。应支付子女抚养费的一方，定期、足额给付子女抚养费是其履行该义务的基本要求。随着子女的逐渐长大，子女实际需求或者父母情况可能会发生变化，允许变更子女抚养费具有

---

① 江苏省无锡市中级人民法院（2021）苏02民终1048号民事判决书。

② 《最高人民法院关于适用〈中华人民共和国民法典〉婚姻家庭编的解释（一）》第49条规定："抚养费的数额，可以根据子女的实际需要、父母双方的负担能力和当地的实际生活水平确定。有固定收入的，抚养费一般可以按其月总收入的百分之二十至三十的比例给付。负担两个以上子女抚养费的，比例可以适当提高，但一般不得超过月总收入的百分之五十。无固定收入的，抚养费的数额可以依据当年总收入或者同行业平均收入，参照上述比例确定。有特殊情况的，可以适当提高或者降低上述比例。"

③ 吉林省长春市中级人民法院（2020）吉01民终2802号民事判决书。

④ 江苏省无锡市中级人民法院（2021）苏02民终1048号民事判决书。

必要性。笔者认为：

第一，法院在判决是否支持变更子女抚养费请求时，既要考虑子女的实际需要，又不能忽视父母收入能力、支付能力等的变化，但最终应基于"子女本位"而非"父母本位"的思想作出符合未成年人最大利益的判决。

第二，无论是要求增加子女抚养费，还是减少或者免除子女抚养费，申请人必须提供充分的证据证明存在变更子女抚养费的情形，否则法院将不予支持。在司法实践中，许多当事人由于无法提供充分的证据，其诉讼请求未得到法院的支持。

第三，建议结合我国司法实践的情况、借鉴其他国家的有益经验，在立足我国国情的基础之上，增加减少或者免除子女抚养费的情形之规定。这有利于指导司法实践工作，有利于丰富和完善我国子女抚养费制度。

第六节 | 主张子女抚养费给付至大学毕业能否得到法院支持？

在校大学生虽然基本上已满18周岁，进入成年人阶段，但在大学期间其首要任务仍然是学习，一般还需要父母在经济上给予资助，以帮助其完成大学学业。对离异家庭而言，送子女上大学具有一定的经济压力。成年的大学生能否要求未直接抚养的父母支付其大学期间的抚养费呢？本节拟就此问题进行探讨。

一、案例引入

案例来源：（2016）辽07民终1958号[①]

案情简介：原告兰某某与被告兰某系父女关系。2011年9月，兰某某母亲郭某与父亲兰某协议离婚，并约定兰某某由母亲抚养。兰某某系高二学生，郭某系某镇政府工作人员，每月工资为人民币1994元。兰某系某乡政府工作人员，每月工资为人民币2615.08元。庭审中，被告同意每月给付原告抚养费人民币1000元至其成年。现原告诉至法院，要求兰某此后每月给付抚养费人民币1800元直至其大学毕业。

一审法院认为，根据法律规定，父母不履行抚养义务时，未成年的或不能独立生活的子女，有要求父母给付抚养费的权利；"不能独立生活的子女"是指尚在校接受高中及其以下学历教育，或者丧失或未完全丧失劳动能力等非因主观原因而无法维持正常生活的成年子女，故原告要求被告给付抚养费至大学毕业的诉讼请求，无法支持。二审法院维持原判。

---

① 兰某某与兰某抚养费纠纷案，辽宁省锦州市中级人民法院（2016）辽07民终1958号民事判决书。

二、律师分析

我国《最高人民法院关于适用〈中华人民共和国民法典〉婚姻家庭编的解释（一）》第53条规定："抚养费的给付期限，一般至子女十八周岁为止。十六周岁以上不满十八周岁，以其劳动收入为主要生活来源，并能维持当地一般生活水平的，父母可以停止给付抚养费。"根据该条规定，在我国，子女抚养费一般给付至子女18周岁为止。此外，根据我国《民法典》第1067条第1款的规定，父母不履行抚养义务的，未成年子女或者不能独立生活的成年子女，有要求父母给付抚养费的权利。不能独立生活的成年子女主要包括以下两类：一是尚在校接受高中及其以下学历教育的成年子女；二是丧失、部分丧失劳动能力等非因主观原因而无法维持正常生活的成年子女。[1]

根据上述规定，成年大学生若不具有丧失或部分丧失劳动能力等非因主观原因而无法维持正常生活的情况，其要求未直接抚养子女的一方给付抚养费至大学毕业的请求于法无据。本案中，由于兰某某不属于不能独立生活的成年子女，其请求兰某支付抚养费至其大学毕业的主张于法无据，得不到法院的支持。类似的案例不在少数，例如，在张某甲与张某乙抚养费纠纷案[2]中，法院认为，对于张某甲要求抚养费支付至大学毕业的诉讼请求，于法无据，不予支持。

成年子女依靠父母资助完成大学学业，符合当今中国绝大部分家庭的实际情况。但根据我国目前法律的规定，除非给付抚养费的一方父母自愿支付子女抚养费至成年子女大学毕业，否则法院不会支持当事人要求父母给付抚养费至大学毕业的请求。在日本，各家庭法院对成年子女请求离婚后的父母支付抚养费或医疗费的案件已经达成共识，子女若无经济来源，父母仍然有

063

---

[1] 《最高人民法院关于适用〈中华人民共和国民法典〉婚姻家庭编的解释（一）》第41条。

[2] 江苏省苏州市中级人民法院（2015）苏中少民终字第00030号民事判决书。

义务支付大学期间的生活费或住院医疗费。[①]笔者认为，对于子女抚养费的给付，我国可以适当扩大"不能独立生活的成年子女"的范围，将正在接受高等教育的成年大学生也纳入其中。主要原因在于，正在接受高等教育的成年大学生没有充足的时间和精力从事全职工作以获得足够的报酬，且大学的全日制教育也不支持他们从事过多兼职工作，以免耽误学习。

三、律师提示

在现实生活中，绝大多数上大学的成年子女并没有独立的经济来源，上学期间的生活费和教育费仍然要依靠父母的支持。从社会现状来看，要求父母承担子女在大学期间的抚养费具有一定的必要性。但根据我国现行法的规定，法院在处理此类案件时，对于子女的抚养费给付期限，仅能支持到子女年满18周岁。若成年子女希望父母给付抚养费至大学毕业，最好通过协商的方式予以解决。

---

① 陶建国、常艺：《日本未成年子女抚养费审理及强制执行制度》，载《中国青年社会科学》2016年第5期，第119页。

第七节 ｜ 一方拒不协助另一方行使探望权，怎么办？

在我国，探望权是指父母离婚后，不直接抚养子女的一方依法享有的、同未与其共同生活的子女进行见面交往的权利。[①]探望权制度的设立符合子女最大利益原则，体现了法律对父母利益与子女利益的双重维护。但在现实生活中，却存在直接抚养子女的一方因各种理由拒不协助另一方探望子女的情况。本节拟就此问题进行探讨。

一、案例引入

案例来源：（2018）晋0105执1115号[②]

案情简介：任某与赵某的离婚纠纷二审以调解方式结案，且人民法院作出的（2018）晋01民终101号民事调解书已经发生法律效力。2018年3月5日，赵某向法院申请行使探望权，法院立案后，通知被执行人任某提供便利及相关条件，协助申请执行人赵某行使探望权，但任某以不利于子女身心健康发展为由拒不履行协助赵某行使探望权的义务。

法院认为，依据《最高人民法院关于适用〈中华人民共和国婚姻法〉若干问题的解释（一）》[③]第32条的规定，关于对拒不履行有关探望子女等判决和裁定的，由人民法院依法强制执行的规定，是指对拒不履行协助另一方行使探望权的有关个人和单位采取拘留、罚款等强制措施，不能对子女的人身、探望行为进行强制执行。鉴于任某拒不协助赵某行使探望权，法院已对任某采取限制高消费的强制措施，并将其列入失信人员名单，以督促其协助赵某行使探望权。由于孩子赵某某为限制民事行为能力人，需要由任某抚养

[①] 陈苇主编：《婚姻家庭继承法学》（第四版），中国政法大学出版社2022年版，第284页。

[②] 任某与赵某某民事执行实施纠纷案，山西省太原市小店区人民法院（2018）晋0105执1115号执行裁定书。

[③] 已废止。现参见《最高人民法院关于适用〈中华人民共和国民法典〉婚姻家庭编的解释（一）》。

照顾，法院并未对其采取拘留等其他强制措施。

二、律师分析

探望权是不直接抚养子女的父母一方的法定权利，该权利是对其让渡直接抚养权的补偿。而直接抚养子女的一方，享有直接抚养子女的权利，根据权利义务对等原则，该方应作为义务人，协助有探望权一方行使探望权。我国《民法典》第1086条第1款规定："离婚后，不直接抚养子女的父或者母，有探望子女的权利，另一方有协助的义务。"但是，有部分父母却不履行该协助义务。针对此类情况，我国《最高人民法院关于适用〈中华人民共和国民法典〉婚姻家庭编的解释（一）》第68条规定："对于拒不协助另一方行使探望权的有关个人或者组织，可以由人民法院依法采取拘留、罚款等强制措施，但是不能对子女的人身、探望行为进行强制执行。"

在本案中，由于任某不履行协助赵某探望子女的义务，赵某向法院申请执行，法院对赵某采取了限制高消费、列入失信人员名单的强制措施，并督促其履行协助义务。同样，在董某、杨某离婚纠纷执行审查案[1]中，法院也采取了将不协助履行探望权的一方列入失信被执行人名单、限制高消费名单等强制措施。

此外，享有探望权的一方在另一方不协助其行使探望权时，不能向法院申请对子女的人身、探望行为进行强制执行。例如，在袁某、肖某抚养纠纷执行实施案[2]中，法院认为，本院依法不能强制将孩子肖某某交申请执行人抚养。同样，在陈某1、艾某等婚姻家庭纠纷执行案[3]中，法院认为，子女本身不能成为给付对象，故陈某申请移交子女的请求不符合法律规定，因此，法院驳回了申请执行人陈某的执行申请。

必须注意，第一，根据我国法律的规定，探望权的主体只能是不直接抚

---

[1] 山东省德州市德城区人民法院（2021）鲁1402执异50号执行决定书。

[2] 贵州省安顺市西秀区人民法院（2019）黔0402执1667号执行裁定书。

[3] 云南省镇雄县人民法院（2021）云0627执1742号执行裁定书。

养子女的父或者母一方，其他亲属，如祖父母、外祖父母、兄弟姐妹等，没有被规定为探望权主体。但是法律也没有禁止他们进行探望。

第二，若父或母行使探望权，不利于子女身心健康的，未成年子女、直接抚养子女的父或者母以及其他对未成年子女承担抚养、教育、保护义务的法定监护人，有权向人民法院提出中止探望的请求。待中止探望的事由消失后，才能恢复父或者母的探望权。[①]

三、律师提示

笔者认为，不直接抚养子女的一方在子女的成长过程中具有不可替代的重要地位和作用，其权利应该得到法律的尊重和保护。当另一方不履行协助义务时，一方应积极采取措施维护自身的探望权。但是，不直接抚养子女的一方在维护自身探望权过程中，应该注意：

第一，探望权的行使具有长期性，为了子女的身心健康，在一方不履行协助义务的情况下，首先应积极与对方沟通，由当事人双方协商如何行使对子女的探望权，法院不能对探望行为进行强制执行。但探望子女的方式、时间、地点，均应以保护子女的最大利益为基础，应既有利于子女的身心健康和生活稳定，又不影响子女正常的学习和生活。

第二，若双方无法协商，申请强制执行的一方应向法院出具被执行人不协助履行探望权的证据，否则，将不被法院支持。在郑某与薛某探望权纠纷案[②]中，申请执行人郑某向法院提出申请，请求对其享有的探望权强制执行，但未向法院提供被执行人郑某拒不履行协助义务或阻碍其行使探望权的相关证据，因此，法院对郑某请求强制执行探望权的执行申请，依法予以驳回。

[①] 我国《民法典》第1086条第3款；《最高人民法院关于适用〈中华人民共和国民法典〉婚姻家庭编的解释（一）》第67条。

[②] 安徽省阜阳市颍州区人民法院（2017）皖1202执1493号执行裁定书。

第八节 | 一方不给付子女抚养费，另一方能否阻止其探望子女？

探望权的设立，不仅有利于不直接抚养子女的父母在离婚后继续保持与子女的交往，也可以减轻子女的家庭破碎感，有利于子女的健康成长。落脚点在对子女利益的维护。但是在实践中，却存在许多直接抚养子女的父亲或母亲，以另一方不支付或者不足额不按时支付子女抚养费为由，阻止另一方探望子女。这种行为能否得到法院的支持呢？本节拟就此问题进行探讨。

一、案例引入

案例来源：（2018）桂1031民初1155号[①]

案情简介：张某与杨某原为夫妻关系，因双方感情不和，张某于2018年4月向法院提起离婚诉讼，法院于2018年5月作出如下判决：婚生女儿杨某1随杨某生活，张某每月支付给女儿抚养费人民币600元，从2018年6月起至女儿年满18周岁止，每月必须在当月15日前付清。判决生效后，2018年7月，张某从外地务工回来，去探望女儿时，杨某以张某不按判决书的规定足额支付抚养费为由，拒绝张某探望女儿。为此，张某请求人民法院判令杨某在张某探望女儿时履行协助义务。

法院认为，探望权是父母离婚后不直接抚养子女的父或母享有的与未成年子女联系、会面、交流等的权利，但探望权可分为看望式探望和逗留式探望。本案中，由于张某和杨某的婚生女儿杨某1只有3岁零5个月，属于10周岁以内，尚无辨别能力，同时原告只有探望权，没有监护权，只适用于看望式探望，不适用于逗留式探望。张某在探望子女过程中，杨某有协助张某

[①] 张某与杨某探望权纠纷案，广西壮族自治区隆林各族自治县人民法院（2018）桂1031民初1155号民事判决书。

探望子女的义务。杨某要求张某先足额支付小孩抚养费，才允许探望小孩，无法律依据，故法院不予支持。法院判决张某在探望小孩过程中，杨某有协助原告探望小孩的义务。

二、律师分析

探望权是不直接抚养子女一方的自然权利，不得被任意剥夺或者限制。我国《民法典》第1086条第1款和第2款规定："离婚后，不直接抚养子女的父或者母，有探望子女的权利，另一方有协助的义务。行使探望权利的方式、时间由当事人协议；协议不成的，由人民法院判决。"可见，探望权是不直接抚养子女一方的法定权利。

本案中，杨某以张某不按判决书的规定足额支付抚养费为由，拒绝张某探望子女，侵害了张某的探望权。在司法实践中，有部分当事人认为，义务和权利是对等的，未直接抚养子女一方不给付抚养费，就等于主动放弃探望权，以此阻止另一方探望子女。[1]这种观点是不可取的，一方不支付抚养费并不等于主动放弃了探望权。探望权是法律对亲子之间固有权利的尊重和维护。亲子关系包括物质上的抚养关系，也包括精神上的交往关系。当夫妻之间处于正常状态，父母子女在同一个家庭里共同生活时，这种关系能够得到维护，无须法律加以确认和调整。但是，当父母离婚时，子女随父亲或者母亲生活，这使得未直接抚养子女一方在行使这一权利时可能遇到阻碍，需要法律加以调整。法律的调整只是对这一权利的尊重和保护，其作为自然权利的性质并未根本改变。因此，无法定理由阻止探望权行使的行为都是违法的，[2]应予以制止。

---

[1] 杨某2与付某探望权纠纷案，河北省承德县人民法院（2018）冀0821民初2001号民事判决书。

[2] 陈苇主编：《婚姻家庭继承法学》（第四版），中国政法大学出版社2022年版，第284页。

三、律师提示

探望权是未直接抚养子女一方的自然权利，另一方不能以对方未支付子女抚养费为由阻止或者不协助对方探望子女。对于对方不支付子女抚养费的行为，直接抚养子女一方应积极与对方沟通，催促其支付子女抚养费；若与对方协商不成，可另行向人民法院提起诉讼。

父母双方对探望权的行使，应本着既要考虑不影响子女正常生活，又要加强子女与未直接抚养子女的父或母一方的沟通交流，减轻子女因父母离婚带来的家庭破碎感和伤痛。我们在保护子女身心健康成长的同时，也要维护父或母探望权的正确行使。

第四章

离婚财产的分割

法律不能使人人平等，但是在法律面前人人是平等的。

——［英］波洛克

◆ 哪些财产属于夫妻共同财产？

◆ 哪些财产属于夫妻个人财产？

◆ 法院判决分割夫妻共同财产的原则是什么？

◆ 婚前取得的股权在婚后的增值部分，离婚时如何处理？

◆ 夫妻一方名下以夫妻共同财产出资取得的有限责任公司的股权，离婚时如何处理？

◆ 婚后一方取得的股份有限公司的股权，离婚时如何处理？

◆ 婚后一方取得的合伙企业的合伙份额，离婚时如何处理？

◆ 婚后一方为他人代持股份，离婚时如何处理？

◆ 夫妻委托第三人代持公司股权，离婚时如何处理？

◆ 一方婚前购房并支付首付款，按揭部分婚后双方共同偿还，离婚时如何处理？

◆ 婚前父母为双方购置房屋出资，离婚时如何处理？

◆ 婚后父母为双方购置房屋出资，离婚时如何处理？

◆ 一方擅自出售夫妻共同所有房产，第三人善意购买，离婚时能否请求另一方赔偿损失？

◆ 夫妻约定一方将其房产赠与另一方，可以反悔吗？

◆ 一方婚前房产，婚后在房产证上添加了配偶姓名，离婚时如何处理？

◆ 离婚协议约定将夫妻共有房产赠与未成年子女，离婚后一方可以反悔吗？

◆ 婚后一方以个人财产投资所得的收益，离婚时如何分割？

◆ 婚姻关系存续期间夫妻一方取得的知识产权，离婚时如何处理？

◆ 婚后一方所得的住房公积金，离婚时如何处理？

◆ 婚后一方通过继承取得的财产，离婚时如何分割？

◆ 一方的婚前财产在婚后是否自动转化为夫妻共同财产？

◆ 离婚时，如何处理夫妻共同财产中的股票、债券、投资基金等有价证券以及未上市股份有限公司的股份？

◆ 离婚诉讼中涉及的股票期权应如何进行分割？

◆ 军人名下的复员费、自主择业费，离婚时如何分割？

◆ 一方婚前给付的彩礼，在离婚时能否要求返还？

◆ 夫妻一方在婚姻关系存续期间能否主张分割夫妻共同财产？

◆ 离婚时双方对夫妻共同财产中的房屋价值及归属无法达成协议，如何处理？

◆ 夫妻忠诚协议在离婚时的效力如何认定？

第一节 | 哪些财产属于夫妻共同财产？

在我国，夫妻共同财产是指夫妻双方或者一方在婚姻关系存续期间所得的财产，但是法律另有规定或者当事人另有约定的除外。夫妻在离婚时，往往需要对夫妻共同财产进行分割。而准确分割夫妻共同财产的关键在于对夫妻共同财产的认定。这也是司法实践的难点之一。哪些财产属于夫妻共同财产？本节拟对此问题进行探讨。

一、案例引入

案例来源：（2022）京 01 民终 1420 号[①]

案情简介：韩某 1 与包某 1 原系夫妻关系，双方于 1995 年 9 月登记结婚。2009 年，韩某 1 的母亲吴某 1，将其通过继承方式取得的 202 房屋登记至吴某 1 名下。同年，吴某 1 到北京市某公证处办理遗嘱公证手续，载明："将坐落在北京市某某区某 202 号（建筑面积为 47.32 平方米）房产一套，在我去世后，遗留给我的儿子韩某 1 所有。"公证处工作人员询问"上述房产是留给韩某 1 个人吗"，吴某 1 回答："我不做特别指定，算韩某 1 夫妻二人的。"公证处工作人员询问"上述遗嘱有无条件、义务"，吴某 1 回答："没有。"后吴某 1 去世。韩某 1 与包某 1 一致认可婚姻关系存续期间韩某 1 的住房公积金累计金额为 20 万元，且双方均陈述 202 房屋仍登记在吴某 1 名下。2018 年 1 月，包某 1 将 202 房屋出租给杨某使用，租赁期限为 5 年。韩某 1 于 2017 年向法院起诉离婚，法院判决驳回。2019 年韩某 1 再次起诉至法院要求与包某 1 离婚。

一审法院认为，吴某 1 生前订立遗嘱并进行公证，现无证据证明该遗嘱公证存在无效情形，因此该遗嘱合法有效。根据该遗嘱的内容，吴某 1 所有

[①] 包某 1 与韩某 1 离婚后财产纠纷案，北京市第一中级人民法院（2022）京 01 民终 1420 号民事判决书。

的202房屋由韩某1继承，结合吴某1在订立遗嘱公证时的询问笔录，吴某1生前订立遗嘱时并未确定202房屋只归韩某1一人继承，按照《民法典》第1062条第1款第4项的规定，韩某1应继承的202房屋属于夫妻共同财产，在双方离婚后，应予以分割。因此，法院酌情认定该房屋由双方各享有二分之一份额。韩某1名下与包某1婚姻关系存续期间的住房公积金属于夫妻共同财产，双方对该住房公积金数额一致认可为20万元，故法院酌情认定韩某1支付包某1住房公积金折价款10万元。鉴于202房屋属于双方共有财产，故离婚后2020年1月至2021年4月期间的该房屋租金收益也属于双方共有，法院酌情认定该期间的租金收益由双方均分。二审法院认为，一审法院认定该房屋因继承属于夫妻共同财产，包某1出租后获得的租金为夫妻共同财产，应当予以分割，并无不当。

二、律师分析

　　根据我国《民法典》第1062条第1款的规定，夫妻在婚姻关系存续期间所得的下列财产属于夫妻共同财产：（1）工资、奖金、劳务报酬；（2）生产、经营、投资的收益；（3）知识产权的收益；（4）继承或者受赠的财产，但是本法第1063条第3项规定的除外；（5）其他应当归共同所有的财产。可见，夫妻共同财产的范围相当广泛，不仅包括工资、奖金，还包括生产经营和投资收益、继承或者受赠所得的财产等，但遗嘱或者赠与合同中确定只归一方的财产除外。

　　本案中，第一，涉案房屋及该房屋出租所得租金均属于夫妻共同财产。在韩某1与包某1夫妻关系存续期间，韩某1继承了吴某1的房产，且根据吴某1生前订立遗嘱公证时的询问笔录，吴某1对于该房屋的归属未做特别指定，即其在生前订立遗嘱时并未确定202房屋只归韩某1一人继承。虽然目前202房屋仍登记在被继承人名下，但继承自被继承人死亡时开始，吴某1在双方离婚前就已死亡，涉案房屋未办理产权转移登记手续，不影响该房屋由双方以继受取得方式拥有房屋所有权。因此该房屋属于夫妻共同财产。夫妻共同所有的房屋出租所得租金也应属夫妻共同财产。第二，住房公积金属于夫妻共同财产。根据《最高人民法院关于适用〈中华人民共和国民法典〉婚姻家庭编的解释（一）》第25条的规定，住房公积金属于我国《民法典》第1062条第1款第5项规定的"其他应当归共同所有的财产"。因此，本案中韩某1在婚姻关系存续期间的住房公积金20万元属于夫妻共同财产。

夫妻共同财产具有三个特征：[①]（1）主体。夫妻共同财产所有权的主体是具有婚姻关系的夫妻。无效婚姻、被撤销的婚姻、非婚同居的男女均不能作为夫妻共同财产的主体。（2）取得时间。夫妻共同财产取得的时间是婚姻关系存续期间，需要注意的是，恋爱或者订婚期间不属于夫妻关系存续期间，夫妻分居或者离婚判决未生效的期间仍然为婚姻关系存续期间。（3）来源。夫妻共同财产的来源包括夫妻一方或者双方的所得财产，但是法律另有规定或者当事人另有约定的除外。若婚前已取得某项财产，但在婚后才实际占有，则该财产仍然是婚前财产；同样，若婚姻关系存续期间取得某项财产所有权，但离婚后才实际占有，也属于夫妻共同财产。

三、律师提示

关于夫妻共同财产，笔者认为必须注意以下三点：

第一，"知识产权的收益"包括在婚姻关系存续期间夫妻转让或许可他人使用自己的著作权、专利权、商标专用权和发明权等得到的经济收入。知识产权的收益属于夫妻共同财产，但是知识产权本身具有人身性，因此属于实际取得知识产权的夫妻一方所有。《最高人民法院关于适用〈中华人民共和国民法典〉婚姻家庭编的解释（一）》第24条规定，"知识产权的收益"是指婚姻关系存续期间，实际取得或者已经明确可以取得的财产性收益。

第二，"其他应当归共同所有的财产"属于概括性规定。随着我国经济的发展，夫妻共同财产的种类不断增多，立法不能一一列举，因此设此兜底

---

① 陈苇主编：《婚姻家庭继承法学》（第四版），中国政法大学出版社2022年版，第133—134页。

条款。根据我国《最高人民法院关于适用〈中华人民共和国民法典〉婚姻家庭编的解释（一）》第25条、第71条的规定，在婚姻关系存续期间，一方以个人财产投资取得的收益，男女双方实际取得或者应当取得的住房补贴、住房公积金，男女双方实际取得或者应当取得的基本养老金、破产安置补偿费，军人名下的部分复员费、自主择业费等一次性费用等均属于夫妻共同财产。①

第三，夫妻一方个人财产在婚后产生的收益，除孳息和自然增值外，应认定为夫妻共同财产。②

---

① 我国《最高人民法院关于适用〈中华人民共和国民法典〉婚姻家庭编的解释（一）》第71条规定："人民法院审理离婚案件，涉及分割发放到军人名下的复员费、自主择业费等一次性费用的，以夫妻婚姻关系存续年限乘以年平均值，所得数额为夫妻共同财产。前款所称年平均值，是指将发放到军人名下的上述费用总额按具体年限均分得出的数额。其具体年限为人均寿命七十岁与军人入伍时实际年龄的差额。"

② 我国《最高人民法院关于适用〈中华人民共和国民法典〉婚姻家庭编的解释（一）》第26条。

第二节 | 哪些财产属于夫妻个人财产？

夫妻个人财产，指夫妻一方婚前、婚后获得的个人享有所有权的财产。[①]我国允许夫妻在婚后实行共同财产制的同时，按双方约定或者依法规定保留一定范围的个人财产。这些财产独立于夫妻共同财产之外，属于夫妻个人财产。司法实践中，当事人在离婚分割财产时，需要明确财产是夫妻个人财产还是夫妻共同财产。夫妻个人财产包括哪些呢？本节拟对此问题进行探讨。

一、案例引入

案例来源：（2018）鲁1392民初1150号[②]

案情简介：2010年7月，原告王某与被告刘某经人介绍认识，后双方登记结婚。原、被告均系再婚，婚后未生育子女，被告带儿子王某某与原告一起生活。2016年10月，被告曾提起离婚诉讼，法院判决不准离婚。2017年7月，被告与案外人刘永某签订房屋买卖合同，从刘永某处购买房屋一套，价值202000元，该房屋为小产权房，并未办理房屋产权登记。2018年4月，原、被告自愿离婚。离婚后原告发现被告签订的房屋买卖合同，并诉至法院要求判令被告支付原告房屋分割应得款12万元。

法院认为，第一，根据《物权法》（已失效）第9条第1款的规定，不动产物权的设立、变更、转让和消灭，经依法登记，发生效力；未经登记，不发生效力。本案中，原告主张的房屋系小产权房，根据现有的法律和政策，对该不动产的登记和交易受限，故被告与刘永某签订的房屋买卖合同不发生物权效力，原告要求按夫妻共同财产分割涉案房屋，于法无据，不予支持。第二，根据原告提供的合同，被告从刘永某处购买涉案房屋的事实发生在夫

[①] 陈苇主编：《婚姻家庭继承法学》（第三版），高等教育出版社2022年版，第111-112页。

[②] 王某与刘某离婚后财产纠纷案，山东省临沂经济技术开发区人民法院（2018）鲁1392民初1150号民事判决书。

妻关系存续期间。但被告主张购房款主要系其前夫的死亡赔偿金15万元及其他存款的本息收入，该款在与被告结婚前已经存入银行，并提供交通事故处理协议书、民事调解书、银行流水明细一组等证据，该证据能够相互印证，形成完整的证据链，足以证实购买本案涉案房屋的出资系被告的婚前个人存款，故该购房款不能作为婚后夫妻共同财产予以分割。由此，法院判决驳回原告王某的诉讼请求。

二、律师分析

夫妻一方的婚前财产属于该方的个人财产，但另有约定的除外。根据我国《民法典》第1063条的规定：夫妻个人财产包括：（1）一方的婚前财产；（2）一方因受到人身损害获得的赔偿或者补偿；（3）遗嘱或者赠与合同中确定只归一方的财产；（4）一方专用的生活用品；（5）其他应当归一方的财产。例如，军人的伤亡保险金、伤残补助金、医药生活补助费均属于个人财产。[1] 本案中，在婚姻关系存续期间，被告用于购买房屋的财产属于被告一方的婚前财产。根据我国《民法典》的规定，该财产为被告的个人财产。

个人财产不因婚姻关系的延续而转化为夫妻共同财产，除非另有约定。我国《最高人民法院关于适用〈中华人民共和国民法典〉婚姻家庭编的解释（一）》第31条规定："民法典第一千零六十三条规定为夫妻一方的个人财产，不因婚姻关系的延续而转化为夫妻共同财产。但当事人另有约定的除外。"根据该条规定和本案案情，本案中被告的个人财产，即该购房款不会因被告与原告的婚姻关系的延续而转化为夫妻共同财产。夫妻一方如果以婚前财产在婚后购买房产的，实质是婚前财产在婚后的形式转化，这并不影响婚前财产的性质。因此，在离婚时，该购房款不能作为夫妻共同财产进行分割；在离婚后，法院也不应支持分割该购房款的诉讼请求。

必须注意，如果在婚姻关系存续期间夫妻一方用婚前财产购房后，不能

---

[1] 我国《最高人民法院关于适用〈中华人民共和国民法典〉婚姻家庭编的解释（一）》第30条。

举证证明该购房款是自己的个人财产，则该购房款或购买的房产一般会被算作夫妻共同财产，离婚时在夫妻双方之间进行分割。因此，在能举证证明的情况下，一方用婚前财产在婚后全额购买的房产仍属于该方的个人财产，除非另有约定。但如果夫妻一方婚前签订不动产买卖合同，以个人财产支付首付款并在银行贷款，婚后用夫妻共同财产还贷，不动产登记于首付款支付方名下的，离婚时该不动产由双方协议处理。不能达成协议的，人民法院可以判决该不动产归登记一方，尚未归还的贷款为不动产登记一方的个人债务。双方婚后共同还贷支付的款项及其相对应财产增值部分，由不动产登记一方对另一方进行补偿。[1]

三、律师提示

关于夫妻个人财产，笔者认为应注意以下三点：

第一，夫妻一方的个人财产不因婚姻关系的延续而转化为夫妻共同财产，但当事人另有约定的除外。例如，双方在婚后约定将夫妻一方的全部或者部分婚前财产归属双方共同所有或者归属另一方单独所有。在这种情况下，夫妻一方的个人财产会因双方的约定而转化为夫妻的共同财产或者另一方的个人财产。

第二，一方因受到人身损害获得的赔偿或者补偿，因为具有人身性，因此归受损害方个人所有。但笔者认为，并非因人身损害获得的所有费用均应认定为夫妻一方的个人财产。例如，在婚姻关系存续期间，一方因人身遭受损害获得的误工费。该费用是因误工而减少的工资性收入，它具有工资的属性。因此，如果直接将婚姻关系存续期间一方因人身损害获得的误工费认定为一方的个人财产并不合理。

第三，夫妻一方个人财产在婚后所得的孳息和自然增值属于一方的个人财产。[2]

---

[1] 我国《最高人民法院关于适用〈中华人民共和国民法典〉婚姻家庭编的解释（一）》第78条。

[2] 我国《最高人民法院关于适用〈中华人民共和国民法典〉婚姻家庭编的解释（一）》第26条。

第三节 ┃ 法院判决分割夫妻共同财产的原则是什么？

离婚时对夫妻共同财产进行分割是离婚的法律后果之一。基于对当事人意思自治的尊重，法院允许夫妻双方在离婚时就其共同财产自行协议处理。协议不成的，由人民法院判决分割。法院应根据何种原则判决分割夫妻共同财产呢？本节拟就此问题进行探讨。

一、案例引入

案例来源：（2021）川0792民初1369号[①]

案情简介：刘某与被告黄某婚后于1989年生育黄某1。1999年11月，黄某以按揭贷款方式购买一套房屋（以下简称案涉房屋），总价367705元。2002年，案涉房屋取得房屋权属登记证书，登记权利人为黄某。2010年8月，案涉房屋结清全部按揭贷款。2017年4月20日，刘某与被告黄某登记离婚。2017年4月24日，原告何某与刘某达成调解协议，何某出借给公司的借款由刘某偿还。2018年7月，因刘某未履行给付义务，何某向法院申请强制执行案涉房屋，法院对该房屋予以查封。2019年11月，刘某去世。现原告何某向法院起诉，请求分割被告与刘某的全部共有财产。现查明的共同财产为涉案房屋，价值约162万元。

法院认为，案涉房屋是刘某与黄某在婚姻关系存续期间取得，属于夫妻共同财产。虽然夫妻双方对共同所有的财产享有平等权利，但是刘某在与黄某的婚姻关系存续期间，长期与其他女性同居生活并疏于履行家庭义务，对夫妻感情彻底破裂明显存在过错，且《民法典》增加了照顾无过错方权益

[①] 何某、黄某等分家析产纠纷案，四川省绵阳高新技术产业开发区人民法院（2021）川0792民初1369号民事判决书。

的财产分割原则，故依照《民法典》时间效力规定第2条中的但书部分，以及《民法典》第1087条第1款的规定，为更有利于保护被告黄某的合法权益、弘扬社会主义核心价值观，分割案涉房屋时应当根据刘某的过错作为，给予无过错的黄某适当多分财产。据此，本院综合考虑双方对家庭和房屋取得的贡献大小，以及刘某的过错行为对夫妻感情的伤害程度，酌情确定案涉房屋应由被告黄某分得60%、刘某分得40%。

二、律师分析

我国《民法典》第1087条第1款规定："离婚时，夫妻的共同财产由双方协议处理；协议不成的，由人民法院根据财产的具体情况，按照照顾子女、女方和无过错方权益的原则判决。"本案中夫妻共同财产的分割，主要涉及照顾无过错方权益的原则。刘某在与黄某的婚姻关系存续期间，长期与其他女性同居生活并疏于履行家庭义务，对夫妻感情彻底破裂存在过错。因此，在分割夫妻共同财产时，应当对黄某予以照顾，故法院判决过错方刘某分得案涉房屋的40%，而无过错方黄某分得60%。

我国于2001年修改《婚姻法》时，并未规定分割夫妻共同财产时按照照顾无过错方的原则进行判决。主要原因在于，2001年修改《婚姻法》时，为保护婚姻关系中的无过错方，新增了离婚损害赔偿制度。由此，因一方存在法定过错导致离婚的，无过错方有权请求损害赔偿。为了不加重对婚姻中无过错方的保护，在分割夫妻共同财产时，暂时可不考虑增加照顾无过错方利益原则。在《民法典》编纂过程中，有意见指出，现实生活中因过错导致离婚的情况较为突出，婚姻关系的解除给家庭、社会和子女都带来了不利影响，建议加大对过错方的惩罚力度，除规定离婚过错方的赔偿外，在判决

分割夫妻共同财产时还应加大对无过错方的保护，这也是当前审判实践的做法，立法部门采纳了这一建议。[①]由此，我国《民法典》新增法院按照照顾无过错方的原则处理夫妻共同财产。本案中，法院作出的判决充分照顾了无过错方的权益。

此外，根据我国《民法典》和相关的司法解释，法院在判决分割夫妻共同财产时，除了遵循照顾无过错方权益的原则外，还须遵循以下原则：

第一，男女平等原则。男女平等是我国的一项基本国策，[②]同时也是我国《民法典》婚姻家庭编的基本原则。[③]将男女平等原则作为一项基本国策，体现了对男女平等原则的高度重视。具体到离婚时夫妻共同财产的分割上，也应遵循男女平等原则。

第二，照顾子女和女方原则。保护妇女和未成年人的合法权益原则是我国《民法典》婚姻家庭编的基本原则之一。离婚时在财产分割问题上照顾子女和女方原则是该基本原则的具体体现。

第三，有利于生产、方便生活原则。在分割夫妻共同财产时，应当遵循有利于生产、方便生活的原则，使分割后的财产既不损害其效用、性能，也不损害其经济价值。如对于生产资料，应当尽可能分给需要且有能力生产经营的一方，以求做到物尽其用，保障生产活动的正常进行。在分割生活资料时，应当考虑男女双方、子女的实际需要程度，以求达到方便生活的目的。

第四，不损害国家、集体和他人利益原则。夫妻在分割共同财产时，不能把属于国家、集体和他人所有的财产当作夫妻共同财产予以分割。所达成的财产分割协议，不得损害国家、集体和他人的利益。

三、律师提示

笔者认为，关于法院判决分割夫妻共同财产的原则，应当注意：

---

① 黄薇主编：《中华人民共和国民法典婚姻家庭编释义》，法律出版社 2020 年版，第 175 页。

② 我国《宪法》第 48 条第 1 款规定："中华人民共和国妇女在政治的、经济的、文化的、社会的和家庭的生活等各方面享有同男子平等的权利。"

③ 我国《民法典》第 1041 条第 2 款规定："实行婚姻自由、一夫一妻、男女平等的婚姻制度。"

第一，就照顾无过错方权益的原则而言，这里的无过错方，既可以是女性，也可以是男性。这也是男女平等原则的具体体现。

第二，在司法实践中，多数情况下，女方的权益与无过错方的权益是一致的，但也存在不一致的情况。

第四节 | 婚前取得的股权在婚后的增值部分，离婚时如何处理？

在离婚财产的分割中，婚前股权在婚后取得的收益的分割容易引发纠纷。那么，婚前取得的股权在婚后的增值部分，离婚时该如何处理呢？本节就此问题进行探讨。

一、案例引入

案例来源：（2016）浙04民终2001号[①]

案情简介： 2013年9月，姚某向法院起诉，要求与张某1离婚并分割夫妻共同财产。2014年9月，法院判决双方离婚，并对夫妻共同财产进行了分割。2006年9月，张某1在婚前与张某2、张某3、张某4分别出资290万元、116万元、87万元、87万元，投资设立某机械有限公司，并分别享有公司50%、20%、15%、15%的股权。根据某评估报告书，张某1于2006年对某机械有限公司290万元出资对应股权自××××年××月××日至2015年1月27日的增值额为11346438.38元。姚某请求对张某1出资290万元获得的股权在婚后产生的增值进行分割。张某1及张某2、张某3、张某4均同意将相应的股权分给姚某，且均明确表示不行使优先购买权。

一审法院认为，张某1婚前出资290万元对应股权系其婚前个人财产，该股权在张某1与姚某婚姻关系存续期间产生了增值。且张某1作为公司的实际管理人员，投入了个人的劳动，故该增值不属于孳息和自然增值范畴，而应认定为夫妻共同财产，并依法予以分割。姚某主张获得相应货币补偿；张某1主张将相应货币补偿折算成公司股权，用个人股权折抵应支付给

[①] 姚某与张某1、张某2、张某3、张某4、某机械有限公司离婚后财产纠纷案，浙江省嘉兴市中级人民法院（2016）浙04民终2001号民事判决书。

姚某的货币补偿。张某2、张某3、张某4均同意张某1提出的分割方案。一审法院对张某1提出的分割方案予以采信。张某1个人股权婚后的增值换算成公司股权比例为15.97%，故张某1应将其持有的某机械有限公司7.985%（15.97%÷2）的股权过户给姚某，折抵其应支付给姚某的货币补偿。

二审法院认为，该290万元系张某1婚前投资，属于婚前个人财产，但该投资在婚姻关系存续期间产生的收益属于司法解释规定的"其他应当归共同所有的财产"。基于张某1婚前投资行为的个人性和该收益在婚后的共同性，考虑公司人合性的特点，在张某1和姚某对该部分财产如何分割意见不一的情况下，不宜将该部分财产全部转化为股权，并将非持股的配偶一方直接确认为公司股东，而应判决由持股一方支付另一方相应折价款。二审法院遂确认涉案股权归张某1所有，张某1支付姚某该部分对应的增值额的二分之一，即5673219.19元。

二、律师分析

根据《民法典》第1063条及《最高人民法院关于适用〈中华人民共和国民法典〉婚姻家庭编的解释（一）》第26条的规定，婚前财产归一方所有，且婚前财产产生的自然增值或孳息也归个人所有。本案的争议焦点是张某1婚前投入公司的290万元出资对应的股权在婚姻关系存续期间对应的增值额是否属于夫妻共同财产，该如何进行分割。由于张某1对于该增值部分投入了精力，付出了劳动，因此该财产在婚姻关系存续期间的增值不属于自然增值或者孳息。故该增值属于夫妻共同财产，离婚时应予以分割。

对于婚前股份在婚后的增值该如何分割的问题，应具体情况具体分析。本案中，一审法院和二审法院采取了不同的分割方法。一审法院采取了张某1的方案，将增值部分换成公司股权，再用股权抵折应支付给姚某的货币补偿；而二审法院主张给付姚某相应的货币补偿。

夫妻在婚姻关系存续期间所得的投资、经营的收益属于夫妻共同财产,[①]而投资的收益包含了婚前财产在婚后的投资收益。股权与传统意义上的固定资产不同,它作为一种特殊财产会随着企业经营和发展而发生价值变动,这也是股权及收益在认定夫妻共同财产上的难点所在,由此导致很多人在判定股权增值到底属于投资经营收益还是自然增值或孳息时发生疑惑。

首先,自然增值,是指在财产所有人拥有的财产因所有人以外的变化因素的存在而出现的价值增长状态,财产所有人在此状态的发生过程中并未起到任何积极的推动作用。例如,持有的股票因公司业绩优异而价格攀升,房屋因所处地理位置优越、稀缺性等因素价格上涨等。在司法实践中,如果夫妻一方自婚前一直持有股权,但对股权的增值没有发挥任何作用,股权的增值主要取决于市场因素,则增值部分很可能被认定为自然增值,而非夫妻共同财产。相反,如果夫妻一方自婚前一直持有股权,但是该方对股权的增值付出了劳动,参与了经营,从而导致股权增值,则股权增值部分很可能会被认定为投资收益,从而被认定为夫妻共同财产。所以,对投资收益抑或是自然增值的判断,取决于夫妻一方或者双方是否真实地投入精力,对股权的增值进行了操作,从而促成了股权的增值。

其次,孳息是指原物滋生新物,包括自然孳息和法定孳息,法定孳息是依照法律关系而产生的收益,一般包括利息、租金等。根据《最高人民法院关于冻结、拍卖上市公司国有股和社会法人股若干问题的规定》第7条第2款的规定,由股权产生的孳息包括股权产生的股息以及红利、红股等。如果婚前夫妻一方拥有股权,股权的红利、股息及红股等孳息原则上属于夫妻一方的个人财产。但是,如果夫妻一方自婚前一直持有股权,婚后依靠该方参与经营产生的红利、股息及红股等很有可能被认定为夫妻投资形成的共同财产。而如果股权投资是发生在夫妻关系存续期间,则股权的红利、股息及红股都属于夫妻的投资收益,属于夫妻的共同财产。所以,作为投资收益抑或是孳息,取决于夫妻一方是否真实地参与了股权投资的经营。

---

① 我国《民法典》第1062条。

股权同时涉及《民法典》和《中华人民共和国公司法》（以下简称《公司法》）两部法律，具有身份权和财产权双重特征。因此，从《民法典》及财产权的角度而言，股权如果是利用夫妻共同财产作为支付对价所取得，应当由夫妻二人共同享有。但从《公司法》和股东身份权的层面来讲，公司具有人合性和公示性，在仅夫妻一方登记为股东的情况下，另一方并不当然直接享有股东权利，而需要先行取得股东资格。至于能否取得股东资格，还需要满足法律规定的股权转让前置条件。

　　鉴于股权的上述特殊性，目前司法实践中的主流观点认为，不能直接把股权认定为夫妻共同财产，但股权所对应的财产利益或股权变价款应属于夫妻共同财产。因此，在双方没有达成一致，或不满足股权转让前置条件的情况下，未持股的一方很难强行要求分配股权并取得股东身份，但该部分股权所对应的现金价值却属于夫妻共同财产，即夫妻一方享有股权变价款对应份额的财产权利。理由在于，有限责任公司的股权作为一种特殊的财产性权利，兼具资合性与人合性，我国《公司法》等商事法律、司法解释亦在股权的流转、股东资格的确认等方面做出了严格的限制，故未直接持股的夫妻一方不能当然享有股权，股权本身并不是严格法律意义上的夫妻共同财产。

　　在最高人民法院（2014）民二终字第48号案例中，艾某与张某系夫妻关系，张某与刘某签订股权转让协议，约定张某将其持有的A有限公司的50%的股权，以13200万元转让给刘某。艾某认为A有限公司股权为张某与其的夫妻共同财产，张某未经艾某同意转让股权，该转让行为无效。法院认为，股权作为一项特殊的财产权，除其具有的财产权益内容外，还具有与股东个人的社会属性及其特质密不可分的人格权、身份权等内容。如无特别约定，对于自然人股东而言，股权仍属于商法规范内的私权范畴，其各项具体权能应由股东本人独立行使，不受他人干涉。在股权流转方面，我国《公司法》确认的合法转让主体也是股东本人，而不是其所在的家庭。

　　持有相似裁判观点的法院不在少数，比如在北京市第三中级人民法院（2016）京03民再26号案例中，法院认为，经法定程序处理前，某某公司在夫妻关系存续期间经营所得的资产（含未分割利润）、债权债务不属于夫妻共同财产，而是公司财产，不能在离婚纠纷中直接进行分割处理。可见，股权作为一种复合型权利，其中既包含财产权，但也包含人格权、身份权等。而公司也兼具资合性与人合性的双重特征。因此，股权本身不属于夫妻共同财产，在双方未协商一致或不满足股转条件的情况下，一方不得强制要求分割股权并直接成为股东；但股权所代表的财产利益应属于夫妻共同财产，一方可以要求对方支付对应价值的现金或其他资产。

三、律师提示

一般而言，股权的增值分为自然增值和人为增值。自然增值与夫妻一方或双方的协作劳动、努力、管理并无关联。而人为增值是基于人为努力而产生的收益。因此，婚前取得股权婚后增值是否属于夫妻共同财产，可分为以下几种情况：

第一，婚前取得的股权在婚后的收益属于自然增值，离婚时不分。根据《最高人民法院关于适用〈中华人民共和国民法典〉婚姻家庭编的解释（一）》第26条的规定，一方婚前财产产生的孳息和自然增值属于个人财产。因此，对于一方婚前持有的股权，婚后产生的增值收益如果仅仅是因为市场行情变化等而产生的，则其属于自然增值，不属于夫妻共同财产。此外，婚后基于婚前股份获得的转增股份属于个人财产。在施某某与骆某某离婚纠纷案[1]中，原告施某某与被告骆某某于2006年11月9日登记结婚。2003年被告认购的35000股的股权，2004年被告认购的950股的股权，共计35950股，属于其婚前个人财产。2010年4月获得转增股份16537股，属于被告的婚前股份的自然增值或孳息。因上述股份未经当事人经营，也非投资行为所得，故法院认定被告共持有上海某某股份有限公司非上市流通股52487股，均属被告个人财产，由被告个人所有。

---

① 上海市浦东新区人民法院（2015）浦民一（民）初字第17057号民事判决书。

第二，股权的婚后增值属于人为增值，离婚时应进行分割。对于一方婚前持有的股权，婚后产生的增值收益是因一方经营管理、付出脑力或体力劳动的结果，则该增值收益属于夫妻共同财产，离婚时应当予以分割。

此外，对于夫妻一方在婚前取得的股权，在婚姻关系存续期间享有的股权红利部分属于人为增值的，原则上属于夫妻共同财产，双方在离婚时应当分割。对于婚前持有股权，婚后进行了增资，夫妻一方婚前取得的个人股权，在婚姻关系存续期间以夫妻共同财产认缴增资金额，其认缴的增资金额所对应的股权份额应属于夫妻共同财产。

就婚前股权婚后增值部分在离婚时的具体分割问题，首先，股权增值部分的分割并非只有一方获取该增值收益，并给付另一方相应货币补偿这一种分割方法，还应当根据财产的具体情况综合考量。其次，对于企业家尤其是高净值人士来说，其名下股权可能蕴含巨大财产价值和可操作空间，因此在离婚诉讼中，与房产、存款等现有固定财产相比，对股权的争夺可能更为激烈和复杂。

为保护家族成员婚前财产，实现资产隔离，当事人可以签订婚前财产协议，约定婚前财产的增值归婚前财产一方；约定在结婚期间夫妻实行分别财产制；采用家族信托等家族传承工具，将婚前财产隔离；设计复杂的股权结构达到隔离的目的；若必须补偿，除了折价以货币资金形式补偿外，也可以选择股权补偿方式，具体采用何种方式，应根据双方的具体情况以及企业情况予以确定。

第五节 | 夫妻一方名下以夫妻共同财产出资取得的有限责任公司的股权，离婚时如何处理？

夫妻在婚后共同投资股权的出资额若无特殊约定，一般属于夫妻共同财产。但由于股权分割实质上是一种股权转让行为，会对其他投资主体和市场主体产生影响，因此具有一定的限制。那么，夫妻一方名下以夫妻共同财产出资取得的股权，在夫妻离婚时该如何分割呢？本节拟就此问题进行探讨。

一、案例引入

案例来源：（2016）黔01民终4456号①

案情简介：黄某与余某婚后未生育子女，因长期缺乏沟通，双方婚后常为家庭琐事争吵。黄某以夫妻感情破裂为由，诉至法院，要求与余某离婚。在夫妻关系存续期间，黄某与余某共同购买了房屋一套，该房屋系银行按揭贷款购买，现价值为31万元，尚欠银行按揭贷款134812.26元。双方有夫妻共同债务22000元，无夫妻共同债权。根据黄某提交的贵州某某物业有限公司的查询信息所载，该公司股东为吴某和余某，余某在该公司的股份为80%，黄某要求分割余某在该公司所占股份的一半，吴某向法院表示愿意黄某成为该公司股东。一审法院判决双方离婚。

二审法院认为，黄某上诉主张分割余某在贵州某某物业有限公司所占股份的一半。余某在该公司的股份为80%，余某表示愿意将其全部股份转让给黄某，黄某只愿意分割余某在该公司所占股份的一半，该公司另一持有20%股权的股东吴某向法院表示愿意让黄某成为公司股东，根据《最高人民法院关于适用〈中华人民共和国婚姻法〉若干问题的解释（二）》（已失效）第16

---

① 黄某、余某离婚纠纷案，贵州省贵阳市中级人民法院（2016）黔01民终4456号民事判决书。

条之规定，遂判决余某将其持有的贵州某某物业有限公司80%的股份的二分之一即该公司40%的股份转让给黄某。

二、律师分析

我国《最高人民法院关于适用〈中华人民共和国民法典〉婚姻家庭编的解释（一）》第73条规定："人民法院审理离婚案件，涉及分割夫妻共同财产中以一方名义在有限责任公司的出资额，另一方不是该公司股东的，按以下情形分别处理：（一）夫妻双方协商一致将出资额部分或者全部转让给该股东的配偶，其他股东过半数同意，并且其他股东均明确表示放弃优先购买权的，该股东的配偶可以成为该公司股东；（二）夫妻双方就出资额转让份额和转让价格等事项协商一致后，其他股东半数以上不同意转让，但愿意以同等条件购买该出资额的，人民法院可以对转让出资所得财产进行分割。其他股东半数以上不同意转让，也不愿意以同等条件购买该出资额的，视为其同意转让，该股东的配偶可以成为该公司股东。用于证明前款规定的股东同意的证据，可以是股东会议材料，也可以是当事人通过其他合法途径取得的股东的书面声明材料。"本案中，贵州某某物业有限公司仅有两名股东，余某同意将其股份转让给黄某，另一名股东也同意黄某成为该公司的股东，故法院判决将余某持有的贵州某某物业有限公司40%的股份转让给黄某符合法律的规定。

有限责任公司股权分割的主要依据是《最高人民法院关于适用〈中华人民共和国民法典〉婚姻家庭编的解释（一）》第73条的规定。笔者认为，根据该条的规定，夫妻共同财产中以一方名义在有限责任公司的出资额，另一方不是该公司股东，离婚时对该股权的处理需满足以下几点：

第一，夫妻双方需就转让的份额达成一致。婚后用夫妻共同财产出资并以一方名义取得的股权本身并不当然作为夫妻共同财产在离婚时进行分割，但股权所代表的财产利益或股权变价款属于夫妻共同财产。因此，在离婚时，股东配偶若想获得该股东的股权，首先需要夫妻双方协商一致；否则，基于公司人合性与股权价值的不确定性等特征，法院很难确定分配的份额及价格，从而无法强制裁判分割股权。例如，最高人民法院在（2018）最高法民申796号一案中指出："若夫妻双方不能就股权分割问题达成一致意见，为了保证公司的人合性，应对另一方请求分割的股份折价补偿。因在本案二审审理过程中，刘某坚持要求分割股权，不同意折价补偿，也不同意评估股权价值，二审判决对刘某要求分割股权的诉讼请求不予支持，并无不当。"

第二，非公司股东的一方成为股东需经得其他股东过半数同意。公司股权的分割可能影响到公司的正常经营，对人合性造成不利影响，因此，在夫妻共同财产的分割和公司稳定运营之间，应当优先考虑有限责任公司的经济社会价值，防止股东的个人行为对其他股东和公司利益造成损害。最高人民法院在（2017）最高法民终336号裁判中指出：李某与魏某共同创立案涉3家公司，且魏某经营公司多年，李某对此亦予以认可。魏某明确表示其一直以公司利益为主，公司运营并未因离婚受到影响，并最终支持原告方要求分割股权的请求，可见法院会重点考虑股权分割是否会对公司经营稳定造成不利影响。

第三，出资份额转让需其他股东放弃优先购买权。优先购买权是指在相同的转让条件之下，公司股东相较于第三方可以优先购买股权。这也是基于人合性之考量，其他股东对于公司经营具有优势，可以以相对便利的条件参与公司经营。但与此同时，为保障股权转让的相对自由，法律也规定不同意对外转让的股东必须自行购买股权，否则夫妻另一方可以成为公司股东；在过半数股东反对对外出让时，则转为进入内部购买程序，此时先前同意对外转让的股东也有权参与购买，行使优先权。

第四，若章程有约定，应从其约定。根据我国现行《公司法》第71条之规定，①如果公司章程有约定其他股权转让的条件，如公司股权转让无须获得其他股东同意，公司股权转让须获得全部股东同意以及公司股权转让时其他股东不行使优先购买权等，应当从其约定。

---

① 我国现行《公司法》第71条第4款规定："公司章程对股权转让另有规定的，从其规定。"

三、律师提示

有限责任公司不同于股份有限公司，有限责任公司同时具有人合性与资合性。在有限责任公司中，既需要股东之间资本结合，也需要股东之间相互信任。从很大程度上讲，有限责任公司的正常运营主要取决于公司股东之间的相互信赖。因此，夫妻一方利用夫妻共同财产在有限责任公司出资，而另一方并非公司股东的，在离婚时对该股权进行分割时，应重点考虑公司的人合性特征，在能够对另一方采取货币补偿的情况下，可以用货币进行补偿。

第六节 | 婚后一方取得的股份有限公司的股权，离婚时如何处理？

在婚姻关系存续期间，出于投资等目的，夫妻一方会购买股份有限公司的股份。对于此类股权，在离婚时应该怎样分割呢。这也是司法实践中值得关注的问题。本节拟就此问题进行探讨。

一、案例引入

案例来源：（2015）三中民终字第00044号[①]

案情简介：李某与高某于2003年11月登记结婚（高某系再婚），婚后未生育子女。因家庭琐事双方产生矛盾，致夫妻感情破裂，双方均同意离婚。2009年12月，李某以8万元购买了某某产业股份有限公司的股权，李某在该产业股份有限公司持股数量为103106，占总股本比例为0.046%。

法院认为，李某和高某虽系自主结婚，但未建立牢固的感情基础。婚后因家庭琐事，双方发生矛盾。现夫妻感情确已破裂，经调解无效，应准予离婚。婚后李某在某某产业股份有限公司持股数量为103106，该股权为婚后取得，系夫妻共同财产，应平均分割。鉴于某某产业股份有限公司的章程中并无禁止转让股权的规定，且为了准确体现股权的实际价值，应对股权直接进行分割，由李某持有51553份股权，由高某持有51553份股权。

二、律师分析

股份有限公司，是指将公司全部资本分为等额股份，股东以其所认购的

---

① 李某与高某离婚纠纷案，北京市第三中级人民法院（2015）三中民终字第00044号民事判决书。

股份对公司承担责任，公司以其全部资产对公司债务承担责任的企业法人。与其他公司类型相比较，股份有限公司具有以下特征：（1）股东人数具有广泛性；（2）股东的出资具有股份性；（3）股东责任具有有限性；（4）股份发行和转让具有公开性和自由性；（5）公司信用基础具有资合性。[①]其中股份发行和转让的公开性和自由性是股份有限公司区别于其他各种公司的最主要的特征。为提高股份的融资能力和吸引投资者，股份必须具有较高程度的流通性，股票必须能够自由转让和交易。此外，相对于兼具资合性和人合性特点的有限责任公司，股份有限公司在募集资本和股东分布的广泛性、股份的流通性和转让的自由性等方面，都体现了更为充分和彻底的资合性，因此，股份有限公司是最典型的资合公司。

由此，股份有限公司的股权转让不需要考虑股权转让对其他股东或公司经营层面的影响，故我国现行《公司法》《民法典》及其司法解释对于股份有限公司并没有规定严格的分割程序。本案中，李某在婚后购买了某某产业股份有限公司的股权，该股权属于夫妻共同财产。离婚时对于该股权的分割，鉴于其转让的自由性和公司信用基础的资合性等特征，且该公司章程并无禁止转让股权的规定，法院判决直接对该股权进行分割是合理的。

但是，如果公司已经上市或具有上市计划，仍应当考虑离婚引起的股权分割是否符合上市企业监管的相关规定，具体而言，可以分为以下两种情况：

第一，如果股票属于自由流通股，夫妻双方可以以下方式分割：（1）协议一致后将股票归一方所有，一方给予另一方相当于股票价值一半的补偿。（2）双方订立协议共享股票。（3）在双方都不想持股时，可以先对股票进行抛售，然后分割抛售后的价金。

第二，如果股票属于限制流通股，由于法律对其转让期限有限制性规定，在限定的期限内不得买卖。限制流通又分为限售期内不得买卖、股票已质押、特殊主体禁止转让等情形。此时一般只能就股票的现金价值进行分割。

---

① 赵旭东主编：《公司法学》，高等教育出版社 2003 年版，第 69-71 页。

三、律师提示

股份流通的自由程度是股份有限公司与有限责任公司的重要区别之一。由于股份有限公司的资合性特征，其股票一般情况下可以自由转让；与股份有限公司相比，有限责任公司则具有更大的封闭性和人合性特征，在一定程度上保持股东的稳定，限制股份向第三人转让。[①]此外，股份有限公司和有限责任公司在公司的公开程度方面不同。有限责任公司是一种相对封闭的公司，公司资本的来源和转让具有限制；而股份公司则是一种开放性的公司，这体现在公司股份公开募集、公司的财务情况公开、股份的转让自由等方面。

基于上述特点，笔者认为，对于婚后用夫妻共同财产取得的股份有限公司的股权所对应的价值，若夫妻未约定属于一方所有，应认定为夫妻的共同财产。离婚时在分割此类股权时一般较为自由。但是需要考虑以下两个方面：第一，股份有限公司的章程是否对股权转让作出了限制性规定。第二，该股份有限公司是否已经上市或具有上市计划，若有，应考虑离婚时股权分割是否符合上市企业的监管规定，并根据具体情况确定具体的股权分割方式，如给予对方一定比例的股票价值作为补偿，而非只有直接分割股权这一种方式。

[①] 刘纪鹏编著：《法商管理学》（上），东方出版社 2019 年版，第 194 页。

第七节 | 婚后一方取得的合伙企业的合伙份额，离婚时如何处理？

合伙，是指两个或者两个以上的自然人或法人，根据合伙协议而共同出资、共同经营、共享收益、共担风险的营利性组织，合伙人对外一般承担无限连带责任，或者依法承担有限责任。[1]而合伙企业是指自然人、法人和其他组织依法在中国境内设立的普通合伙企业和有限合伙企业。[2]由此可知，合伙企业具有高度的人合性特征，合伙人之间需要有一定的信用基础。那么，夫妻一方在婚后取得的合伙企业的份额在离婚时应当如何处理呢？本节拟就此问题展开讨论。

一、案例引入

案例来源：（2016）闽06民终193号[3]

案情简介：叶某与张某甲于2005年9月办理结婚登记，婚后育有两个子女。后双方因张某甲与前任女友联系发生争吵，2011年7月，叶某向法院提起离婚诉讼，后该案按自动撤回起诉处理。2014年11月，叶某与张某甲因对张某甲是否存在婚外情发生争吵后，叶某离家，双方分居至今。2014年12月，叶某再次向法院起诉离婚。经多次调解未果。双方确认在婚姻关系存续期间的共同财产为小型轿车一部（登记所有权人为张某甲，价值50000元）和养猪场属于张某甲的财产份额（价值350000元），小型轿车现由张某甲使用。

一审法院认为，经多次调解无效，叶某坚决要求离婚，张某甲也同意离

---

① 王利明、杨立新、王轶：《民法学》（第六版），法律出版社2020年版，第145页。

② 《合伙企业法》（2006修订）第2条第2款和第3款。普通合伙企业由普通合伙人组成，合伙人对合伙企业债务承担无限连带责任。有限合伙企业由普通合伙人和有限合伙人组成，普通合伙人对合伙企业债务承担无限连带责任，有限合伙人以其认缴的出资额为限对合伙企业债务承担责任。

③ 张某甲与叶某离婚纠纷案，福建省漳州市中级人民法院（2016）闽06民终193号民事判决书。

婚，因此准予双方离婚，双方在婚姻关系存续期间的共同财产应均等分割。考虑有利生产、方便生活的原则，养猪场属于张某甲的财产份额由张某甲享有，现由张某甲使用的小型轿车归张某甲所有，但张某甲应折价补偿叶某200000元。

二审法院认为，双方对共有的养猪场财产份额及小型轿车的分割未能协商一致，因养猪场系张某甲与案外人张某丙合伙经营管理，而小型轿车登记在张某甲名下，且由张某甲日常使用，考虑有利生产、方便生活等原则，原审判决符合法律规定，并无不当。张某甲提出根据《最高人民法院关于适用〈中华人民共和国婚姻法〉若干问题的解释（二）》第17条的规定，在合伙人张某丙同意入伙的情况下，应将养猪场财产份额判归叶某享有。但非合伙人的配偶取得合伙人地位，需以夫妻对合伙企业中的财产份额转让给非合伙人配偶一方协商一致为前提，而本案中双方对涉讼养猪场财产份额的分割处理未能协商一致，故该上诉理由于法不符，不能成立。遂判决驳回上诉，维持原判。

二、律师分析

根据我国《最高人民法院关于适用〈中华人民共和国民法典〉婚姻家庭编的解释（一）》第74条的规定，人民法院在审理离婚案件时，涉及分割夫妻共同财产中以一方名义在合伙企业中的出资，另一方不是该企业合伙人的，当夫妻双方协商一致，将其合伙企业中的财产份额全部或者部分转让给对方时，按以下情形分别处理：（1）其他合伙人一致同意的，该配偶依法取得合伙人地位；（2）其他合伙人不同意转让，在同等条件下行使优先购买权的，可以对转让所得的财产进行分割；（3）其他合伙人不同意转让，也不行使优先购买权，但同意该合伙人退伙或者削减部分财产份额的，可以对结算后的财产进行分割；（4）其他合伙人既不同意转让，也不行使优先购买权，又不同意该合伙人退伙或者削减部分财产份额的，视为全体合伙人同意转让，该配偶依法取得合伙人地位。

由上述法律规定可知，针对分割夫妻共同财产中以一方名义在合伙企业中的出资，另一方不是该企业合伙人的，若拟将合伙企业中的财产份额全部或者部分转让给对方，必须夫妻双方就合伙企业中的财产份额全部或者部分转让给对方协商一致，这是转让的前提。而在本案中，叶某与张某甲就养猪场财产份额的分割处理并未能达成一致，故无论其他合伙人是否同意，叶某均不能取得该合伙企业的合伙人地位。

根据《最高人民法院关于适用〈中华人民共和国民法典〉婚姻家庭编的解释（一）》第74条的规定，婚后取得的合伙企业合伙份额，若未约定为个人财产的，应认定为夫妻共同财产，离婚时处理该份额，需要满足以下五个要点：

第一，须双方当事人一致同意。一方有意将合伙企业中的财产份额全部或者部分转让给另一方的，前提条件是双方当事人就转让事宜达成一致意见。否则，即使其他合伙人同意另一方成为合伙企业的合伙人，该方仍然无法获得合伙人的身份。

第二，须全体合伙人一致同意。相较于有限责任公司，合伙企业具有更强的"人合性"，即合伙人之间的信任度和稳定性更高，因此若合伙人配偶欲取得合伙份额，除了夫妻双方须达成一致意见外，还需要合伙企业其他合伙人的一致同意。

第三，其他合伙人享有优先购买权。若其他合伙人不同意合伙份额被转让，他们在同等条件下享有优先购买权，可以通过增持自身份额以保障合伙企业的人合性。

第四，可进行退伙清算。若其他合伙人不同意转让也不行使优先购买权，也可以对该合伙人进行退伙清算或者通过剥离相应部分的份额对应的财产，满足合伙人配偶的分割要求。此处与有限责任公司不同，有限责任公司的股东不同意转让则必须自行购买，而合伙企业则无须强制购买，但可以要求出让方退伙。

第五，存在视为同意转让的情形。其他合伙人既不同意转让，也不行使优先购买权，又不同意该合伙人退伙或者削减部分财产份额的，视为全体合伙人同意转让，该合伙人的配偶依法取得合伙人地位。在林某、陈某1等离婚后财产纠纷案[①]中，陈某1在其与林某婚姻关系存续期间取得厦门某某合伙企业（有限合伙）3%的合伙份额，在分割方案上，双方同意对半分割陈某1持有的该合伙企业3%的合伙份额。经法院函告，该合伙企业其余合伙人并未在指定期间要求行使优先受让权或同意陈某1退伙，因此视为全体合伙人同意转让。故林某要求取得合伙企业合伙人的诉讼请求，于法有据，厦门某某合伙企业（有限合伙）亦应协助办理变更登记手续。

三、律师提示

合伙企业是人合性组织，是基于合伙人之间的相互信任而成立并维系的，其信用基础和经营状况取决于合伙人之间的信用、能力和健康状况等，具有典型的人合性。[②]合伙企业不同于前文提到的有限责任公司和股份有限公司。有限责任公司和股份有限公司属于法人（营利法人组织），而合伙企业属于非法人组织，其不具有法人的资格，但能够以自己的名义从事民事活动。

笔者认为，离婚时若要对股权、合伙份额进行处理，需要满足法律对股权、合伙份额分割的限制程序。第一，对于有限责任公司，需要满足《公司法》对于股权转让的限制并尊重公司章程的约定。第二，对于股份有限公司，原则上对于股权的转让没有过多的限制，但也要考虑公司章程的规定和股权分割是否符合上市企业监管规定等。第三，对于合伙企业，由于其"人合性"最强，原则上需要全体合伙人一致同意。

---

① 福建省莆田市秀屿区人民法院（2020）闽0305民初3913号民事判决书。
② 张颖：《企业与公司法》，东南大学出版社2017年版，第87页。

第八节 | 婚后一方为他人代持股份，离婚时如何处理？

在婚姻关系存续期间，夫妻一方或者双方可能会涉及代持他人股权的情况。在离婚时，认定受托人代持的股权是否为夫妻共同财产是离婚纠纷的难点之一，而判断股权代持的真实性又是股权代持中的难点，可谓难上加难。本节拟对此问题进行探讨。

一、案例引入

案例来源：（2019）浙01民终371号①

案情简介：2018年5月，童某与史某签署离婚协议书后办理离婚手续。2018年6月，童某以离婚后财产纠纷诉至原审法院，要求依法分割史某持有的嘉兴某某合伙企业6.0606%的财产份额及其增值部分，由史某补偿童某相应价值。该诉争财产系吕某于2016年2月将其持有的杭州某某科技有限公司的股份进行转让。史某出资100万元，持有6.0606%。但史某出资的100万元中，50万元是为同事代持。此外，当时童某与史某只有5万元，遂向童某母亲舅舅借款20万元，向史某母亲舅舅借款25万元。双方在离婚协议中约定归还童某母亲舅舅40万元，但没有明确如何处理史某在嘉兴某某合伙企业（有限合伙）的股份。

一审法院认为，童某与史某婚姻关系存续期间购买的嘉兴某某合伙企业股份当时以7.33元一股购入，现在股价为14元，原出资50万元已增值到954588.84元。扣除已支付童某母亲舅舅的40万元，剩余价值554588.84元。另外史某向其母亲舅舅借款，没有约定借款利息，属于无息借款，但应从总价值中扣除。童某与史某实际可分得嘉兴某某合伙企业股份价款为304588.84

---

① 童某、史某离婚后财产纠纷案，浙江省杭州市中级人民法院（2019）浙01民终371号民事判决书。

元。鉴于史某在离婚中有过错，在分割财产时可以少分。遂判决史某补偿童某双方在嘉兴某某合伙企业共有股份款300000元。

二审法院认为，史某提交了代持协议、转账凭证等证据，且原审法院亦向公司原股东及员工等进行了核实，结合史某和童某就投入购买公司股权的款项及来源等事实，以及被代持人向原股东汇款的金额及对应的股权份额能一一对应等事实，足以确信史某和童某是在向亲属借款40余万元的情况下，才筹得50万元的资金，用于购买公司3.0303%股权。上诉人认为6.0606%股权均系两人出资购买，与事实不符，本院不予采信。此外，史某存在婚内出轨行为，应认定存在过错，故在夫妻共同财产分割时应对女方予以照顾。但审查双方的离婚协议中的财产处分，尤其是相关财产均归女方所有，债务由男方承担等约定，足以体现上述原则。法院遂判决史某补偿童某双方在嘉兴某某合伙企业共有股份款477294.42元。

二、律师分析

在司法实践中，显名股东代持他人的股权对应的出资额是否会被作为夫妻共同财产，重点看是否有足够证据证明代持关系的真实性。在现行法律下，虽然代持股协议被认定为有效，但由于股权代持一方面会加剧商事交易中的信息不对称，另一方面也会助长规避监管等不正当行为的发生。因此，从严格意义上讲，法律对于股权代持的态度是：承认有效，但不鼓励。这在裁判思路上体现为，法院在离婚诉讼中采取"以外观主义为原则，以实质主义为例外"的认定标准，换言之，股权登记的时间落入显名股东的夫妻关系存续期间，原则上法院会认定代持股权对应的出资额及其收益为显名股东的夫妻共同财产。但如果能够证明代持股的真实性，那么，在离婚时，代持他人的股权则不会被作为夫妻共同财产进行分割。

在本案中，从外观上看，史某持有嘉兴某某合伙企业6.0606%的股权。但在书面代持协议、出资款银行转账凭证及代持人与隐名人的聊天记录证据的佐证下，法院认定，涉案的部分股权确属史某为其同事代持，在认可代持股份真实性的基础上，法院驳回了童某主张对史某持有的6.0606%的股权进行分割的请求，而仅认定史某实际仅持有3.0303%的股权。因此，从判决结果来看，在婚姻关系存续期间夫妻一方受托代持的股权不作为夫妻共同财产，故在离婚时不能作为夫妻共同财产予以分割。

可见，在婚姻关系中，认定受托人代持的股权是否为夫妻共同财产是离婚财产纠纷的难点之一，而判断股权代持的真实性更是股权代持中的难点。判断代持关系是否真实，仍需要回到前文所述的《最高人民法院关于适用〈中华人民共和国公司法〉若干问题的规定（三）》规定的标准中，而且该部分举证责任完全由主张代持事实存在的一方承担，其举证责任较重，需要形成完整的证据链，从而使法官确信股权代持的真实性，否则法官会以"外观主义"裁判认定代持事实不存在。那么，股权代持的真实性判断标准是什么呢？通常来说，夫妻一方若主张代持关系存在，代持股权为夫妻共同财产，可以从以下三个方面进行判断：

第一，是否存在代持股合同。《最高人民法院关于适用〈中华人民共和国公司法〉若干问题的规定（三）》并未要求代持双方必须签订书面代持股合同，但在实践中，书面代持股合同无疑是直接证明有无委托持股关系的证据。需要说明的是，由于股权代持常常发生在亲友之间，不排除存在离婚时持有股权的一方伪造一份代持股合同的情况。因此，法院一般不会仅凭代持股协议就认定代持关系存在，而是综合考虑出资款凭证、隐名股东是否行使了股东权利、隐名股东与显名股东之间关系的正当性，以及其他股东是否知悉隐名股东的存在等诸多因素。在（2013）民一终字第138号、（2013）民审字第2326号、（2016）最高法民申653号等判决中，虽然没有代持协议的存在，但法院均认可了代持事实的存在，主要便是考虑了上述因素。

第二，隐名股东是否实际缴纳或有能力缴纳出资款。在（2020）粤01民终1664号案件中，法院查明，欧阳某与董某1于2016年结婚，婚后董某1取得某某公司7.14%的股权。董某1在2018年与董某2签订股权转让协议，董某1主张该股权系代持。一审法院认为，根据银行流水等证据认定，董某1在2017年取得的投资款系董某2提供，欧阳某不能证明董某2账户里的资金属于董某1，故股权系董某2实际出资。在此基础上，二审法院认为，董某1毕业之后，其收入不足以支持他支付巨额投资款，故董某1不具备支付出资款的经济能力。综上，两审法院均认为该股权不能认定为夫妻共同财产，对欧阳某的诉求未予支持。在部分虚假的代持关系中，持有股权的一方谎称其股权是代持第三方，但如果其主张的隐名股东实际是普通工薪阶层，而代持股权的价值又较高，则实际上该隐名股东具备出资能力的可能性较低，法院极有可能不予采信存在代持股的主张。

第三，隐名股东是否实际经营公司。受托的代持人不经营管理公司，但隐名股东实际经营管理公司的，也是认定股权代持的有利证据。例如，实际出资人对外代表公司联络并进行生意往来的单据与收款记录以及对内管理公司并享受股东待遇的证据，也可作为实际经营管理的证据，证明股权代持的事实。在（2014）汕城法民一初字第393号案件中，谢某与何某系夫妻关系，婚后何某取得价值141万元的汕尾某某实业有限公司47%的股权。后谢某向法院提出离婚请求，并主张分割被告名下的47%股权。被告主张股权系替吴某某代持，并提供了股东会决议、股权代持协议书与公司章程证明代持事实；还提供了收款收据、送货单证明吴某某一直代表公司对外开展生意往来。此外，被告还提供了工资表与单据，证明自己成为名义股东后吴某某仍与变更前一样享受股东待遇、管理公司账务。最后法院认为，在被告提供了股东会决议、股权代持协议书、业务单据与工资表等一系列能证明代持事实与吴某某参与公司经营管理的证据的情况下，原告仅有工商登记资料不足以支持其将该47%股权作为夫妻共同财产的主张。

三、律师提示

笔者认为，基于商事外观主义的原则，在婚姻关系存续期间，夫妻一方委托他人代持的股权对应的出资额及其收益为夫妻共同财产。但是，基于股权代持的隐蔽性，在举证上可能存在困难，当事人需要结合上述关于股权代持的真实性判断标准进行判断。

此外，持有股权的一方可能会以名下股权系替亲朋好友代持为由进行抗辩，甚至与第三人恶意串通编造事实，以达到让另一半少分甚至不分财产的目的。在（2020）川01民终2759号案件中，石某与冯某系夫妻，石某主张分割冯某持有的某上市公司无限售流通股和股权激励限售股，冯某辩称其系代案外人罗某持有。二审法院认为，虽然冯某与罗某存在转款记录，但是并无其他直接证据证实该两笔转款的性质和内容。冯某所提交的股票交易记录也不能直接认定该股票交易记录与罗某转款存在直接关联性，更不能直接证实转款的性质。此外，冯某在一审中申请证人出庭作证均系间接证明，不予采信。综上，冯某在案件中未提交充分的证据证实存在股权代持行为，法院对冯某的请求不予支持。

鉴于股权代持具有隐蔽性或存在恶意串通的可能性，在司法实践中，如何举证存在代持关系是认定代持股权代表的财产利益为夫妻共同财产的难点。因此，在判决股权代持是否真实时，应当考虑：第一，是否存在代持股合同。第二，隐名股东是否实际缴纳或有能力缴纳出资款。第三，隐名股东是否实际经营公司。

第九节 ┃ 夫妻委托第三人代持公司股权，离婚时如何处理？

在实践中，出于各种考虑，有夫妻在注册公司时，将公司注册在第三人的名下，由第三人代持自己的股权。那么，夫妻一方委托第三人代持公司股权，离婚时应当如何处理呢？本节拟就此问题进行探讨。

一、案例引入

案例来源：（2018）鄂02民终194号[①]

案情简介：被上诉人刘某与蔡某原系夫妻关系。2012年9月，蔡某与一审第三人叶某、李某签订《公司合作协议》，约定蔡某出资75%、第三人叶某出资15%、第三人李某出资10%作为公司注册资金。2012年11月，×有限公司登记成立，注册资本60万元（雷某出资45万元、叶某出资9万元、李某出资6万元）。上诉人雷某代被上诉人蔡某持股。2017年1月，刘某向法院提起诉讼，请求判令双方离婚并分割夫妻共同财产。双方于2017年2月协议离婚，并签订了《离婚协议书》，约定夫妻关系存续期间共同经营的×有限公司的经营权及财产归原告所有。因蔡某未履行该协议的约定，刘某诉至法院，请求判令蔡某及雷某为其办理×有限公司有75%股份的工商变更登记手续。

一审法院认为，本案中，×有限公司登记的股东为雷某、叶某、李某，分别持有75%、15%、10%的股权。根据蔡某与叶某、李某签订公司合作协议及蔡某在庭审中陈述×有限公司未分红及投资的资金亦未收回的事实，加上双方离婚时财产归属约定等事实，表明雷某系代蔡某持股，即蔡某系×有

[①] 雷某与刘某、蔡某离婚后财产纠纷案，湖北省黄石市中级人民法院 (2018) 鄂 02 民终 194 号民事判决书。

限公司的隐名股东。原被告就×有限公司股权的转让份额已经达成一致意见，且刘某通过合法途径向×有限公司的其他股东送达了告知函。在法律规定的期限内，其他股东既未表示不同意股权转让，也未表示愿意以同等价格购买该股权，应视为其他股东同意蔡某转让股权，刘某可以成为该公司的股东。遂判决被告蔡某及第三人雷某将雷某持有的×有限公司75%的股权变更至刘某名下，并办理工商变更登记。雷某不服，遂向法院提起上诉。

二审法院认为，根据×有限公司成立前蔡某和叶某、李某签订的《公司合作协议》所约定的内容，以及蔡某实际出资××有限公司的相关收款收据，结合叶某、李某函告内容和微信聊天记录，均证实蔡某系×有限公司75%股份实际出资人。雷某虽然主张系该75%股份的持有股东，但并不能提供其投资××有限公司的收款收据，无法证明其为实际出资人。因本案系离婚后财产纠纷，而公司股东资格的确认及股东变更登记属公司治理范畴，故一审判决蔡某及雷某为刘某办理×有限公司75%股份的工商变更登记手续，存有不当，应变更为：确认刘某享有雷某持有的×有限公司75%股份的股权。

二、律师分析

《最高人民法院关于适用〈中华人民共和国公司法〉若干问题的规定（三）》（2020修正）第24条第1款规定："有限责任公司的实际出资人与名义出资人订立合同，约定由实际出资人出资并享有投资权益，以名义出资人为名义股东，实际出资人与名义股东对该合同效力发生争议的，如无法律规定的无效情形，人民法院应当认定该合同有效。"根据该规定，若实际出资人与名义出资人签订代持股协议有效，则代持股协议受法律保护。因此，夫妻一方在婚姻关系存续期间委托第三人代持公司股权，这种股权代持关系受法律保护。

本案中，蔡某为×有限公司的隐名股东，持有该公司75%的股权，该股权所代表的财产利益属于夫妻共同财产。根据我国《民法典》第1087条第1款规定:"离婚时,夫妻的共同财产由双方协议处理;协议不成的,由人民法院根据财产的具体情况,按照照顾子女、女方和无过错方权益的原则判决。"本案中,刘某与蔡某就×有限公司的经营权及财产归属已达成协议,该协议系双方当事人的真实意思表示,不违反法律、法规的强制性规定,亦未违背公序良俗,应为合法有效的协议。因此,应当按照双方的约定处理双方的共同财产。此外,由于本案涉及股权,股权兼具财产权和人身权双重属性。因此,本案关于股权的转让还应当符合我国《最高人民法院关于适用〈中华人民共和国民法典〉婚姻家庭编的解释(一)》第73条①的规定。鉴于在法律规定的期限内,其他股东既未表示不同意股权转让,也未表示愿意以同等价格购买该股权,因此,应视为其他股东同意蔡某转让股权。故刘某享有雷某持有的××有限公司75%股份的股权。

需要注意的是,尽管我国目前法律认可代持股的合法性,但代持股中由于隐名股东不会在股权登记中公示出来,若实名股东和隐名股东之间缺乏书面约定或其他能证明代持股关系的证据,该代持股关系难以得到证明,从而无法认定代持股权代表的财产利益为夫妻共同财产。夫妻离婚时也就无法就此股权进行处理。

三、律师提示

对于夫妻一方委托第三人代持公司股权的情况,笔者认为,在双方离婚时,应当明确以下两点:

---

① 我国《最高人民法院关于适用〈中华人民共和国民法典〉婚姻家庭编的解释(一)》第73条规定:"人民法院审理离婚案件,涉及分割夫妻共同财产中以一方名义在有限责任公司的出资额,另一方不是该公司股东的,按以下情形分别处理:(一)夫妻双方协商一致将出资额部分或者全部转让给该股东的配偶,其他股东过半数同意,并且其他股东均明确表示放弃优先购买权的,该股东的配偶可以成为该公司股东;(二)夫妻双方就出资额转让份额和转让价格等事项协商一致后,其他股东半数以上不同意转让,但愿意以同等条件购买该出资额的,人民法院可以对转让出资所得财产进行分割。其他股东半数以上不同意转让,也不愿意以同等条件购买该出资额的,视为其同意转让,该股东的配偶可以成为该公司股东。用于证明前款规定的股东同意的证据,可以是股东会议材料,也可以是当事人通过其他合法途径取得的股东的书面声明材料。"

第一，首先确定该股权代表的财产利益是否为夫妻共同财产。若要证明为夫妻共同财产，证明公司出资是由夫妻共同财产给付这点非常重要。因为只有能清晰地证明出资情况，在离婚时才有可能处理公司的股份。如果无法证明，离婚案件中，法官一般不会受理。当事人想继续争取的，只能通过离婚后的确权之诉维护自己的权益。

第二，在证明代持股权代表的财产利益为夫妻共同财产后，非股东的一方要想成为股东，还需要满足有限责任公司、股份有限公司、合伙企业等股权转让的限制性规定。否则可以采取其他方式对股权进行处理。

第十节 | 一方婚前购房并支付首付款，按揭部分婚后双方共同偿还，离婚时如何处理？

《后汉书·仲长统传》："安居乐业，长养子孙，天下晏然，皆归心于我矣。"安居乐业历来是很多人的追求。因此，人们对住房问题相当重视。如果一方在婚前购房是以个人财产支付首付款并在银行贷款，房产登记在自己名下，婚后夫妻共同还贷的，离婚时应当如何处理呢？这是离婚财产分割的热点问题，本节拟就此进行探讨。

一、案例引入

案例来源：（2021）辽01民终10193号①

案情简介：李某与邹某于2017年自由恋爱，婚后无子女。2019年7月，李某起诉要求与邹某离婚。一审法院没有准予离婚。现李某再次起诉与邹某离婚。李某婚前购买一处住房，该房屋系李某支付首付款68万余元及贷款40万元购得，至今李某已还贷款约6.8万元。邹某也在婚前的2018年1月购买一处住宅，该房屋系邹某支付首付款13万余元，贷款52万元购得。其中，李某为邹某购买此房支付了部分首付款共计9.3万元。李某请求依法分割邹某个人婚前房产婚后共同还贷部分43106.82元，并确认邹某名下房产与李某按份共有。

一审法院认为，双方的夫妻感情已到破裂程度，对李某的离婚请求予以支持。李某婚前签订购房合同并支付款项，该房屋债权在婚前已经取得，房屋权属应归李某所有。该房屋权属虽在婚后登记在李某名下，但并不属于双方婚后取得的财产。同理，邹某婚前签订购房合同购买的房屋，虽然在双方

---

① 邹某、李某离婚纠纷案，辽宁省沈阳市中级人民法院（2021）辽01民终10193号民事判决书。

婚后产权登记在邹某名下，但签订买卖合同在先，该房屋依法也属于邹某的婚前个人财产。李某不能以曾为该房屋支付过款项，进而主张房屋所有权利。邹某签订的购房合同明确为邹某单独所有，故不应将李某的出资行为视为共同购买行为。考虑到双方当时并未办理结婚登记手续及婚姻关系持续时间不长等因素，将李某为邹某婚前购房出资行为视为无偿借款较为妥当，离婚后邹某对该笔借款应予偿还。另考虑到双方婚姻关系持续时间较短，在此期间的还贷数额相差不大，为便于分割，双方可互不给付对方在婚姻关系存续期间的房屋还贷部分的补偿款。

二审法院认为，邹某与李某婚前各自购买的房屋系双方的婚前财产，应归各自所有，但双方登记结婚后，偿还各自房屋的贷款，应认定为以夫妻共同财产偿还。结合两处房产的还款及增值情况，经核算，李某婚前购买房产婚内共同还贷及相应增值为73711.05元，邹某婚前购买房产婚内共同还贷及相应增值为47498.87元，故应由李某给付邹某婚后还贷补偿款13106.09元。

二、律师分析

我国《最高人民法院关于适用〈中华人民共和国民法典〉婚姻家庭编的解释（一）》第78条规定，夫妻一方婚前签订不动产买卖合同，以个人财产支付首付款并在银行贷款，婚后用夫妻共同财产还贷，不动产登记于首付款支付方名下的，离婚时该不动产首先由双方协议处理。如果双方不能达成协议，人民法院可以判决该不动产归登记一方，尚未归还的贷款为不动产登记一方的个人债务。双方婚后共同还贷支付的款项及其相应财产增值部分，离婚时应根据《民法典》第1087条第1款规定的原则，由不动产登记一方对另一方进行补偿。本案中，双方当事人均在婚前购房，将房产登记在各自名下。李某用个人财产购房，且在银行贷款，虽然李某为邹某购房出资，但并未明确与邹某共同购买，且房产仅登记在邹某名下。因此李某和邹某名下的房产应归各自所有。但是双方婚后对各自房屋偿还的贷款及其相应的增值部分属于夫妻共同财产，应依法予以分割。故二审法院判决由李某给付邹某婚后还贷补偿款13106.09元合法合理。

关于婚前购房，除了一方在婚前以个人财产支付首付款并在银行贷款，房产登记在支付方名下，婚后双方共同还款这种情况外，笔者认为，还应注意以下两种情形：

第一，婚前一方首付购房，并登记在双方名下。虽然首付款由一方承担，但房产登记在双方名下，如果房产证没有约定份额，该套房产应属于双方的夫妻共同财产，法院一般情况下会平等分割该房产。但也有部分法院会考虑出资情况，对出资方适当多分。如果房产证上约定了份额，则双方应按此份额分割房产。贷款一般情况下属于双方的共同债务。

第二，婚前全款购房，并登记在自己一人名下。婚前全款购房，并登记在自己一人名下的房产，属于登记方在结婚之前就已经享有所有权的房产。因此，如果双方没有相反的约定，该房产应当认定为房产登记一方的个人财产。值得注意的是，该类房产在婚姻存续期间增值的，若该增值部分是由房地产市场行情的变化所造成，则属于自然增值，按照物权的基本原理，原物产生的孳息当然归属于原物所有人个人所有。因此此类增值在性质上仍为个人财产。

三、律师提示

在我国大部分家庭中，住房是最有价值的财产。因此在离婚时，房产纠纷也较为激烈。对我国《最高人民法院关于适用〈中华人民共和国民法典〉婚姻家庭编的解释（一）》第78条的适用，笔者认为，应当注意四个要点：

第一，不动产买卖合同签订于婚前。若购房合同签订于婚后，意味着购房的意思表示发生在财产由夫妻双方共同所有的婚姻关系存续期间，即使房屋登记在一方名下，也不符合本条适用的情形。

第二，首付款由签订合同一方以个人财产支付。一方在婚前以个人财产支付首付款的，房屋中相应的价值部分不可避免地带有婚前个人财产的性质。这种带有个人财产性质的权益，人民法院会给予保护。

第三，不动产登记于首付款支付方名下。不管不动产登记的时间是在婚前还是婚后，都不影响本条的适用。房屋买卖合同是在婚前签订，即意味着不动产物权变动的合意发生于婚前。在符合适用《最高人民法院关于适用〈中华人民共和国民法典〉婚姻家庭编的解释（一）》第78条的情况下，即使房屋权属证书在婚后登记于支付方名下，也不属于双方婚后取得的房产。

第四，婚后使用夫妻共同财产还贷。由此，在离婚时，双方婚后共同还贷支付的款项及其相对应财产的增值部分，离婚时应根据照顾子女、女方和无过错方权益的原则，由不动产登记一方对另一方进行补偿。

此外，我国《最高人民法院关于适用〈中华人民共和国民法典〉婚姻家庭编的解释（一）》第78条规定的是对一方婚前签订合同并以个人财产支付首付款，婚后以夫妻共同财产还贷并登记在一方名下的房屋的处理方式之一，人民法院在实践中处理时，并非必须采取本条规定的方式，将房屋判归登记一方，也要根据个案的实际情况进行判断。特殊情况下，不排除将此类房屋判归非产权登记一方所有并由其偿还剩余贷款的可能。

第十一节 | 婚前父母为双方购置房屋出资，离婚时如何处理？

住房是人们最基本的物质生活条件，住房状况不仅是衡量一个地区居民生活水平和质量的重要指标，也是展现经济社会发展和文明程度的重要标志。唐代著名诗人杜甫曾诗言"安得广厦千万间，大庇天下寒士俱欢颜！风雨不动安如山。呜呼！何时眼前突兀见此屋，吾庐独破受冻死亦足"。千古流传的名句，道出了一代又一代奋斗者的安居梦想。在现代，夫妻离婚时常常也会因为房产而产生纠纷。婚前父母为双方购置房屋出资，离婚时应该如何处理呢？本节拟就此问题进行讨论。

一、案例引入

案例来源：（2020）粤01民终12961号[①]

案情简介：2006年1月，莫某及梅某与x公司签订《商品房买卖合同》，约定买受人向出卖人购买房屋一套，总金额为75万元。2006年11月，莫某和梅某收到《房地产权证》，占有房屋份额为共有。该房屋是莫某与梅某婚前由莫某的父母出资购买，莫某的父母没有明确表示赠与莫某、梅某双方。后莫某与梅某登记结婚。2018年1月，梅某向法院提起诉讼，要求判决莫某与梅某离婚；莫某与梅某共同所有的上述房屋（现价值600万元）归梅某所有，梅某支付200万元补偿款给莫某。法院于同年6月判决准予双方离婚。后莫某向一审法院起诉，请求确认登记在莫某与梅某双方名下涉案房屋归莫某所有，梅某协助莫某办理上述房屋过户登记至莫某名下的手续。

一审法院认为，当事人结婚前，父母为双方购置房屋出资的，该出资应当认定为对自己子女的个人赠与，但父母明确表示赠与双方的除外。涉案房

[①] 莫某、梅某离婚后财产纠纷案，广东省广州市中级人民法院（2020）粤01民终12961号民事判决书。

屋是莫某与梅某婚前由莫某的父母出资购买，莫某的父母没有明确表示赠与莫某与梅某双方，故根据上述法律规定，莫某父母的出资应当认定为对莫某的个人赠与。莫某在接受父母的赠与后，自愿在房产证加上梅某的名字，莫某以实际行为将涉案房屋的部分权益赠与梅某，该赠与行为也已经履行完毕。莫某据此请求确认登记在莫某与梅某双方名下的涉案房屋归其所有的理由不成立，一审法院不予支持。

二审法院认为，莫某在接受其父母的赠与之后，自愿在《商品房买卖合同》买受人处加上梅某的名字，涉案房屋登记在莫某、梅某两人名下，应视为莫某将涉案房屋的部分权益赠与梅某。莫某赠与梅某的房产已经办理产权登记手续，莫某无权撤销赠与。故莫某上诉主张涉案房屋归其所有，梅某协助其办理房屋过户手续缺乏法律依据，本院不予支持。遂判决驳回上诉，维持原判。

二、律师分析

《最高人民法院关于适用〈中华人民共和国民法典〉婚姻家庭编的解释（一）》第29条第1款规定："当事人结婚前，父母为双方购置房屋出资的，该出资应当认定为对自己子女个人的赠与，但父母明确表示赠与双方的除外。"本案中，莫某与梅某结婚前，莫某的父母为双方购房出资，由于莫某的父母未明确表示该出资是赠与莫某与梅某双方，因此应认定该出资为莫某个人所有。但这并不意味着根据该出资购买的房屋一定属于莫某个人所有。

由于我国房屋登记采取外观主义，如果房屋登记在双方名下，则推定夫妻双方共有该房屋，该房屋应认定为双方的共同财产。本案中，由于房屋登记在莫某与梅某双方名下，且房屋登记为共有，因此该房屋并非莫某一方的个人财产。莫某自愿在房产证加上梅某的名字，应视为对梅某的赠与。

如果双方约定了共有方式是按份共有，并进一步约定了各自份额，则按约定份额享有产权；如果双方约定的共有方式是共同共有，则夫妻对房产不分份额地享有共同的权利并承担共同的义务。在分割夫妻共同财产时，如果双方约定的共有方式是共同共有，法院的判决可能出现不一致的地方，有的法院直接以房产登记为依据，既然双方约定的共有方式是共同共有，就判决双方平分；有的法院则会根据房屋来源、双方婚姻关系存续期间长短以及双方对该房屋所作贡献大小等因素，进行倾斜分割，并非夫妻双方一人一半。

此外，笔者认为，对于婚前一方父母出资购房，房产登记在自己子女名下的，这时候要分两种情况：第一，如果父母全额出资，产权也登记在自己子女名下，则视为自己子女的婚前个人财产。若无其他约定，当需要分割夫妻双方财产时，这部分不能作为夫妻共同财产进行分割。第二，如果父母只部分出资，产权登记在自己子女名下，剩余房款以按揭贷款方式支付，且由夫妻共同还贷，则分割财产时法院一般会将房屋判给登记方所有并由其继续支付剩余贷款。对于婚内共同还贷部分及其对应的增值部分，由取得房屋的一方对另一方进行补偿。

三、律师提示

笔者认为，第一，婚前父母出资购房，若父母未明确该出资系赠与双方，则应认定该出资是赠与自己子女的，应为自己子女的婚前个人财产。第二，我国的房屋登记采取外观主义，但出资人和被登记人也会存在不一致的情况，不动产登记的权利人一般被推定为该不动产物权的享有者。第三，若婚前个人全额出资购房，该房产属于《民法典》第1063条规定的婚前个人财产，不属于夫妻共同财产。第四，若婚前个人出资支付房屋首付款并在银行按揭贷款，婚后双方共同还贷。则用于还贷的款项及其对应的增值部分属于《民法典》第1062条规定的夫妻共同财产。

第十二节 │ 婚后父母为双方购置房屋出资，离婚时如何处理？

在中国的夫妻共同财产中，房产往往占据较大的比重。中国人对房产有着极为特殊的情感，这是因为人们对"家"的观念已深深烙印在骨髓里，在某个地区拥有一套房产，带来的是在此地扎根的安全感。因此，夫妻在离婚时，往往也会因为房产分割发生纠纷。对于婚后父母为双方购置房屋出资的，离婚时该如何处理呢？本节拟就此问题进行探讨。

一、案例引入

案例来源：（2022）吉06民终147号[1]

案情简介：2017年2月，王某2与历某办理结婚登记，婚后生育王某3。2019年7月，王某1与张某出资20万元，为王某2与历某预订了X301号住宅楼。房地产公司开具了20万元预付款收据，其上载明的交款人为"王某2、历某（张某）"。2019年12月，房地产公司收到王某2与历某交付的276202.6元部分房款，为其开具的收据载明交款人为"王某2、历某"二人。王某1与张某为王某2与历某购买的房屋支付装修款13万余元。2020年11月，王某2与历某协议离婚，《离婚协议书》载明，双方所有的X301号房屋，归婚生子王某3所有，待双方共同去产权部门办理不动产证照，等儿子18周岁成年后，办理过户手续，王某2有居住权，无处分权。王某1与张某向法院起诉，请求确认王某2与历某《离婚协议书》中的上述财产处分协议无效，并请求判决X301号房屋归王某1与张某所有。

一审法院认为，王某2与历某结婚后，王某1与张某给付王某2与历某资

---

① 王某1、张某等离婚后财产纠纷案，吉林省白山市中级人民法院（2022）吉06民终147号民事判决书。

金，以王某2与历某名义，在房地产公司交付订购款和部分价款，并出资进行装修的事实存在。但是，王某1与张某所提供的证据，并不能证明当时给付王某2与历某的购房资金及支付的装修款系明确表示只赠与自己之子一方的事实。依法应当认定王某1与张某关于本案所争议的购房、装修的出资行为，系对王某2与历某夫妻双方的赠与，并非对自己之子个人的赠与。二审法院驳回上诉，维持原判。

二、律师分析

我国《最高人民法院关于适用〈中华人民共和国民法典〉婚姻家庭编的解释（一）》第29条第2款规定："当事人结婚后，父母为双方购置房屋出资的，依照约定处理；没有约定或者约定不明确的，按照民法典第一千零六十二条第一款第四项规定的原则处理。"我国《民法典》第1062条第1款第4项规定，夫妻在婚姻关系存续期间所得的继承或者受赠的财产，为夫妻的共同财产，归夫妻共同所有，但是遗嘱或者赠与合同中确定只归一方的财产除外。本案中，在王某2与历某结婚后，王某2的父母王某1与张某给双方购置房屋出资，且并未明确该出资是只赠与王某2，因此该出资应为王某2与历某的夫妻共同财产。此外，根据我国《民法典》第1087条第1款的规定，离婚时，夫妻的共同财产由双方协议处理；协议不成的，由人民法院根据财产的具体情况，按照照顾子女、女方和无过错方权益的原则判决。本案中，对于X301号房屋，双方离婚协议中已协商确定，该房屋归婚生子王某3所有，等王某3年满18周岁后，为其办理过户手续。该协议合法有效。

此外，婚后除了应注意父母出资购房的处理外，还应注意夫妻一方或者双方用婚前个人财产出资购房的处理。笔者认为：

第一，婚后夫妻一方用婚前个人财产出资购房，房屋登记在出资人名下的情况。夫妻一方用婚前个人财产出资购房，如果房屋登记在出资人名下，且出资人支付了全部房款，该房屋是出资人的个人财产，房屋权属并不随婚姻关系的变动而改变；如果出资人仅支付了首付款项，剩余购房款由夫妻共同财产还贷的，那么在分割房产时，房屋首付款应该视为出资首付款一方的个人财产，而婚后房屋增值部分以及共同偿还贷款的部分，除夫妻双方另有约定外，应当视为共同财产。在分割房产时，法院一般会将房屋判给登记方所有并由其继续支付剩余贷款，对于婚内共同还贷部分及其对应的增值部分，由取得房屋的一方对另一方进行补偿。

第二，婚后夫妻一方用婚前个人财产出资购房，房屋登记在夫妻双方或另一方名下的情况。如果婚后房屋登记在夫妻双方或另一方名下，在没有约定的情况下，出资人的出资行为将视为对夫妻另一方的赠与，此时房屋属于夫妻共有或者另一方所有。

三、律师提示

房产在家庭资产中占比较大，在夫妻感情遭遇危机、夫妻关系解除时，房产的分割成为夫妻财产纠纷的焦点。笔者认为，在夫妻共同购置房产时，应注意：第一，以婚前财产出资的一方，应保留出资购房凭证以证明资金来源和所购房屋为以个人婚前财产出资而非以夫妻共同财产出资，从而避免证据不足导致房产分割时产生纠纷。第二，如果父母明确表明房屋仅赠与夫妻一方，务必签订父母表示赠与的书面材料，如赠与合同，同时还应注意保留证明父母是实际出资人的资金来源凭证。

第十三节 | 一方擅自出售夫妻共同所有房产，第三人善意购买，离婚时能否请求另一方赔偿损失？

中国人比较重视家，"家"为人们的安身立命之所。房屋在人们心中的重要性不言而喻。我国《民法典》第1062条第2款规定："夫妻对共同财产，有平等的处理权。"若夫妻一方未与另一方协商，擅自将双方共同所有的房产出售给第三人，第三人善意购买的，离婚时能否请求损害赔偿？本节就此问题进行探讨。

一、案例引入

案例来源：（2021）沪0115民初31434号①

案情简介：原告宋某1与被告徐某于1975年11月生育儿子宋某2，1976年5月登记结婚并生育女儿宋某3。双方婚后共同购买了×室房屋（即系争房屋），2002年12月系争房屋登记至原告名下。2019年2月23日，双方签订离婚协议，但未办理离婚登记。2019年2月26日，双方一同办理系争房屋"配偶之间变更"登记。2019年3月，系争房屋登记至徐某名下。2019年6月，徐某将系争房屋无偿转让给儿子宋某2和儿媳张某。2019年6月，系争房屋登记至宋某2、张某名下。2020年4月，双方经法院主持，最终调解离婚。但双方对系争房屋价格未达成一致，后经评估该房屋价值276.4万元。宋某1向法院起诉请求判令被告向其支付系争房屋的折价款150万元。

法院认为，根据《物权法》②的规定，不动产物权的设立、变更、转让等，经依法登记，发生效力，即不动产权利人以不动产登记簿为准。系争房屋由原、被告的婚姻关系存续期间共同购买，登记权利人原为原告或者被

---

① 宋某1与徐某离婚后财产纠纷案，上海市浦东新区人民法院（2021）沪0115民初31434号民事判决书。截至2023年3月14日，暂未发现该案有再审或终审判决书。

② 已废止。现参见《民法典》物权编。

告，均无法改变该套房屋为夫妻共同财产之事实。夫妻一方擅自处分共同所有的房屋造成另一方损失的，离婚时另一方请求赔偿损失的，人民法院应予支持。系争房屋已被被告徐某无偿转让给儿子和儿媳，被告造成原告在系争房屋中的可得利益落空，侵害了原告的物权，原告有权要求被告赔偿。赔偿金额应当以原告在系争房屋中享有的份额为限。系争房屋原系夫妻共同财产，按照照顾女方的原则，结合评估报告确定的价格，法院酌定原告享有40%的份额即1105600元，被告享有60%的份额即1658400元，故被告应当支付原告1105600元。

二、律师分析

我国《最高人民法院关于适用〈中华人民共和国民法典〉婚姻家庭编的解释（一）》第28条规定："一方未经另一方同意出售夫妻共同所有的房屋，第三人善意购买、支付合理对价并已办理不动产登记，另一方主张追回该房屋的，人民法院不予支持。夫妻一方擅自处分共同所有的房屋造成另一方损失，离婚时另一方请求赔偿损失的，人民法院应予支持。"本案中，由于徐某擅自将夫妻共同财产之房产无偿转让给第三人，给另一方造成了损失，因此在双方离婚时，宋某1可以主张损害赔偿。本案中，法院判令赔偿40%的份额。

在本案中，需要注意的是，婚后双方共同购房，不论该不动产登记在何方名下，均属于夫妻共同财产，除非双方有相反的约定。在实际生活中，夫妻婚后购房可能出现以下不同情况：

第一，婚后夫妻双方全额出资购房。如果房屋已支付完全部房款，且双方约定了共有方式是按份共有，并进一步约定了各自份额，则按约定份额进行分割；如果双方没有约定份额或约定不清的，则一般视为共同共有，实际获得房屋的一方应根据房屋现有评估价值的一半对另一方进行金钱补偿。

第二，婚后夫妻双方部分出资（或付首付）购房。如果该房屋仍有贷款未清偿完毕，且双方约定了共有方式是按份共有，并进一步约定了各自的份额，则按约定份额进行分割；如果双方没有约定份额或约定不清，则一般视为共同共有，实际获得房屋的一方应根据房屋现有评估价值减去剩余房贷后的一半对另一方进行金钱补偿，没有还清的贷款由实际分得房屋的一方继续偿还。

三、律师提示

对于我国《最高人民法院关于适用〈中华人民共和国民法典〉婚姻家庭编的解释（一）》第28条的规定，笔者认为，必须注意以下四点：

第一，房产必须为夫妻共同财产。若房产并非夫妻共同财产，则不能适用本条规定。在高某、费某离婚后财产纠纷案[①]中，由于该案所涉集资房不属于夫妻共同财产，不存在因夫妻一方擅自处分共同所有房屋造成另一方损失，另一方请求赔偿损失的，人民法院应予支持的情形，故原审法院未支持高某该分割财产的请求。

第二，一方擅自出售了该夫妻共同财产。即一方未经过另一方的同意，私自出售了该房屋。

第三，第三人善意取得。要求第三人购买该房产时在主观上是善意的，在客观上已经支付了合理对价并已办理不动产登记。这是对第三人主客观上的要求。

第四，一方擅自处分夫妻共同房产给另一方造成了损失。在离婚时要求擅自出售房产一方赔偿损失应以该擅自处分行为给另一方造成了损失为前提。

---

① 新疆维吾尔自治区高级人民法院（2021）新民申1455号民事裁定书。

第十四节 | 夫妻约定一方将其房产赠与另一方，可以反悔吗？

住房是人类最基本的生存需求之一。夫妻间也容易因房产争夺发生纠纷。即将缔结或者已经缔结婚姻的男女将一方所有的房产赠与另一方所有或者与之共有，赠与方是否可以反悔，以主张撤销该赠与行为？本节拟就此问题进行探讨。

一、案例引入

案例来源：（2021）鲁02民终11378号[①]

案情简介：孙某某与孙某2婚后无子女，孙某某于2018年10月去世。孙某1与杨某系孙某某父母。2013年，孙某2购买LC房屋，并于2016年取得不动产权证。后孙某2与孙某某共偿还银行贷款本金41583.89元、利息104362.78元，合计145946.67元。2020年1月该房屋市场价值2343300元。孙某2在孙某某生前曾与其签订协议书一份，协议约定"待房产证办理以后，我同意将我妻子孙某某的名字加于房产证上"。但孙某2于2016年取得产权证时，登记的权利人仅为孙某2，共有情况为"单独所有"，孙某2自取得不动产权证至孙某某去世时未曾进行不动产权变更登记，未将孙某某列为共有人。孙某1与杨某主张，LC房屋为孙某某和孙某2的夫妻共同财产，并提交了孙某2书写的赠与协议一份。

一审法院认为，赠与的财产依法需要办理登记等手续的，应当办理有关手续。本案中，即使赠与协议系真实，孙某2曾作出过赠与意思表示，但是并未办理房屋的不动产权变更登记，现在孙某2亦不认可LC房屋为夫妻共同

[①] 杨某、孙某1等继承纠纷案，山东省青岛市中级人民法院（2021）鲁02民终11378号民事判决书。

财产，不能认定孙某2已将LC房屋赠与孙某某。由此判定LC房屋系孙某2婚前购买，婚后共同还贷的房屋，为孙某2个人所有，双方共同还贷部分支付的款项及其相对应财产增值部分的二分之一为孙某某的遗产。

二审法院认为，本案中，孙某2于2015年5月以书面形式承诺将婚前个人财产LC房屋约定为夫妻二人共同所有，该约定对双方均具有约束力。但在办理房产登记时，孙某2未将孙某某列为LC房屋的共有人，应视为孙某2以实际行为撤销了原约定的LC房屋赠与行为，故原审将LC房屋认定为孙某2的个人财产正确，本院予以维持。法院驳回上诉，维持原判。

二、律师分析

我国《民法典》第1065条第1款规定："男女双方可以约定婚姻关系存续期间所得的财产以及婚前财产归各自所有、共同所有或者部分各自所有、部分共同所有。约定应当采用书面形式……"这是关于夫妻财产约定的法律规定。此外，《最高人民法院关于适用〈中华人民共和国民法典〉婚姻家庭编的解释（一）》第32条规定："婚前或者婚姻关系存续期间，当事人约定将一方所有的房产赠与另一方或者共有，赠与方在赠与房产变更登记之前撤销赠与，另一方请求判令继续履行的，人民法院可以按照民法典第六百五十八条①的规定处理。"即在结婚前或者婚姻关系存续期间，夫妻一方可以将其个人所有的房屋赠与另一方或者与另一方共有，但是，赠与方在赠与房产变更登记之前是可以撤销赠与的，除非赠与协议经过公证或者具有救灾、扶贫、助残等公益、道德义务性质。在本案中，孙某2与孙某某虽然书面约定在LC房屋的房产证上加上孙某某的名字，但是实际上房产证却仅登记了孙某2的名字。再根据《民法典》第659条的规定，赠与的财产依法需要办理登记或者其他手续的，应当办理有关手续。孙某2在取得房产证至孙

---

① 我国《民法典》第658条规定："赠与人在赠与财产的权利转移之前可以撤销赠与。经过公证的赠与合同或者依法不得撤销的具有救灾、扶贫、助残等公益、道德义务性质的赠与合同，不适用前款规定。"

某某去世之前均未变更登记。因此判定其撤销了赠与行为。

《最高人民法院关于适用〈中华人民共和国民法典〉婚姻家庭编的解释（一）》第32条在《最高人民法院关于适用〈中华人民共和国婚姻法〉若干问题的解释（三）》（已失效）第6条的基础上，新增夫妻约定将一方所有的房产赠与另一方共有，可以按照赠与合同的规定处理。由此，夫妻将一方所有的房产赠与另一方或者共有的，均被认定为赠与。此外，江苏省高级人民法院2019年7月发布的《家事纠纷案件审理指南（婚姻家庭部分）》第29条[1]也明确规定，夫妻约定将一方所有的房产赠与另一方或者共有的，按照赠与合同的规定处理。

我国有学者认为，原《最高人民法院关于适用〈中华人民共和国婚姻法〉若干问题的解释（三）》规定夫妻房产赠与约定适用赠与合同规则是正确的，主要理由是此类赠与不具有公共利益和道德义务性质，且赠与属于实践性合同[2]，在房产过户登记前，所有权没有转移，赠与方在变更登记前撤销赠与是有效的[3]。在审判实践中，有的法院也认可一方将其所有的不动产约定为另一方所有或双方共有按照赠与合同的规定处理。[4]

但是，从立法与实践上看，我国也承认夫妻间不动产转让的特殊性，不按赠与等一般民事行为规则处理。例如，根据我国《契税法》第6条规定，

---

[1] 江苏省高级人民法院《家事纠纷案件审理指南（婚姻家庭部分）》（2019年）第29条规定："……夫妻一方在婚前或者婚姻关系存续期间约定将个人所有的不动产赠与夫妻另一方或者约定为按份共有、共同共有的，属于夫妻财产赠与约定，赠与人在赠与不动产物权办理转移登记之前撤销赠与，夫妻另一方主张履行的，应当依照《中华人民共和国合同法》第一百八十六条的规定处理。"

[2] 对于赠与合同是诺成合同还是实践合同，学界存在较大争议，主要有三种观点。第一种观点认为，赠与合同是诺成合同。参见丘志乔主编：《合同法学》，武汉大学出版社2016年版，第264页；宋秉斌：《合同法学》，知识产权出版社2015年版，第174页。第二种观点认为，赠与合同是实践合同。参见刘春茂主编：《民法学》，中国人民公安大学出版社1992年版，第363页；王秉新主编：《实用民法学》，知识出版社1987年版，第216页。第三种观点认为，有的赠与合同是诺成合同，有的赠与合同是实践合同。参见吴斌、张露、罗毅：《合同法概论》，巴蜀书社2012年版，第219页；王燕军、林展芬、钟向芬：《实用法律写作》，中山大学出版社2007年版，第201页。

[3] 杨立新：《最高人民法院〈关于适用《婚姻法》若干问题的解释（三）〉的民法基础》，载《法律适用》2011年第10期，第43页。

[4] 参见合肥市中级人民法院（2017）皖01民终5611号民事判决书；甘肃省兰州市西固区人民法院（2016）甘0104民初1577号民事判决书；青海省高级人民法院（2014）青民提字第22号民事判决书。

婚姻关系存续期间夫妻之间变更土地、房屋权属，免征契税。财政部、国家税务总局于2021年8月27日发布的《财政部　税务总局关于契税法实施后有关优惠政策衔接问题的公告》（财政部　税务总局公告2021年第29号）规定："夫妻因离婚分割共同财产发生土地、房屋权属变更的，免征契税。"国家税务总局曾表示，免征契税的主要原因在于，夫妻双方自愿变更房屋、土地权属一般不涉及资金或其他权益的往来，不能简单视同于买卖、交换或者赠与行为。[1]因此，夫妻间房产给予约定与赠与等一般民事行为在法律适用上理应有所区分。

此外，我国《民法典》第1065条第2款规定："夫妻对婚姻关系存续期间所得的财产以及婚前财产的约定，对双方具有法律约束力。"何以理解"对双方具有法律约束力"？我国立法及相关的司法解释并未予以明确，在司法实务中主要有两种观点。

第一，夫妻间房产给予约定的法律约束力为物权效力，当事人无须对房产进行物权变动登记。在李响某诉李秋某离婚纠纷案[2]中，李秋某与李响某婚后签订协议约定，李秋某自愿将其所有的拆迁安置房屋产权变更为与李响某共有，并分别在协议下方签名按手印。后李响某向法院申请离婚，并要求平分该拆迁安置房。被告李秋某同意离婚，但不同意分割该房屋，其认为与李响某签订协议是出于与之共同生活之目的，该协议的性质为附条件赠与，因此在办理过户登记前可以撤销。法院认为，按照《婚姻法》[3]第19条的规定，只要婚姻当事人在意思自治原则的基础上，对其名下财产权属的约定符合婚姻法规定的生效要件，则具有法律约束力，并未要求以办理物权变动手续为生效要件。本案中的房产给予约定合法有效，李秋某应当诚信履行。因此一审法院判决每人各占房屋的50%。二审法院维持原判。

第二，夫妻间房产给予约定的法律效力为债权效力，不对房产进行登记

---

① 李蕾：《夫妻间房屋权属变更免征契税》，载《新京报》2014年1月18日第A01版。

② 刘璨：《夫妻间财产归属约定的性质》，载《人民司法·案例》2018年第20期。

③ 已废止。现参见《民法典》婚姻家庭编。

不发生物权变动效力。在汤某与谢某夫妻财产约定纠纷案[1]中，汤某与谢某签订《婚内夫妻协议》，约定汤某自愿将个人所有的"两套房屋属于夫妻共同财产"，协议名称及内容未出现"赠与"一词。汤某主张该协议是附条件的具有人身关系的赠与协议，因此可以撤销。二审法院认为，汤某与谢某签订婚内协议是为了确定夫妻之间的赠与行为，因此该协议为赠与协议。根据《最高人民法院关于适用〈中华人民共和国婚姻法〉若干问题的解释（三）》（已失效）第6条的规定，在房屋产权未转移之前，汤某享有任意撤销权。在司法实务中，不少法院持相当谨慎的态度，判决认定房产在变更登记前不发生物权变动效力。[2]

三、律师提示

夫妻间赠与房产通常有改善、维系、增进婚姻家庭关系之目的。一方出于爱意的表达，为了婚姻关系的长久和家庭的和睦赠与另一方房产；另一方获得房产，同时增加了对婚姻的幸福感和安全感，从而安心为婚姻和家庭付出。

但是，根据我国现行法的规定，在结婚前或者婚姻关系存续期间，夫妻一方将其个人所有的房屋赠与另一方或者与另一方共有，赠与方在赠与房产变更登记之前，可以撤销房产赠与，即其可以对赠与行为反悔，但赠与协议经过公证或者具有救灾、扶贫、助残等公益、道德义务性质除外。因此，在双方约定赠与房产时，受赠方可要求签订书面的赠与协议，并对该协议进行公证，以保障赠与财产的实现，降低另一方为骗取婚姻而假意赠与房屋带来的风险。

---

① 安徽省合肥市中级人民法院（2017）皖01民终5611号民事判决书。
② 类似的案例如吉林省白山市中级人民法院分院（2017）吉06民终420号民事判决书。

第十五节 | 一方婚前房产，婚后在房产证上添加了配偶姓名，离婚时如何处理？

婚前个人财产在婚后并不能自动转化为夫妻共同财产，但一方却可以通过赠与的方式将其婚前财产转变为夫妻共同财产。在现实生活中，一方在婚前全款购房后，结婚后基于另一方的要求或者主动出于维系良好婚姻关系的考虑，在房产证上添加配偶姓名的情况不在少数。这也是司法实践中的热点问题。那么，在夫妻离婚时，加名后的房产应当如何处理呢？本节拟就此问题进行探讨。

一、案例引入

案例来源：（2017）粤0402民初第6210号①

案情简介：原告宋某与被告曾某于2012年12月登记结婚，2013年7月登记离婚，2013年11月复婚，2014年1月生育女儿曾小某。宋某于2016年向法院起诉要求与曾某离婚，法院判决不准离婚。2017年1月，宋某再次向法院起诉离婚，法院判决准许双方离婚。在双方离婚判决生效后，宋某起诉要求分割双方共有房屋（以下简称涉案房屋），要求取得该房屋的所有权，由其按房产现价值补偿曾某50%折价款。涉案房屋由曾某于1997年向案外人一次性付款购买，登记在其名下。2014年2月19日，宋某与曾某签订《财产分析协议书》，约定涉案房屋产权由原、被告各占50%。同日，原、被告向房地产登记中心申请办理涉案房屋产权变更登记。2014年2月24日，涉案房屋变更登记为原、被告按份共有，各占50%产权份额。

法院认为，涉案房屋原为曾某婚前个人财产。原、被告复婚后虽办理了

---

① 宋某诉曾某离婚后财产案，珠海市香洲区人民法院（2017）粤0402民初第6210号民事判决书。

涉案房屋的加名登记手续并各占50%产权份额，但加名登记前短短一年半时间，双方便历经结婚、离婚、复婚等过程，婚姻关系权不稳定。曾某在双方复婚后，女儿出生一个多月便同宋某办理涉案房屋加名登记，此时进行的加名，实质上应视为夫妻双方对涉案房屋的共同共有，而非以各占50%产权份额的意思分割涉案房屋。因此，涉案房屋应视为原、被告的夫妻共同财产，双方在离婚时未对涉案房屋作出处理，本案应予以分割。基于双方共同生活时间较短，且加名登记一年后宋某即多次提出离婚。综合各方情况，酌定由曾某取得涉案房屋所有权，曾某支付宋某30%补偿款。

二、律师分析

《最高人民法院关于适用〈中华人民共和国民法典〉婚姻家庭编的解释（一）》第32条规定："婚前或者婚姻关系存续期间，当事人约定将一方所有的房产赠与另一方或者共有，赠与方在赠与房产变更登记之前撤销赠与，另一方请求判令继续履行的，人民法院可以按照民法典第六百五十八条的规定处理。"本案中，涉案房屋由曾某于婚前购买并一次性结清，曾登记为曾某单独所有，原为曾某婚前个人财产。与宋某复婚后，在房地产中心办理房屋产权变更登记，将该房屋变更为与宋某共有。此举目的是以与宋某共同享有婚前个人所有房产的方式加深夫妻感情，使双方婚姻关系得以稳定和延续，给女儿营造和谐稳定的成长环境。由于该房屋通过加名后变更为双方的夫妻共同财产，因此在离婚时应当对该财产进行分割。

至于应当如何分割该类房产，则要根据具体情况进行考量。该类房产加名后，该房产为双方共有。共有分为两种：一种是按份共有，另一种是共同共有。

第一，如果是按份共有，因为双方当初对房产所有权约定了具体的份额，而且该约定是双方的真实意思表示，那么应按照双方约定的份额分割房屋的所有权。本案中，虽然双方约定对涉案房屋各占50%的份额，但法院基于房产的资金来源、双方结婚时间短、婚姻关系极不稳定等情况，判决给予宋某30%的补偿款。

第二，如果是共同共有，很多法院往往会出现不一致的判决，有的法院会直接以房产登记为依据，既然双方约定了共有方式是共同共有，就视为等份共有，判决双方平分；有的法院会根据财产的具体情况作出判决，比如会全面考虑购买该房产的资金来源、双方结婚时间长短、夫妻对家庭所作贡献的大小等因素，对婚前购房的配偶一方予以适当多分，避免出现显失公平的情况。

笔者认为，后一种判法较为妥当，这既能保证出资人的利益，也充分考虑了男女双方的感情投入，合情合理，更能说服人心。

三、律师提示

根据《最高人民法院关于适用〈中华人民共和国民法典〉婚姻家庭编的解释（一）》第32条的规定，如果双方没有相反的约定，对房产的加名行为应视为一方对另一方的赠与，该类房产属于夫妻共同财产。夫妻共同房产的分割一般情况下是均等分割，但需要注意以下两点：

第一，当事人之间对房产分割是否已签订合法有效的协议。若存在此类协议，则属于双方协商一致对共有房产进行处理的情况，此时应当尊重双方的意思自治。

第二，若不存在对共有房产分割的协议，那么人民法院一般也会根据房屋的出资来源，双方在婚姻中是否存在过错、是否共同生活，按照照顾子女、女方和无过错方的原则进行判决。

因此，根据现行的法律和司法解释，即使夫妻财产为共同共有，也不意味着在分割房产时是一人一半，而要综合考虑具体情况和各种相关因素，作出更加公平、合理的判决。

第十六节 | 离婚协议约定将夫妻共有房产赠与未成年子女，离婚后一方可以反悔吗？

在离婚案件中，基于现代婚姻家庭财产包括各种形态的动产和不动产，呈现复杂化和多样化的特点，夫妻共同财产的分割要达到双方当事人都比较满意的程度较为困难。夫妻一方在离婚后，因原婚姻财产问题再次提起诉讼的纠纷也越来越多。在离婚的夫妻共同财产分割中，经常有一方以夫妻共有的房产赠与未成年子女为同意离婚的前提条件，另一方接受的情况。但在离婚之后，同意将夫妻共同房产赠与未成年子女的一方可能以种种理由反悔，由此引发纠纷。本节拟就此问题进行探讨。

一、案例引入

案例来源：（2014）清中法民二终字第90号①

案情简介：成某威与钟某原是夫妻关系，婚后生育3个子女，分别为成某志、成某与成某1。2004年7月，成某威与钟某在民政局签订离婚协议，其中财产处理协议的内容为"房产一处：×××号房产归三个小孩"，并领取离婚证。同年8月，成某威与钟某复婚。2007年钟某起诉离婚，法院判决不准离婚。2011年，钟某再次起诉离婚，法院判决准许离婚。涉案房产由钟某等4人使用至今。现成某威以房屋产权尚未转移，协议未履行，且自己居无定所等为由向原审法院起诉，请求撤销赠与。庭审中，钟某等4人不同意撤销赠与。

一审法院认为，成某威与钟某离婚时达成《离婚协议》，将房产赠与3个子女是双方的真实意思表示，不违反法律法规的强制性、禁止性规定，没有损害社会公共利益，双方订立协议时不存在欺诈、胁迫等情况，该协议有

---

① 成某威与钟某、成某志等赠与合同纠纷案，广东省清远市中级人民法院（2014）清中法民二终字第90号民事判决书。

效。双方婚姻因《离婚协议》而解除且在该协议其他内容均已履行的情况下，应视为夫妻双方赠与财产的目的已经实现。且双方订立协议已超过一年，故协议不能撤销，遂判决驳回成某威的诉讼请求。

二审法院认为，成某威与钟某在离婚协议中将共有的涉案房屋赠与3个子女。一方面，该协议是夫妻处分共同财产的行为，具有一定的财产属性；另一方面，该协议是双方为解除婚姻关系并作为离婚的必要条款协商确定的，也是双方出于对离婚后三个年幼子女健康成长的考虑并作为履行抚养义务的方式。该协议并非单纯的财产赠与，而是具有较强的人身属性。本案并无证据证实赠与协议存在欺诈、胁迫等法定情形。且双方自办理离婚登记至成某威起诉之时已超过一年的除斥期间，成某威再主张撤销赠与，明显缺乏依据。法院最终判决驳回上诉，维持原判。

二、律师分析

我国《最高人民法院关于适用〈中华人民共和国民法典〉婚姻家庭编的解释（一）》第70条规定："夫妻双方协议离婚后就财产分割问题反悔，请求撤销财产分割协议的，人民法院应当受理。人民法院审理后，未发现订立财产分割协议时存在欺诈、胁迫等情形的，应当依法驳回当事人的诉讼请求。"根据本条规定，如果离婚协议合法有效、协议中关于将房产赠与子女的约定不存在欺诈、胁迫等情形，不论房产是否已变更登记，法院均不会支持撤销房产赠与的申请。对于本案，笔者认为：

第一，成某威与钟某在离婚协议中约定将双方共有房屋赠与3个子女，双方作出此约定时均具有完全民事行为能力，协议系双方真实意思表示，并且不违反法律、行政法规的强制性规定，不违背公序良俗，因此该赠与行为合法有效。[1]再结合本案具体案情，该离婚协议不存在欺诈、胁迫等情形，

---

① 我国《民法典》第143条规定："具备下列条件的民事法律行为有效：（一）行为人具有相应的民事行为能力；（二）意思表示真实；（三）不违反法律、行政法规的强制性规定，不违背公序良俗。"

因此法院应当驳回当事人撤销房产赠与的诉讼请求。

第二，虽然我国《民法典》第658条规定："赠与人在赠与财产的权利转移之前可以撤销赠与。经过公证的赠与合同或者依法不得撤销的具有救灾、扶贫、助残等公益、道德义务性质的赠与合同，不适用前款规定。"但是第464条第2款也规定："婚姻、收养、监护等有关身份关系的协议，适用有关该身份关系的法律规定；没有规定的，可以根据其性质参照适用本编规定。"因此，在合同法及婚姻法对此类行为的撤销有不同规定的情形下，应适用婚姻法及其相关规定。由此，本案赠与撤销的法定事由，应适用婚姻法及其有关规定，即应适用上述《最高人民法院关于适用〈中华人民共和国民法典〉婚姻家庭编的解释（一）》第70条的规定。

第三，离婚协议对将房产赠与子女的约定兼具人身属性和财产属性，并非单纯的赠与行为。本案中成某威与钟某在离婚协议中约定将房屋赠与3个子女。该协议不仅仅是夫妻处分共同财产的行为，更重要的是成某威与钟某为解除婚姻关系而签订的必要条款。因此不能单纯地适用《民法典》第658条的规定撤销该房产的赠与。此外，法院判决驳回成某威撤销赠与的诉讼请求，符合我国《民法典》第1087条规定的法院判决分割夫妻共同财产时，应按照照顾子女、女方和无过错方权益的原则进行判决之规定。

总而言之，在离婚协议中双方将共同财产赠与未成年子女的约定与解除婚姻关系、子女抚养、共同财产分割、共同债务清偿、离婚损害赔偿等内容互为前提、互为结果，构成一个整体。如果允许一方反悔，那么男女双方离婚协议的"整体性"将被破坏。在婚姻关系已经解除且不可逆的情况下如果允许当事人对于财产部分反悔将助长先离婚再恶意占有财产之有违诚实信用的行为，也不利于保护未成年子女的权益。因此，在离婚后一方有意根据《民法典》第658条之规定撤销赠与时亦应取得双方合意，在未征得作为共同共有人的另一方同意的情况下，无权单方撤销赠与。[①]

---

① 最高人民法院公布10起婚姻家庭纠纷典型案例（北京）之一、最高人民法院公布49起婚姻家庭纠纷典型案例之一：于某某诉高某某离婚后财产纠纷案［北京市第二中级人民法院（2013）二中民终字第09734号民事判决书］。

三、律师提示

夫妻双方在分割离婚财产时，如果协商一致将夫妻共同共有的房产赠与未成年子女，为避免离婚后的履行纠纷，笔者建议在离婚协议中明确以下两点：

第一，房产赠与未成年子女是离婚的前提条件。在离婚协议中，明确约定解除夫妻身份关系的前提条件之一是将共有房产赠与未成年子女。如果离婚后，一方反悔，不仅破坏离婚协议的整体性并且有违诚实信用。如果有此明确约定，在婚姻关系解除后，一方以房产产权尚未变更，仍处于共有财产状态为由主张撤销之前的赠与行为要求重新分割的，法院一般不予支持。

第二，在离婚协议中约定子女享有房产赠与的交付请求权。赠与房产需要完成产权变更登记，为避免离婚后一方在办理产权变更登记时不予配合，根据合同相对性原则，建议在离婚协议中约定子女享有房产赠与的交付请求权。若有此类约定的，则子女享有直接请求交付的权利，在必要时可作为适格主体提起诉讼。

第十七节 | 婚后一方以个人财产投资所得的收益，离婚时如何分割？

夫妻一方的个人财产在婚后产生的收益，到底属于一方的个人财产还是夫妻共同财产？这是司法实践中的一个热点问题。对该增值的财产性质的确定直接关系到夫妻双方离婚时能否主张对该收益进行分割的问题。本节拟就此问题进行探讨。

一、案例引入

案例来源：（2017）京0108民初13534号[①]

案情简介：辛某1系被告辛某与被告左某之子。穆某与辛某1于1989年8月登记结婚，婚后生育一女辛某2。2000年12月，二人经法院调解离婚。该案民事调解书载明：第一，穆某与辛某1离婚；第二，婚生女辛某2由穆某抚养，抚育费由穆某自行负担；第三，婚后共同财产归穆某所有。后辛某1于2003年10月死亡，生前无遗嘱。另查明，某某公司成立于1988年7月，公司设立时出资方式为个人集资，其中辛某1于1988年8月出资800元。1989年至2000年，某某公司共向辛某1分红25780.8元（税后）。辛某1死亡后其接收分红的存折由左某持有。穆某在离婚后向法院起诉，要求判令辛某1在某某公司中的集资入股股权归其所有；判令辛某、左某返还因该股权领取的红利共计人民币100000元。

法院认为，本案中，辛某1在某某公司的出资系其婚前财产权益，属于婚前个人财产，因此穆某要求确认该财产权益归其所有，本院不予支持。但某某公司在辛某1婚姻关系存续期间分配给辛某1的分红，系辛某1个人财

[①] 穆某与左某等离婚后财产纠纷案，北京市海淀区人民法院（2017）京0108民初13534号民事判决书。

产投资所得收益，为夫妻共同财产。因此，对于辛某1在婚姻关系存续期间取得的分红，本院依法予以分割。此外，穆某与辛某1的离婚调解书中虽然约定"婚后共同财产归穆某所有"，但在该案的开庭笔录中，双方并未提及该财产收益，故穆某依据离婚调解书主张该财产收益归其所有，缺乏事实依据，本院不予支持。因辛某1死亡后其收取分红的存折由左某持有，故相应财产应由辛某、左某返还穆某。遂判决辛某、左某向穆某支付某某公司分红12890.4元。

二、律师分析

根据我国《最高人民法院关于适用〈中华人民共和国民法典〉婚姻家庭编的解释（一）》第25条第1项的规定，婚姻关系存续期间，"一方以个人财产投资取得的收益"属于夫妻共同财产。此外，《民法典》第1063条第1项规定，"一方的婚前财产"属于夫妻一方的个人财产。即在婚姻关系存续期间，夫妻一方以其婚前财产投资所得的收益，若无相反约定，应当为夫妻共同财产。本案中，辛某1在婚前对某某公司进行了出资，该出资系辛某1的婚前财产权益，属于其婚前个人财产。在婚姻关系存续期间，某某公司向辛某1分红25780.8元，该分红系辛某1个人财产投资所得收益，应为辛某1与穆某的夫妻共同财产。法院判决分给穆某分红12890.4元并无不当。

夫妻一方个人财产在婚后的收益主要包括孳息、自然增值以及投资经营收益。根据《最高人民法院关于适用〈中华人民共和国民法典〉婚姻家庭编的解释（一）》第25—26条规定，一方以个人财产投资所得收益为夫妻共同财产，但夫妻一方个人财产在婚后产生的收益，如果是孳息和自然增值的，应认定为该方的个人财产。该司法解释虽然规定了个人财产收益之归属，但并未对"投资收益"与"自然增值"的概念与范围进行界定。

2006年11月，广东省高级人民法院发布的《关于审理婚姻纠纷案件若干问题的指导意见》（已失效）第8条规定："双方对婚前财产的归属没有约定的，该财产不因婚姻关系的存续或因财产存在形态的变化而转化为夫妻共同财产。但在婚姻关系存续期间，一方以个人财产投资取得的收益属于夫妻共同财产。该投资收益包括：（1）一方用婚前财产投资而成为有限责任公司股东或持有股票、债券、证券投资基金份额等有价证券，在婚姻关系存续期间取得的红利或利息；（2）一方将婚前财产存入金融机构或出租给他人，在婚姻关系存续期间产生的利息或租金；（3）一方在婚姻关系存续期间因转让其个人的所有的股份、有价证券等投资性资产而取得的增值部分；（4）一方用婚前财产在婚姻关系存续期间进行其他生产、经营活动而取得的增值部分。"

自然增值与投资收益之区别，在于收益获取过程中是否存在财产所有人之介入。从字面上理解，自然增值是指非人为努力而产生的物的价值的增长。如因房地产市场行情变化导致婚前房产在婚后的增值。投资收益，则强调对财产进行了经营管理等人力因素而使财产价值增长。婚姻法将投资收益视为夫妻共同财产即在于其凝结了夫妻共同劳动。《最高人民法院关于适用〈中华人民共和国民法典〉婚姻家庭编的解释（一）》把孳息和自然增值排除在夫妻共同财产之外，前提是此类收益不是由于夫妻人为、主动地管理和付出劳动所产生的收益。例如，关于婚前购买的股票、基金在婚后的增值，若夫妻一方在婚前买进股票后未加以管理，仅因公司业绩优异等市场因素产生增值，应当认定为自然增值，属于夫妻一方个人财产。若夫妻一方买进股票后进行了积极的投资管理行为，如买进卖出、以婚后财产追加投入等，婚前财产在婚后的增值部分则应当认定为投资收益，应作为夫妻共同财产予以分配。

三、律师提示

笔者认为，分析婚前财产在婚后的增值是否属于夫妻共同财产，重点是分析该增值产生的原因。需要说明的是，投资是一种收益与风险并存的行为。根据权利义务对等的原则，若婚后一方以个人财产投资所得的收益为夫妻共同财产，那么，当婚后一方以个人财产投资出现亏损时，另一方也应当承担相应的清偿责任。

第十八节 | 婚姻关系存续期间夫妻一方取得的知识产权，离婚时如何处理？

随着社会生产力水平的提高，知识产权作为无形资产在家庭财产形态上所占的分量也越来越重，由此引发的纠纷也越来越多。夫妻一方在婚姻关系存续期间所得的知识产权，在离婚时应当如何处理？本节拟就此问题进行探讨。

一、案例引入

案例来源：（2017）京02民终6962号[①]

案情简介：1996年4月，陈某与李某登记结婚，婚后育有一女。2007年3月，法院出具民事调解书，就陈某与李某离婚及子女抚养、住房分配、共同财产分割以及S公司股权买断等达成的协议进行确认，其中与公司股权买断相关的协议内容为：李某在S公司中享有的股权由陈某以420万元买断，李某不再担任该公司股东。双方离婚后，李某未参与Y公司的经营。另外，20042000××××.2专利和0327××××.4专利为双方婚姻关系存续期间取得，原权利人为陈某。2010年8月，Y公司注册资本由50万元增至500万元，在新增的450万元注册资本中，陈某认缴350万元，出资方式为前述20042000××××.2专利和0327××××.4专利投入，上述两项专利经评估价值为353万元。

一审法院认为，夫妻在婚姻关系存续期间所得的知识产权的收益归夫妻共同所有。涉诉的两项专利虽为陈某与李某婚姻关系存续期间取得，但在双方离婚后的2010年8月，上述两项专利才经评估作价为350万元投入Y公司，因此不属于双方婚姻关系存续期间所得的收益，与李某无关，应为陈某个人

---

① 李某与陈某离婚后财产纠纷案，北京市第二中级人民法院（2017）京02民终6962号民事判决书。

财产。李某所称陈某将两项专利故意拖到离婚后才作价投资入股的行为是隐藏、转移夫妻共同财产，主张两项专利技术投资入股形成的股权及收益归李某所有的主张缺乏事实及法律依据，法院不予采信及支持。二审法院驳回上诉，维持原判。

二、律师分析

知识产权是指权利人对其智力成果和工商业标志享有的权利。[1]关于"知识产权"一词的起源，学界有不同看法。一般认为，知识产权作为法律用语被认为是来自英文"Intellectual Property"的意译，目前知识产权已成为国际上通用的法律术语。[2]我国《民法典》第123条第2款规定："知识产权是权利人依法就下列客体享有的专有的权利：（一）作品；（二）发明、实用新型、外观设计；（三）商标；（四）地理标志；（五）商业秘密；（六）集成电路布图设计；（七）植物新品种；（八）法律规定的其他客体。"本案中的知识产权可以为专利，属于上述客体中的"（二）发明、实用新型、外观设计"。

根据《民法典》第1062条的规定，夫妻在婚姻关系存续期间所得的知识产权的收益为夫妻的共同财产，归夫妻共同所有。该规定强调知识产权的收益获得的时间是在夫妻婚姻关系存续期间，即作为夫妻共同财产的是知识产权的收益，不包括期待利益。本案中虽然两个专利是在婚姻关系存续期间取得，但是陈某是在其与李某离婚后，才将两项专利经评估作价为350万元投入公司。因此，根据上述法律规定，该知识产权收益不属于双方婚姻关系存续期间所得的收益，应认定为陈某的个人财产。因此双方离婚时不应进行分割。

我国《民法典》第123条第1款规定："民事主体依法享有知识产权。"这一规定说明知识产权作为一种民事权利应当受到法律的保护，同时表明知识产权可以适用《民法典》的规定。知识产权具有人身性和财产性，其本质

---

① 王利明、杨立新、王轶、程啸：《民法学》（第六版），法律出版社2020年版，第164页。

② 杨雄文编著：《知识产权总论》，华南理工大学出版社2019年版，第16页。

上仍属于民事权利的范围，是私法上财产权利和人身权利的结合。在发生知识产权纠纷后，如果知识产权法未作出规定，可以适用《民法典》的规定。[①]

对于离婚时一方主张对知识产权的收益进行分割的，须厘清诉讼主张所涉及的知识产权、知识产权之收益在夫妻离婚后财产分割领域的立法本义。因知识产权是基于智力的创造性所产生的权利，即其应当是法律赋予知识产权所有人对其智力创造成果所享有的某种专有权利。而知识产权的收益则应指作品在出版、上演、播映后而取得的报酬，或允许他人使用而获得的报酬、专利权人转让专利权或许可他人使用其专利所取得的报酬。基于知识产权本身所具有的来源于智力成果形成的人身性，故法律规定之义即知识产权权利本归一方专有。[②]

三、律师提示

夫妻婚姻关系存续期间一方所得的知识产权，兼具人身属性和财产属性。就知识产权本身而言，该权利应属于一方所有。但是，笔者认为，在婚姻关系存续期间取得的知识产权，其收益应该属于夫妻双方共同所有，这不仅包括婚姻关系存续期间所得的知识产权在婚姻期间所得的财产利益，也包括该知识产权在离婚后获得的财产利益。主要原因在于，一方在婚姻关系存续期间所取得的知识产权有人身属性和财产属性，这种财产属性不会随着双方婚姻的解除而消失。正如一方在婚姻关系存续期间所赚取的工资，即使该工资是在双方离婚后才发放，也不会改变该部分工资应为夫妻共同财产的属性。因此，笔者认为，基于公平原则的考量，一方在婚姻关系存续期间所取得的知识产权在离婚后取得的收益也应当作为夫妻共同财产。在分割方法上，可以等到该知识产权收益确定后再予以分割，或者在离婚时经评估后由享有知识产权的一方对另一方进行补偿。

---

① 王利明、杨立新、王轶、程啸：《民法学》（第六版），法律出版社 2020 年版，第 164 页。

② 李某与陈某离婚后财产纠纷案，北京市第二中级人民法院（2017）京 02 民终 6962 号民事判决书。

第十九节 ┃ 婚后一方所得的住房公积金，离婚时如何处理？

我国的住房公积金制度是社会主义市场经济下改善城镇居民住房条件的有效途径，是我国住房保障体系的重要组成部分。住房公积金制度的实行对广大居民改善居住条件、推进住房体系改革等起到了重要作用。因此，对民众而言，住房公积金也是一笔重要的财富。男女双方结婚后，一方所得的住房公积金是否属于夫妻共同财产呢？离婚时又该如何处理？本节拟就此问题进行谈论。

一、案例引入

案例来源：（2021）川07民终2962号[①]

案情简介： 2016年12月，杨某与何某解除婚姻关系。根据杨某的公积金个人台账显示，截至2016年11月双方离婚时，公积金余额是34570.52元。现何某主张分割杨某10年婚姻关系存续期间的公积金，提交了2012年3月15日和2016年12月9日的账户明细，证明将自己的公积金共计178900元用于归还购买房屋的按揭贷款。何某还提交杨某书写的保证书，用于证明杨某在婚姻关系存续期间存在过错。杨某与何某结婚时杨某的公积金为2381.34元，2015年8月杨某提取公积金50000元。杨某当庭提交住院费用结算票据两张，证明杨某的工资卡交与何某保管，故在2015年提取公积金50000元用于赡养母亲，其费用包括护理费和住院医疗费。

一审法院认为，根据杨某的住房公积金台账情况并经双方确认，杨某在婚姻关系存续期间的公积金总额为84570.52元，属于夫妻共同财产。杨某对2015年8月提取的50000元公积金去向主张应视为夫妻共同生活支出，虽提

---

① 杨某、何某离婚后财产纠纷案，四川省绵阳市中级人民法院（2021）川07民终2962号民事判决书。

交住院费用结算票据证明其是用于赡养母亲，但关联性不足，一审法院不予采信。据杨某书写的保证书内容所载，按照夫妻共同财产分割时照顾无过错方和女方权益的原则，一审法院酌定何某分得杨某在婚姻存续期间的公积金金额为50000元。二审法院判决驳回上诉，维持原判。

二、律师分析

住房公积金，是指国家机关、国有企业、城镇集体企业、外商投资企业、城镇私营企业及其他城镇企业、事业单位、民办非企业单位、社会团体及其在职职工缴存的长期住房储金。[1]《住房公积金管理条例》（2019修订）第3条规定："职工个人缴存的住房公积金和职工所在单位为职工缴存的住房公积金，属于职工个人所有。"此外，根据《最高人民法院关于适用〈中华人民共和国民法典〉婚姻家庭编的解释（一）》第25条[2]的规定，婚姻关系存续期间，男女双方实际取得或者应当取得的住房补贴、住房公积金属于夫妻共同财产。因此，夫妻双方在离婚时，可以主张对住房公积金进行分割。

本案中，杨某在婚姻关系存续期间的公积金总额为84570.52元，此款项属于夫妻共同财产，离婚时另一方可以主张分割。何某的公积金共计178900元，但已经全部用于归还购买房屋的按揭贷款。此外，根据我国《民法典》第1087条第1款规定："离婚时，夫妻的共同财产由双方协议处理；协议不成的，由人民法院根据财产的具体情况，按照照顾子女、女方和无过错方权益的原则判决。"本案中，由于杨某在婚姻关系存续期间存在过错，因此何某对于公积金应该适当多分。

住房公积金由职工和职工所在单位共同缴纳，职工个人缴纳部分由单位

---

① 《住房公积金管理条例》（2019修订）第2条第2款。

② 《最高人民法院关于适用〈中华人民共和国民法典〉婚姻家庭编的解释（一）》第25条规定："婚姻关系存续期间，下列财产属于民法典第一千零六十二条规定的'其他应当归共同所有的财产'：（一）一方以个人财产投资取得的收益；（二）男女双方实际取得或者应当取得的住房补贴、住房公积金；（三）男女双方实际取得或者应当取得的基本养老金、破产安置补偿费。"

从职工工资中直接代扣，连同单位缴纳部分一并存入住房公积金个人账户。住房公积金属于职工工资的一部分，但并不直接以现金的形式发放到职工个人手里，而是存入专有账户。[①]住房公积金的用途具有特定性。根据《住房公积金管理条例》（2019修订）第5条的规定，住房公积金应当用于职工购买、建造、翻建、大修自住住房，任何单位和个人不得挪作他用。

三、律师提示

住房公积金在实质上是工资的一种形式，笔者认为，关于住房公积金，应当注意以下三点：

第一，被认定为夫妻共同财产的住房公积金应发生在婚姻关系存续期间。根据我国《最高人民法院关于适用〈中华人民共和国民法典〉婚姻家庭编的解释（一）》的规定，在离婚时，只能就婚姻关系存续期间所得和应得的住房公积金和住房补贴进行分割，而婚姻关系存续期间之外的住房公积金，应属于一方的个人财产。

第二，在婚姻关系存续期间，个人存缴和单位存缴的住房公积金均属于夫妻共同财产。

第三，双方公积金账户上的住房公积金均属于夫妻共同财产，而非仅将一方公积金账户上的公积金作为夫妻共同财产，除非夫妻双方仅有一方缴纳了公积金。

---

① 安兵、张国妮、闫艳:《不可不知的99个婚姻财产法律常识》，中国政法大学出版社2012年版，第146页。

第二十节 | 婚后一方通过继承取得的财产，离婚时如何处理？

继承是指因人的死亡而由与其有一定亲属关系的生存人概括取得其遗产的法律制度。[①]可见，继承是民事主体取得财产的一种方式。在婚姻关系存续期间，夫妻一方通过继承取得的财产，离婚时应当如何处理？本节拟就此问题进行探讨。

一、案例引入

案例来源：（2019）京02民终1948号[②]

案情简介： 王某与刘某于2009年1月登记结婚，但婚后因家庭琐事及经济问题产生矛盾，自2016年7月起分居生活。此外，279号楼房屋及1501号楼房屋为刘某的父亲刘某1与刘某的母亲吕某的夫妻共同财产。吕某于2006年8月死亡，死亡时未对其遗产进行析产分割。刘某1于2010年8月死亡。2011年7月，刘某及其两位兄长在北京办理继承公证，两位兄长自愿放弃对上述房屋的继承权，上述房屋由刘某继承。此后，刘某持公证处出具的公证书办理了上述房屋的产权过户手续。

一审法院认为，王某起诉离婚，刘某同意，准许双方离婚。279号楼房屋及1501号楼房屋原系刘某父母刘某1与吕某的夫妻共同财产，刘某1与吕某死后，刘某通过继承取得房屋所有权。吕某在刘某与王某婚前死亡，涉案房屋的二分之一份额应作为吕某之遗产由其法定继承人刘某1、刘某及刘某的两个兄长共同继承，每人各继承八分之一份额，刘某1共占有涉案房屋八分之五份额。刘某1死亡后，刘某的两位兄长均放弃对涉案房屋中应继承吕某遗产及刘

---

① 房绍坤、范李瑛、张洪波编著：《婚姻家庭继承法》（第七版），中国人民大学出版社2021年版，第155页。

② 王某等离婚纠纷案，北京市第二中级人民法院（2019）京02民终1948号民事判决书。

某1遗产份额的继承权。我国婚姻法规定，婚姻关系存续期间继承取得的财产属于夫妻共同财产，故刘某在婚前继承上述房屋中属于吕某的八分之一份额系其个人财产，婚后继承另八分之七份额应为夫妻共同财产，应依法分割。

二审法院认为，继承从被继承人死亡时开始。放弃继承的效力，追溯到继承开始的时间。本案中，刘某1死亡后，两位兄长均放弃对涉案房屋中应继承吕某遗产部分的各八分之一份额及刘某1遗产份额继承权，上述房屋所有权由刘某一人继承。故刘某在婚前继承上述房屋中属于吕某的八分之三份额应属其个人财产，婚后继承另八分之五份额属于王某与刘某的夫妻共同财产，应依法分割。一审法院对于刘某继承上述房产份额中应确认为其与王某夫妻共同财产份额部分计算错误，应予纠正。

二、律师分析

继承具有以下含义：第一，继承因被继承人死亡而开始。在现代民法中，继承开始的原因只限于自然人死亡。非因死亡而发生在自然人之间的财产转移都不为继承。第二，继承发生于一定亲属之间。在现代继承法中，继承大都发生在具有特定亲属关系的人之间。我国《民法典》规定，亲属包括配偶、血亲和姻亲。[1]第三，继承是概括继承死亡之人之财产的法律制度。继承法只调整财产关系，不调整身份关系。[2]根据我国《民法典》第1062—1063条的规定，夫妻在婚姻关系存续期间继承或者受赠的财产，为夫妻的共同财产，归夫妻共同所有，但是遗嘱或者赠与合同中确定只归一方的财产；一方的婚前财产为该方的个人财产。本案中，刘某之母在刘某与王某婚前死亡，且其死亡时并未留下遗嘱。因此刘某在婚前继承其母亲的遗产，即房产的八分之一份额为其婚前个人财产。

此外，我国《民法典》第1124条第1款规定："继承开始后，继承人放

---

[1] 我国《民法典》第1045条第1款。

[2] 房绍坤、范李瑛、张洪波编著：《婚姻家庭继承法》（第七版），中国人民大学出版社2021年版，第158页。

弃继承的，应当在遗产处理前，以书面形式作出放弃继承的表示；没有表示的，视为接受继承。"刘某之母死亡时，并未就遗产进行析产分割，等到刘某1死亡后（此时刘某已经结婚），才开始对刘某之母遗产进行处理。但是，本案中，刘某之母死亡之时，继承即开始。[①]因继承取得物权的，从继承开始时发生效力。[②]这意味着刘某婚前继承了八分之三的份额，该房产八分之三的份额为刘某的个人财产。此外，由于刘某1于刘某婚后死亡，刘某继承刘某1的八分之五房产属于婚姻关系存续期间继承的财产，因此为刘某与其妻子王某的夫妻共同财产，离婚时应予以分割。

《江苏省高级人民法院婚姻家庭案件审理指南》指出，"夫妻双方在婚姻关系存续期间所得的财产，包括财产的实际取得和权利的取得。因为财产权利的取得与实际财产的取得有时是同步的，而有时却是前后分开的。例如继承虽然开始，但遗产尚未分割，此间与他人结婚，婚后分得的遗产，貌似'婚姻关系存续期间所得的财产'，但实际上财产权利已在婚前取得，因此，应认定为个人财产，不能列入夫妻共同财产的范围"。本案中，刘某虽然在婚后才实际取得母亲的遗产，但是继承开始于婚前，其应获得的财产权利已经在婚前取得，应认定为婚前个人财产。

三、律师提示

根据我国《民法典》的相关规定，婚后一方通过继承取得的财产，不论是不动产还是动产，若遗嘱中没有明确指明只由一方继承，或者被继承人未留有遗嘱的，该财产应当视为夫妻的共同财产。在离婚时首先由双方协议分割；协议不成的，再由人民法院按照照顾子女、女方和无过错方权益的原则进行判决。笔者认为，若被继承人只想将自己的财产在自己死后由自己的子女、配偶、孙子女等继承，应当提前在遗嘱中进行明确指定。

---

① 我国《民法典》第1121条第1款规定："继承从被继承人死亡时开始。"

② 我国《民法典》第230条。

一方的婚前财产在婚后是否自动转化为夫妻共同财产？

男女双方结婚后即确立夫妻关系。夫妻双方所具有的特定的身份决定了夫妻关系与其他两性关系具有本质上的区别。在身份上，双方互为配偶，都具有同居的权利和义务以及夫妻的忠实义务等；在财产上，若无特殊约定，婚后一方或双方的工资等收入属于夫妻共同财产。基于这种夫妻关系，一方的婚前财产在婚后是否会自动转化为夫妻共同财产呢？本节拟就此问题进行探讨。

一、案例引入

案例来源：（2020）京03民终8994号[①]

149

案情简介：褚某5与刘某育有四个子女，系被上诉人褚某1、褚某2、褚某3、褚某4。刘某死后，褚某5与上诉人张某于2000年11月登记结婚。褚某5于2018年9月死亡。2000年3月，褚某5购买房屋1套，房屋现登记在褚某5名下。2002年11月，褚某5与张某签订《结婚协议书》，内容为："褚某5在顺义区×号购楼房一居室，于二○○○年十一月八日与女方张某结婚登记，双方领结婚证。结婚协议如下：一、男方褚某5与女方张某结婚后走到法定年限，此一居室楼房为共同所有，未到法定年限女方张某提出离婚的，一居室楼房为购房者个人所有。……就该协议中的"走到法定年限"，张某称当时褚某5说也许五年，也许八年。张某认为法定是五年，但有可能延长到八年。

一审法院认为，诉争房屋系褚某5婚前购买，系其婚前个人财产。2002

---

① 张某与褚某1、褚某2、褚某3、褚某4遗嘱继承纠纷案，北京市第三中级人民法院（2020）京03民终8994号民事判决书。

年11月，褚某5与张某签订《结婚协议书》，双方约定诉争房屋在婚后达到法定年限后归褚某5和张某共有。签订该协议时，《婚姻法》已于2001年修正，其中并无夫妻一方婚前财产转化为夫妻共同财产的"法定年限"的规定。且经本院询问，张某表示双方约定年限为或许五年、或许八年。则褚某5与张某就达到法定年限后的约定，为双方约定不明确。据《婚姻法》①第19条第1款规定："夫妻可以约定婚姻关系存续期间所得的财产以及婚前财产归各自所有、共同所有或部分各自所有、部分共同所有。约定应当采用书面形式。没有约定或约定不明确的，适用本法第十七条、第十八条的规定。"因双方约定不明，诉争房屋应为褚某5的婚前个人财产。

二审法院认为，司法实践中对于有关上述约定是赠与抑或是夫妻间财产的约定，存在较大分歧，对于上述约定系物权性约定还是债权性约定亦各有不同意见。但综合本案案情，无论褚某5与张某签订的《结婚协议书》性质为赠与还是夫妻财产约定，诉争房屋均未转化为夫妻共同财产，张某无法当然因《结婚协议书》获得涉案房产产权份额。

二、律师分析

我国《最高人民法院关于适用〈中华人民共和国民法典〉婚姻家庭编的解释（一）》第31条规定："民法典第一千零六十三条规定为夫妻一方的个人财产，不因婚姻关系的延续而转化为夫妻共同财产。但当事人另有约定的除外。"根据该条规定，夫妻一方的婚前财产，如果双方没有约定为共有的，不论婚姻关系持续多少年，该婚前财产仍属于夫妻一方的个人财产。本案中，褚某5婚前购买的房屋属于其个人财产，原则上，该房屋不因婚姻关系的存续时间而自动转化为夫妻共同财产。但是，我国《民法典》第1065条第1款、第2款规定："男女双方可以约定婚姻关系存续期间所得的财产以及婚前财产归各自所有、共同所有或者部分各自所有、部分共同所有。约定应当

---

① 已废止。现为民法典婚姻编。

采用书面形式。没有约定或者约定不明确的，适用本法第一千零六十二条、第一千零六十三条的规定。夫妻对婚姻关系存续期间所得的财产以及婚前财产的约定，对双方具有法律约束力。"根据该规定，夫妻双方可自行约定该房屋经过一定年限后转化为夫妻共同财产。但是约定应当采取书面形式且约定应当明确。本案中，由于双方对约定的年限不明确，属于该法第1065条中"约定不明确"的情形，因此应当按照第1062—1063条中关于夫妻共同财产和个人财产的规定确定该房产的性质。即该房产为褚某5的个人财产。

虽然夫妻个人财产在婚后也属于个人财产，但是若在婚姻关系存续期间，以该个人财产投资所得的收益，则属于夫妻共同财产。我国《最高人民法院关于适用〈中华人民共和国民法典〉婚姻家庭编的解释（一）》第25条第1项规定，婚姻关系存续期间，"一方以个人财产投资取得的收益"为夫妻共同财产。江苏省2010年5月18日实施的《江苏省高级人民法院婚姻家庭案件审理指南》指出，"一方以个人财产投资取得的收益"包括一方婚前或婚后的个人财产投资后取得的收益。投资性收益凝聚的是双方或一方的体力或脑力劳动的付出，虽然由于社会分工不同，双方的付出表现方式不同，但即使从事家务劳动的一方，对家庭收入的贡献也不可抹杀，故虽为一方的个人财产，但婚后收益应共有。这里需要提请注意的是对"投资"的理解。只要此类"收益"由一方或双方的劳动付出所获得，就应认为是"投资"所得。我国《最高人民法院关于适用〈中华人民共和国民法典〉婚姻家庭编的解释（一）》第26条规定："夫妻一方个人财产在婚后产生的收益，除孳息和自然增值外，应认定为夫妻共同财产。"这里的"孳息"应作限缩解释，比如虽然房屋租金在民法理论上属于"孳息"，但租金的获取也需要对房屋进行经营后才可获得，因此认定为"投资性收益"较为合适。[1]

---

[1] 《江苏省高级人民法院婚姻家庭案件审理指南》。

三、律师提示

关于婚前财产，笔者认为应该注意以下两点：

第一，财产性质不因婚姻关系存续时间的长短而转化，除非当事人另有约定。即原则上婚前财产在婚后仍然是属于一方的个人财产，但是双方约定将婚前财产全部或者部分给予另一方的除外。

第二，在实践中可能出现夫妻一方的财产与夫妻共同财产混同，从而导致难以区分，使得属于夫妻一方的财产被当成夫妻共同财产进行分割的情形。为防止出现这种情形，尽量不要将婚前财产与婚后财产混同，并注意保留证据。

不论是婚前财产还是婚后财产，有两个判断的时间点：一个是结婚登记的时间，另一个是财产取得的时间。在结婚登记之前取得的财产，一般是婚前个人财产；在结婚登记之后取得的财产，一般是婚后夫妻共同财产，但是对方有充分的证据证明，该婚后财产的取得完全系个人财产的孳息或者自然增值，或者是遗嘱、赠与合同中明确规定只归夫妻一方的除外。

| **离婚时，如何处理夫妻共同财产中的股票、债券、投资基金等有价证券以及未上市股份有限公司的股份？**

随着人们收入水平的提高，夫妻双方用共同财产购买公司的股票、债券、投资基金等有价证券以及获取投资收益的行为日益普遍。在婚姻关系存续期间，用夫妻共同财产购买的这些有价证券无论登记在夫妻哪一方名下，都由双方共同享有其中的权利，除非双方另有约定。但是，若婚姻关系解除，作为夫妻共同财产的有价证券或者未上市股份有限公司的股份也应成为分割的对象。因此类财产与其他财产的分割形式有所不同，本节拟就此问题进行探讨。

一、案例引入

案例来源：（2018）鲁0503民初2029号①

案情简介： 原告丁某与被告蔺某系夫妻关系。2016年5月，蔺某起诉，要与丁某离婚。《S股份有限公司章程》载明，蔺某认购的股份数为40万股，出资方式为净资产，持股比例为2.6245%，出资时间为2014年10月31日。2018年6月，法院判决准予蔺某、丁某离婚，但未对股权作出处理。丁某不服提起上诉，法院判决驳回上诉，维持原判。于是丁某另行起诉，请求将被告名下的夫妻共同财产（S股份有限公司股份431671股）进行分割。

法院认为，被告蔺某于2014年10月31日出资取得S股份有限公司股份40万股，发生在原、被告婚姻关系存续期间，系投资取得，性质上应属于原、被告的夫妻共同财产，原告有权要求予以分割，根据本案的实际情况，

---

① 丁某与蔺某离婚后财产纠纷案，山东省东营市河口区人民法院（2018）鲁0503民初2029号民事判决书。

本院认定由原、被告按照1∶1的比例予以分割。遂判决确认被告蔺某名下于2014年10月31日出资取得的S股份有限公司股份40万股中20万股及收益归原告丁某所有。

二、律师分析

我国《最高人民法院关于适用〈中华人民共和国民法典〉婚姻家庭编的解释（一）》第72条规定："夫妻双方分割共同财产中的股票、债券、投资基金份额等有价证券以及未上市股份有限公司股份时，协商不成或者按市价分配有困难的，人民法院可以根据数量按比例分配。"本案中，根据具体案情可知，原、被告双方无法就股权达成协议，法院根据实际情况，认定由原、被告按照1∶1的比例予以分割，故由蔺某出资取得的S股份有限公司股份40万股中20万股及收益归丁某所有。

股票作为一种主要的有价证券，是股份有限公司公开发行的，用以证明投资者的股东身份和权益，并据以获得股息和红利的凭证。股票经过国家主管机关核准发行，具有法定性，股票持有者即为发行该股票的股份有限公司的股东，有权分享公司的利益，同时也要分担公司的责任和经营风险。债券也是一种有价证券，是社会各类经济主体为筹措资金向债券投资者出具的，并承诺按一定利率定期支付利息和到期偿还本金的凭证。而投资基金是指一种集合投资制度，它由基金发放人发行受益证券或股票形式将分散的资金聚集起来，委托由投资专家组成的专门投资机构进行组合投资，投资者按出资份额分享相应权益，承担相应风险。投资基金是专门为众多的中小投资者设计的一种间接投资工具。[①]

笔者认为，在分割此类财产时，应当注意，对于法律法规限制转让的股票或者股份，人民法院不宜进行分割处理。我国现行《公司法》第141条规定："发起人持有的本公司股份，自公司成立之日起一年内不得转让。公司

[①] 邹海涛编著：《证券期货代理》，首都经济贸易大学出版社2003年版，第7-22页。

公开发行股份前已发行的股份，自公司股票在证券交易所上市交易之日起一年内不得转让。公司董事、监事、高级管理人员应当向公司申报所持有的本公司的股份及其变动情况，在任职期间每年转让的股份不得超过其所持有本公司股份总数的百分之二十五；所持本公司股份自公司股票上市交易之日起一年内不得转让。上述人员离职后半年内，不得转让其所持有的本公司股份。公司章程可以对公司董事、监事、高级管理人员转让其所持有的本公司股份作出其他限制性规定。"因此，如果夫妻共同财产中的股份属于法律规定的上述情形，必须按照有关法律办理，待满足转让条件后，再根据相关法律规定，请求再次分割夫妻共同财产。

三、律师提示

对于股票、债券、投资基金份额等有价证券以及未上市股份有限公司股份的分割，根据《最高人民法院关于适用〈中华人民共和国民法典〉婚姻家庭编的解释（一）》第72条的规定，首先应由夫妻双方协商解决或者按照市价进行分割，如果协商不成或者按照市价分割有困难的，再由人民法院根据数量按照比例进行分配。

第二十三节 ┃ 离婚诉讼中涉及的股票期权应如何进行分割？

股票期权是上市公司员工（一般为企业高级管理人员、技术骨干等）股权激励计划的一种，指上市公司授予激励对象在未来一定期限内以预先确定的条件购买本公司一定数量股份的权利，主要目的在于让员工受到财产利益的激励，将员工的利益和公司发展绑定在一起。随着经济的不断发展，社会财产形式也越趋多元化和复杂化。例如，有些公司会采用股票期权的方式对员工进行激励。在离婚诉讼中，股票期权可能成为离婚财产分割的争议焦点之一。

一、案例引入

案例来源：（2016）京0108民初34393号[①]

案情简介： 1998年7月，高某与刘某登记结婚，2012年9月，双方经法院判决离婚。刘某上诉，法院于2012年12月判决驳回上诉，依法维持原判。2012年10月31日，高某被授予股票期权，即离婚期间获得股票期权并且在离婚后才能行权。HY兄弟传媒公司股票期权激励的授权日为2012年10月31日，行权价格14.85元。2012年度，由于该公司业绩未达到本计划"第一个行权期"考核目标，激励对象相应行权期所获授的可行权数量由公司注销。HY兄弟传媒公司在20××-×××公告中载明，股票期权激励计划首次授予第二个行权期的行权条件已满足。后刘某在规定的一年内行权20000股。2015年，该公司在公告中载明，股票期权激励计划首次授予第三个行权期的行权条件已满足。后刘某在规定的一年内行权20000股。高某起诉，要求依法分割婚姻关系存续期间刘某持有的HY兄弟传媒公司的股票。

---

① 高某诉刘某离婚后财产纠纷案，北京市海淀区人民法院（2016）京0108民初34393号民事判决书。截至2023年3月15日，尚未发现该案有再审或终审判决书。

法院认为，双方就刘某二审期间取得的股票期权是否属于夫妻共同财产发生争议。首先，股票期权是刘某公司作为激励机制而赋予员工有条件地购买本企业股票的资格，是一种期待权，并不具有确定价值的财产性权益。因此，股票期权因其期待权的特性而不能确定将来是否获得财产权利及获得财产权利的多少。其次，刘某持有的期权转化为可实际取得财产权益的股票，必须以员工在公司工作时间的积累为前提条件，具有一定的人身特性。刘某要将其期权行权需要考核2012—2014年的业绩，并支付一定的对价。最后，刘某所持有的期权分别三次行权，其中2012年，即婚姻关系存续期间，因考核不合格而被注销。此后行权资格考核的是双方离婚后刘某的业绩，且行权的出资亦由刘某婚后个人财产予以支付。综上，刘某现持有的HY兄弟传媒公司的股票不属于夫妻共同财产，高某主张分割上述财产，于法无据，本院不予支持。

二、律师分析

根据《关于个人股票期权所得征收个人所得税问题的通知》（财税〔2005〕第35号）第2条的规定，员工行权获得的股票差额是因员工在企业的表现和业绩情况而取得的与任职、受雇有关的所得，应按"工资、薪金所得"适用的规定计算缴纳个人所得税。因此股票期权所得的经济收益与员工工资、薪金的性质相同。在本案中，刘某的股票期权授权日为2012年10月31日，双方于2012年9月就被法院判决离婚，且2012年12月被法院驳回上诉。可见，刘某与高某婚姻关系存续期间在授权日至可行权日中所占的时间比例非常小。此外，刘某第一次行权实际发生在双方离婚以后，且刘某行权条件是根据其在离婚后的业绩等进行确定。因此，综合本案情况法院未将张某在HY兄弟传媒公司的股票认定为夫妻共同财产，符合公平原则和现实情况。

股票期权具有其自身的特点。其有别于不动产、现金等传统形式的财产，具体表现在：第一，股票期权具有一定的人身专属性。股票期权激励制度一般会设置与员工服务年限、工作能力、工作业绩情况相关的授予、行权条件，用于提高企业员工的工作积极性和创造性。例如，2022年4月，MD

集团股份有限公司（以下简称MD集团）公开披露的《MD集团股份有限公司第九期股票期权激励计划（草案）》中，MD集团拟授予10907.4万股给公司激励对象。该股票期权的授予条件需要公司及激励对象同时满足一定条件时，方能授予。其中，激励对象需要未发生以下任一情形：（1）最近12个月内被证券交易所认定为不适当人选；（2）最近12个月内被中国证监会及其派出机构认定为不适当人选；（3）最近12个月内因重大违法违规行为被中国证监会及其派出机构行政处罚或者采取市场禁入措施；（4）具有《公司法》规定的不得担任公司董事、高级管理人员情形等。行权条件中，激励对象除了持续满足前述授予条件外，还要满足相应的考核、业绩条件等。员工往往需要投入大量时间、精力和个人付出才能达到公司设置的股票期权授予条件及行权条件。

因此，在离婚纠纷中，享有股票期权的夫妻一方，往往会以股票期权的人身专属性为由主张属于个人财产，拒绝在离婚中进行分割。

第二，股票期权是一种可期待权益，具有不确定性。一方面，企业为行权资格设置了一定的条件，员工可能因离职、未达考核目标而丧失行权资格。例如，2022年6月，AYMG科技股份有限公司公开披露的《关于注销2021年股票期权激励计划部分股票期权的公告》中载明："鉴于6名激励对象因个人原因离职，不再具备激励对象资格，根据《2021年股票期权激励计划（草案）》的相关规定，公司对前述人员已获授但尚未行权的股票期权共计660万份予以注销。"此外，公司的经营情况也可能导致员工丧失行权资格。"根据某会计师事务所出具的2021年年度审计报告，公司2021年业绩水平未达到《2021年股票期权激励计划实施考核管理办法》规定的公司层面业绩考核目标。因第一个行权期条件未达成，所有在职的激励对象第一个行权期可行权的股票期权560万份均不得行权，由公司注销。"另一方面，即使获得行权资格，从股票期权授予之日到首次可行权日之间的间隔较长，[1]在行权日时如股票价格低于授予日股票价格，员工也可以选择放弃购买该股份，此

---

① 根据《上市公司股权激励管理办法》（2018修正）的规定，最少不得少于12个月。

时股票期权将无法转化为确定的经济收益。

此外，股票期权是否属于法律规定的夫妻共同财产范围？根据《民法典》第1062条的规定，夫妻在婚姻关系存续期间所得的工资、奖金、劳务报酬，生产、经营、投资的收益以及知识产权的收益等属于夫妻共同财产。该规定强调财产的取得时间是在婚姻关系存续期间。股票期权在被授予员工后，员工并未实际取得股票所有权或者相应的经济收益，只有在员工与公司完成行权程序后才真正持有股票期权对应的股票，并可通过出售方式取得经济收益。因此，一般情况下，股票期权是否在夫妻关系存续期间行权，使股票期权转化为可实际取得财产权益的股票或经济收益，是判断股票期权能否作为夫妻共同财产进行分割的关键。

我们结合夫妻关系存续期间以及获取股票期权、行权的时间节点，分以下情况进行讨论：

第一，"婚前授予＋婚前行权"。这种情况应认定已行权部分为夫妻个人婚前财产。

第二，"婚前授权＋婚内行权"。由于夫妻一方需要在婚内付出相应的努力并达到一定业绩方可行权，一方在为企业发展辛勤劳动的同时，另一方相应地负担了更多的家务劳动或者在其他方面为家庭作出贡献。因此，行权条件的实现如与婚内投入的工作时间和精力相关联，一般会被认定为夫妻共同财产。

第三，"婚前授权＋离婚后行权"。这种情况下是否认定为夫妻共同财产，《广东省高级人民法院关于婚前取得的股票期权，离婚后行权所得能否确认为夫妻共同财产问题的批复》给出了较为确切的回答。广东省高级人民法院认为，"虽然在离婚后才行使股票期权，但无法改变其在婚姻关系存续期间可以行使部分期权并获得实际财产权益的事实。在婚姻关系存续期间可通过行使股票期权获得的该部分股票财产权益，属于在婚姻关系存续期间明确可以取得的财产性收益，宜认定为夫妻共同财产"。

第四，"婚内授权＋婚内行权"。此时获得的经济收益是在夫妻关系存续期间，如无特殊约定，法院通常会认定为夫妻共同财产。

第五，"婚内授权+离婚后行权"。与第二种情况相似，都属于可行权期与婚姻关系存续期间部分存在重叠。因此，也会考察行权条件的实现与婚内投入的工作时间和精力的相关联性，以及婚姻关系存续期间在可行权日中所占的时间比例等多种因素，结合具体的案件情况综合认定。例如，在本节案例引入部分"高某诉刘某离婚后财产纠纷案"中，婚姻关系存续期间在授权日至可行权日中所占的时间比例非常小，且刘某行权条件是根据其在离婚后的业绩，因此法院未将刘某持有的HY兄弟传媒公司的股票认定为夫妻共同财产。

综上，不论婚前还是婚内取得的股权期权，如夫妻关系存续期间行权条件与婚内投入的工作时间和精力相关联，此时通过行使股票期权获得的财产权益一般应认定为夫妻共同财产。

三、律师提示

对于股票期权在离婚中如何分割的问题，笔者认为应当注意以下几个方面：

第一，股票期权的分割比例。《最高人民法院关于适用〈中华人民共和国民法典〉婚姻家庭编的解释（一）》第72条规定："夫妻双方分割共同财产中的股票、债券、投资基金份额等有价证券以及未上市股份有限公司股份时，协商不成或者按市价分配有困难的，人民法院可以根据数量按比例分配。"法院通常综合考量各方对股票期权行权条件成就的贡献程度、行权价的资金支付主体等因素判断分割比例。因此，被激励对象可分得的比例一般大于50%，而其配偶小于50%。

第二，股票期权的分割方式。法院一般会将股票期权判归被激励对象一方，向另一方支付折价款。例如，在施某与庄某甲离婚纠纷案[1]中，2001年3月，原告入职上海某某商务有限公司，2010年1月，其因工作满八年获得

---

[1] 上海市虹口区人民法院（2015）虹民一（民）初字第3893号民事判决书。施某提起上诉后又申请撤回上诉，二审法院允许施某撤回上诉，双方当事人按原审判决执行，即按照（2015）虹民一（民）初字第3893号民事判决书执行。

公司股票期权奖励。2013年6月28日，原告名下在某某证券账户内的净资产价值10510.79美元。法院认为，原告获得的公司股票期权奖励，虽然系婚姻关系存续期间取得，但考虑股票期权奖励的来源、取得的条件，酌情予以分割。最终判决原告名下在某某证券账户内净资产归原告所有，原告在本判决生效之日起10日内给付被告分割款人民币6000元。

第三，离婚时行权条件未成就如何分割。离婚时行权条件未成就，那么股票期权无法确定市场价，法院通常暂不做分割处理，而是告知当事人待行权条件成就时，通过离婚后财产诉讼再行分割。例如，在余某甲与赵某离婚纠纷案[1]中，法院认为原告要求分割被告在某某金融服务集团的股票期权，因某某金融服务集团至今尚未上市，不具备分割条件，本案对该部分事实不作认定处理。如离婚时未进行分割，当事人可以依据《最高人民法院关于适用〈中华人民共和国民法典〉婚姻家庭编的解释（一）》第83条的规定，在股票期权转化为确定价值的财产后再行起诉。

但是，另行起诉无疑会增加诉讼成本，因此对于非激励对象一方，在对于公司是否最终上市、上市的收益存在巨大不确定性的情况下，我们建议就股票期权部分与对方进行协商，选择对自身最适合的折价方式。

第四，主张分割一方对股票期权的存在承担举证责任。例如，在李某某与刘某离婚后财产纠纷案[2]中，上海市高级人民法院认为，"李某某未能提供证据证实刘某名下存有相关知识产权和股票期权相应资产，原审法院未支持李某某要求分割上述财产的诉请，亦无不当"。

综上所述，关于离婚时股票期权如何分割的问题，在具体的案件中，还需要结合股票期权授予、行权时间节点、婚姻关系存续期间、具体行权条件以及行权价款来源等因素，进行综合判断。

161

---

[1] 浙江省杭州市西湖区人民法院（2015）杭西民初字第2460号民事判决书。
[2] 上海市高级人民法院（2019）沪民申1166号民事裁定书。

第二十四节 | 一方婚前给付的彩礼，在离婚时能否要求返还？

婚前按习俗给付的彩礼在离婚时的返还纠纷是司法实践的热点，为应对该纠纷的解决，我国最高人民法院也出台了相关的司法解释，但现实中的彩礼返还纠纷多种多样，难以完全被应对。本节就此问题进行探析。

一、案例引入

案例来源：（2020）甘04民终554号[①]

案情简介：武某与邢某（王某之女）经人介绍认识，并于2018年8月登记结婚，婚后双方未生育子女。婚姻期间双方经常因家庭琐事发生争吵，产生矛盾。武某主张离婚，邢某同意离婚。双方没有共同财产及债权债务。但武某婚前给予邢某彩礼共计12.6万元，其中"干礼"为8.8万元，用于购买"三金"等首饰的为3.8万元。武某向法院起诉离婚并要求返还彩礼12.6万元。

一审法院认为：武某与邢某婚后经常因家庭琐事发生矛盾，致使夫妻生活不睦，感情破裂，武某提出离婚，邢某同意离婚，遂判决准予双方离婚。武某主张邢某返还彩礼，根据实际情况，本院酌定由第三人王某向武某返还彩礼6万元。

二审法院认为：第一，对于是否应予返还彩礼的问题，由于2019年8月邢某即离家出走，双方实际共同生活的时间较短。并且在一审中，武某提供了其家庭为支出彩礼及购买房屋的举债情况及其妹妹申请助学贷款的证明，上述证据特别是借款借据虽存在集中填写的情况，但结合各方当事人对武某工资收入较低的陈述，可认定婚前彩礼的给付对武某及其家庭造成了一定的经济压力。此外，双方已办理婚姻登记并共同生活，导致最后感情破裂双方均有责任。因此，应由王某按照50%的比例向武某返还彩礼。第二，对于返

---

① 王某与武某、原审被告邢某、原审第三人邢某1离婚及返还彩礼纠纷案，甘肃省白银市中级人民法院（2020）甘04民终554号民事判决书。

还彩礼数额的问题，武某认可王某陪送的冰箱等物品应从王某收到的彩礼中予以扣除。女方购买衣服的花费，应视为武某对邢某的赠与，也应该予以扣除。上述费用合计24684元。故法院变更一审判决，要求王某向武某返还彩礼50658元，即（126000元－24684元）×50%=50658元。

二、律师分析

彩礼是以结婚为目的，按照当地风俗习惯，由一方或其家庭成员给付另一方的礼金及财物。彩礼的给付以婚姻为目的，那么，男方在离婚时是否可以要求返还呢？返还的数额又该如何确定？

在上述案例中，虽然一审法院和二审法院对返还彩礼数额的判决有所差异，但对于男方在离婚时要求返还彩礼的请求均予以认可。此外，对于彩礼返还的数额，二审法院酌情考虑了双方当事人共同生活的时间、给付彩礼给男方造成的经济压力等实际情况。

我国2020年12月29日发布的《最高人民法院关于适用〈中华人民共和国民法典〉婚姻家庭编的解释（一）》第5条规定，当事人请求返还彩礼的情形包括三种：第一，双方未办理结婚登记手续；第二，双方办理结婚登记手续但确未共同生活；第三，婚前给付并导致给付人生活困难。此外，适用第二种和第三种情形的，应当以双方离婚为条件。但是，该司法解释未对确定彩礼返还数额的标准予以明确。

对于该司法解释的理解，笔者认为：第一，从形式上讲，一方给予彩礼一般是以结婚为目的，要求对婚姻进行登记。从法律性质上讲，给付彩礼是一种以结婚为条件的赠与行为。如果没有达成结婚目的，彩礼仍归对方所有，这有违民法的公平原则。

第二，从实质上讲，一方给予彩礼往往以长久、稳定的共同生活为愿景，这也符合夫妻同居义务之要求。因此，若双方办理了结婚登记，但未共同生活，离婚时给付方要求返还彩礼，一般应当予以支持；但对于返还数额，应结合具体情况予以确定。

第三，未婚同居的彩礼能否要求返还应当结合具体事实予以判定。在司法实践中，有法院认为，对于未婚同居的彩礼应当酌情予以返还。在重庆市石柱土家族自治县法院崔诉冉某返还彩礼案中，原告按照习俗给予被告彩礼3万元，双方同居但未办理结婚登记。法院以双方已同居生活两年，且被告怀孕流产等事实为由，从照顾妇女身心健康的角度考虑，酌情认定被告返还彩礼的50%，即1.5万元。[①]但也有法院判决，未婚同居的彩礼不予返还。即双方未办理结婚登记手续，但同居时间长，生育有子女或者所送彩礼已用于共同生活及抚养子女，一方离婚时请求对方返还彩礼的，人民法院不予支持。[②]这说明未婚同居的彩礼是否应当返还，应结合具体案情予以判断，考虑当事人同居的时间、有无子女、彩礼流向等情况。这既可以避免机械适用法律造成不公，又能彰显法律的人文主义精神。

2020年5月，民政部印发《关于开展婚俗改革试点工作的指导意见》强调，积极倡导和推广体现优秀中华文化的传统婚礼，开展对天价彩礼等不正之风的整治。由此可见，彩礼在我国婚嫁习俗中较为普遍，虽然我国法律对彩礼并不禁止，也不提倡，但是对天价彩礼应当予以整治。由彩礼引发的纠纷较多，在司法实践中，应当以事实为依据，以法律为准绳，妥善解决彩礼返还纠纷，做到服判息讼、定分止争。

三、律师提示

彩礼承载着男女双方缔结婚姻的诚意与对婚后美好生活的向往。但近年来，离婚时索要婚前给付彩礼的案件较多。因此，处理好此类纠纷，对于创造良好的人际关系，维护和谐稳定的社会秩序有着重要的意义。笔者认为，在处理彩礼返还纠纷时，应当注意如下两点：

第一，对于双方未办理结婚登记的，不能仅以双方未办理结婚登记为

---

① 何福贵：《未婚同居彩礼可酌情返还》，载《人民法院报》2014年3月20日第6版。

② 山东法院民法典适用典型案例72，双方未办理结婚登记手续请求返还彩礼的处理——李某甲诉李某乙婚约财产纠纷案。

由，简单地认定彩礼应当予以返还。而应以法律为准绳，以事实为依据，充分结合案情，考虑当事人是否有同居事实、同居时间的长短、给付彩礼的数额、有无子女、有无过错、彩礼流向及当地的风俗习惯等因素，并按照照顾子女、女方和无过错方的原则，公平合理地认定彩礼应否予以返还及返还数额。

第二，对于双方已经办理结婚登记的，不能仅以双方已办理结婚登记且有共同生活为由，简单地认定彩礼不应予以返还，而应考虑当事人婚后是否共同生活、共同生活时间的长短、婚前给付是否导致给付人生活困难、给付彩礼的数额、有无子女、有无过错、彩礼流向及当地风俗习惯等因素，并按照照顾子女、女方和无过错方的原则，公平合理地认定彩礼应否予以返还及返还数额。

我国实行以法定财产制为主、约定财产制为辅的夫妻财产制。在适用上,约定财产制优先于法定财产制。夫妻双方可以在婚前或者婚姻关系存续期间书面约定婚前财产或者婚后财产归各自所有、共同所有或者部分各自所有、部分共同所有。若夫妻双方没有就夫妻财产作出约定或者约定不明,则适用法定财产制。我国的夫妻法定财产制为婚后所得共同制,[①]该制度赋予夫妻对共同所有的财产平等地享有占有、使用、收益和处分的权利。但是,在现实生活中,却存在一些夫妻通过各种手段侵害另一方共同财产利益的情况。基于种种原因,夫妻双方或者一方并不愿意离婚,但仅要求法院分割夫妻共同财产。那么,在夫妻未约定实行分别财产制的情况下,夫妻一方在婚姻关系存续期间能否要求分割夫妻共同财产呢?本节拟就此问题进行讨论。

一、案例引入

案例来源:(2021)渝0230民初6286号[②]

案情简介:张某与孙某于2018年5月登记结婚。2019年10月,双方共同按揭购买客车一辆,车价为167300元。后该车登记在孙某名下。孙某在未告知张某的情况下,于2021年5月将该车以118000元之价卖与孙某1。孙某用该车出售款偿还银行车贷67000元。孙某在出卖案涉车辆后,将卖车的情

[①] 婚后所得共同制,是指在婚姻关系存续期间,夫妻双方或一方所得的财产,除法律规定或者当事人另有约定外,均归夫妻共同所有,夫妻对共同所有的财产,平等地享有占有、使用、收益和处分的权利以及对共同债务的清偿责任等的财产制度。陈苇主编:《婚姻家庭继承法学》(第四版),中国政法大学出版社2022年版,第133页。

[②] 张某与孙某共有物分割纠纷案,重庆市丰都县人民法院(2021)渝0230民初6286号民事判决书。

况告知了张某。张某起诉要求确认其享有该车50%的份额，并判决孙某向其支付118000元的50%即59000元。

法院认为，张某与孙某婚后按揭购买的客车虽然仅登记在被告孙某名下，但双方并未约定该车仅仅属于孙某个人所有，故该车为夫妻共同财产。对该共同财产，在双方未约定各自所占比例的情况下，应各占50%的份额。孙某在未告知张某且未经张某同意的情况下，擅自将夫妻共同财产即该车辆变卖，并独自占有该车出售款项，其行为严重损害了张某的合法利益。现张某主张分割夫妻共同财产出售款项，其请求于法有据，本院予以支持。本院确认可供原、被告分割的款项为51000元（118000元－67000元）。因此，判决孙某支付张某该车辆变卖款人民币25500元。

二、律师分析

我国《民法典》第1066条规定："婚姻关系存续期间，有下列情形之一的，夫妻一方可以向人民法院请求分割共同财产：（一）一方有隐藏、转移、变卖、毁损、挥霍夫妻共同财产或者伪造夫妻共同债务等严重损害夫妻共同财产利益的行为；（二）一方负有法定扶养义务的人患重大疾病需要医治，另一方不同意支付相关医疗费用。"此外，《最高人民法院关于适用〈中华人民共和国民法典〉婚姻家庭编的解释（一）》第38条规定："婚姻关系存续期间，除民法典第一千零六十六条规定情形以外，夫妻一方请求分割共同财产的，人民法院不予支持。"在本案中，张某与孙某符合第一种准予分割夫妻共同财产的情形。孙某在婚姻关系存续期间，擅自变卖夫妻共同财产，即将购买时价值为167300元的客车，在未告知且未经张某同意的情况下，擅自变卖并独自占有该车的出售款，其行为严重损害了夫妻共同财产利益，侵害了张某的合法利益。张某请求分割该财产的，法院应予以支持。

根据上述规定，在夫妻关系存续期间，夫妻任何一方可以向法院申请分割夫妻共同财产，但是只有在存在以下两种情况时才能得到法院的支持：

一是一方有隐藏、转移、变卖、毁损、挥霍夫妻共同财产或者伪造夫妻共同债务等严重损害夫妻共同财产利益的行为。这些行为是一方故意实施的行为，而非过失所致。其中，隐藏是指将财产藏匿起来，不让他人发现，致使另一方无法获知财产的所在从而无法控制该财产。转移是指私自将财产转往他处，或者将资金取出移往其他账户，脱离另一方的掌控。变卖是指将财产折价卖给他人。如上述案例中孙某将客车变卖给了孙某1。毁损是指采用打碎、拆卸、涂抹等破坏性手段使物品失去原貌，失去或者部分失去原来具有的使用价值和价值。挥霍是指超出合理范围任意处置、浪费夫妻共同财产。伪造夫妻共同债务是指制造内容虚假的债务凭证，包括合同、欠条等，意图侵占另一方财产。① 在薛某、罗某5等婚内夫妻财产分割案件中，被告罗5某有故意隐藏、转移夫妻共同财产的行为，原告请求分割夫妻共同财产，法院予以准许。②

二是一方负有法定扶养义务的人患重大疾病需要医治，另一方不同意支付相关医疗费用。这里的"重大疾病"，《民法典》和《最高人民法院关于适用〈中华人民共和国民法典〉婚姻家庭编的解释（一）》均未作出规定。在司法实践中，可以借鉴保险行业中对重大疾病的划分范围。一般认为，某些需要长期治疗、花费较高的疾病，如糖尿病、肿瘤、脊髓灰质炎等，或者直接涉及生命安全的疾病。③ 有法院认为，"相关医疗费用"是指为治疗疾病需要的必要、合理费用，不包含营养、陪护费用。④

三、律师提示

关于夫妻一方在婚姻关系存续期间主张分割夫妻共同财产的问题，笔者认为，需要注意以下两点：

第一，我国《民法典》第1066条是关于分割夫妻共同财产的规定，仅仅

---

① 黄薇主编：《中华人民共和国民法典婚姻家庭编释义》，法律出版社2020年版，第104页。
② 广东省广州市增城区人民法院（2021）粤0118民初3972号民事判决书。
③ 黄薇主编：《中华人民共和国民法典婚姻家庭编释义》，法律出版社2020年版，第106页。
④ 吉林省通化市二道江区人民法院（2021）吉0503民初805号民事判决书。

在符合该条规定的两种情况下才能分割夫妻共同财产。

第二，夫妻一方必须有充分的证据证明存在《民法典》第1066条规定的两种情形，否则法院不支持夫妻共同财产的分割。但在许多案件中，夫妻一方由于未能举证存在法定情形而未得到法院支持。[①]

---

① 新疆维吾尔自治区乌鲁木齐市沙依巴克区人民法院（2021）新0103民初11698号民事判决书；湖南省永州市中级人民法院（2022）湘11民终1034号民事判决书；甘肃省平凉市中级人民法院（2021）甘08民终1478号民事判决书。

离婚时双方对夫妻共同财产中的房屋价值及归属无法达成协议，如何处理？

在离婚诉讼中，鉴于各种情况，难免存在夫妻双方对属于夫妻共同财产的房屋的归属或价值无法达成一致的情况。若离婚时夫妻双方无法就共同所有的房屋的归属或价值达成一致，该如何处理呢？本节拟就此问题进行探讨。

一、案例引入

案例来源：（2019）青2524民再4号①

案情简介：1992年1月，原审原告斗某与原审被告周某1经人介绍后结为夫妻。2008年，双方在青海省××县购买房屋一套，首付款为55323.18元，2009年6月2日，原审被告向中国农业银行兴海县支行申请公积金贷款12万元，购房总价是175323.18元。2014年6月，法院受理原告斗某与被告周某1离婚纠纷一案。2014年8月7日，法院作出（2014）兴民初字第184号民事调解书，该调解书第一项内容为调解双方离婚，第三项内容为位于××县的房屋由婚生长子继承……斗某在再审过程中向法院提出依法撤销（2014）兴民初字第184号民事调解书第三项并依法改判。在审理过程中，原审原、被告双方均主张对该房屋的所有权。

法院认为，双方对夫妻共同财产中的房屋价值及归属无法达成协议时，人民法院应按以下方式处理：双方均主张房屋所有权并且同意竞价取得的，应当准许。本案中，双方当事人于2008年购买位于青海省××县的房屋一套，该房屋属双方的夫妻共同财产，从原审被告提交的证据证实该房屋购房总价175323.18元，首付款为55323.18元，原审被告向中国农业银行兴海县支行偿还公积金贷款及利息共计177459.48元。由于原审原、被告

---

① 斗某与周某1离婚纠纷案，青海省兴海县人民法院（2019）青2524民再4号民事判决书。

双方均主张房屋所有权，原审原告同意竞价627050元，原审被告同意竞价300000元，因原审原告竞价高于原审被告，根据公平原则应由原审原告获得该房屋所有权，并对原审被告进行现金补偿（627050元/2-55323.18元/2-177459.48元/2）=197133.67元。遂判决房屋归原告斗某所有，斗某给付被告周某1房屋现金补偿197133.67元。

二、律师分析

我国《最高人民法院关于适用〈中华人民共和国民法典〉婚姻家庭编的解释（一）》第76条规定："双方对夫妻共同财产中的房屋价值及归属无法达成协议时，人民法院按以下情形分别处理：（一）双方均主张房屋所有权并且同意竞价取得的，应当准许；（二）一方主张房屋所有权的，由评估机构按市场价格对房屋作出评估，取得房屋所有权的一方应当给予另一方相应的补偿；（三）双方均不主张房屋所有权的，根据当事人的申请拍卖、变卖房屋，就所得价款进行分割。"本案中，斗某与周某1均主张房屋所有权并且同意竞价取得。由于原告斗某的竞价高于被告，因此，应由斗某取得房屋所有权，并对周某1进行现金补偿。

《最高人民法院关于适用〈中华人民共和国民法典〉婚姻家庭编的解释（一）》第76条是关于离婚时夫妻双方对房产分割无法达成一致协议时，人民法院如何处理的规定。本条基本保留了《最高人民法院关于适用〈中华人民共和国婚姻法〉若干问题的解释（二）》（已失效）第20条的规定，对于第3项规定的夫妻双方均不主张房屋所有权的情况，在拍卖基础上，增加变卖作为处置争议房屋的方式。根据该条的规定，双方对夫妻共同财产中的房屋价值及归属无法达成协议，处理情形共有三种：

（1）双方均主张房屋所有权且同意竞价取得的，通过竞价取得。通过竞价的方式，由出价更高者获得房屋所有权，并对另一方进行补偿。例如，在上述案例中，由斗某取得房屋所有权，并给付周某1房屋现金补偿197133.67元。

（2）一方主张房屋所有权的，评估后进行补偿。即一方主张房屋所有权的，由评估机构按市场价格对房屋作出评估，取得房屋所有权的一方应当给予另一方相应的补偿。①在吕某1与陈某离婚后财产纠纷案②中，一审法院认为，陈某与吕某1的房产经评估价值为人民币200.22万元，陈某主张补偿给吕某1财产分割费50万元，但补偿费过低，该院予以调整，调整为陈某补偿给吕某1的财产分割费为人民币100万元。二审法院认为，一方主张房屋所有权的，由评估机构按市场价格对房屋作出评估，取得房屋所有权的一方应当给予另一方相应的补偿。陈某与吕某1的上述房产经评估价值为人民币200.22万元，一审判决判令陈某补偿给吕某1的财产分割费为人民币100万元并无不当，本院予以维持。

（3）双方均不主张房屋所有权，拍卖、变卖后分割价款。即双方均不主张房屋所有权的，根据当事人的申请拍卖、变卖房屋，就所得价款进行分割。根据《拍卖法》第3—4条的规定，拍卖是指以公开竞价的形式，将特定物品或者财产权利转让给最高应价者的买卖方式。拍卖活动应当遵守有关法律、行政法规，遵循公开、公平、公正、诚实信用的原则。在郭某、樊某离婚后财产纠纷案③中，原告郭某请求法院对涉案房屋进行评估拍卖，并对拍卖款进行分割，由原被告各占50%。被告樊某要求增加对房屋占有的份额。一审法院认为，涉案房屋应当采取拍卖、变卖方式进行分割，拍卖、变卖所得价款由双方各占50%。被告要求对涉案房屋多分，依据不足，本院不予支持。遂判决郭某与樊某将共有房屋予以拍卖或变卖，所得价款由郭某和樊某各占二分之一。二审法院认为，在双方当事人均表明不同意购买对方产权份额的前提下，一审判决按拍卖、变卖的方式对案涉房屋所得价款进行平均分配的处分并无不当，本院予以确认。并驳回上诉，维持原判。

---

① 《资产评估法》第2条规定："本法所称资产评估（以下称评估），是指评估机构及其评估专业人员根据委托对不动产、动产、无形资产、企业价值、资产损失或者其他经济权益进行评定、估算，并出具评估报告的专业服务行为。"第4条规定："评估机构及其评估专业人员开展业务应当遵守法律、行政法规和评估准则，遵循独立、客观、公正的原则。评估机构及其评估专业人员依法开展业务，受法律保护。"

② 广西壮族自治区玉林市中级人民法院（2020）桂09民终1286号民事判决书。

③ 广东省广州市中级人民法院（2022）粤01民终4073号民事判决书。

三、律师提示

关于离婚时夫妻双方对房产分割无法达成一致时的处理，笔者认为，应注意以下两点：

第一，我国《民法典》第1087条将照顾子女、女方和无过错方权益作为离婚夫妻共同财产分割的基本原则，因此人民法院根据本条规定对房屋的归属和价值进行认定时，在竞价、评估后补偿或拍卖、变卖后分割价款时，应当按照照顾子女、女方和无过错方权益的原则判决，以切实保护子女、女方和无过错方的权益。

第二，《最高人民法院关于适用〈中华人民共和国民法典〉婚姻家庭编的解释（一）》第76条的适用以房屋为夫妻双方共有为前提。根据该条的规定，无论夫妻双方是通过协商一致确定房屋的价值或归属，还是由人民法院根据不同的情况通过竞价、评估或拍卖、变卖的方式确定如何归属或分割，都必须以夫妻双方对房屋享有所有权为前提。如果夫妻双方不享有所有权，或所有权在离婚诉讼期间尚处于不明或不能确定的状态，就不享有对房屋进行占有、使用、收益和处分的权利。人民法院也将缺乏予以确定归属或分割价值的合法依据。因此适用本条的规定须以夫妻双方对房屋享有所有权为前提。

第二十七节 | 夫妻忠诚协议在离婚时的效力如何认定?

夫妻忠诚协议,是指夫妻双方经平等协商约定的、以违约金或赔偿金为责任形式对夫妻双方的忠实义务进行规范的协议。[①]在实践中,忠诚协议的称谓有"忠诚承诺书""忠诚保证书"等。违反夫妻忠诚协议,具体应该指夫妻一方与第三方发生不正当关系或有其他违背忠诚义务的行为,给遵守忠诚义务的一方在物质上、精神上造成了损害,因而需要违约方给予守约方一定数额的损害赔偿。相爱简单相守难。处在热恋中的情侣往往会许下浪漫的海誓山盟来证明自己对爱情的坚贞。除了许下诺言,有的情侣还会通过签署"忠诚协议"等方式来巩固这份承诺。那么,"忠诚协议"在离婚时的效力如何认定呢?本节将就此问题进行探讨。

一、案例引入

案例来源:《人民司法》[②]

案情简介:1999年8月,王某1与赵某登记结婚,婚后育有一子。2001年1月,王某1与赵某签订协议书一份,约定:夫妻之间应相互尊重,相互帮助,爱护对方,彼此忠诚对待。如一方道德品质出现问题,向对方提出离婚,必须赔偿对方精神损失费和青春损失费共计人民币30万元。2004年秋,双方因家务琐事生气,王某1离家在外租房居住。分居期间,赵某发现王某1与一女子有婚外情,并提供了照片和录音资料等证据予以证实。2005年3月,王某1曾提起诉讼,要求与赵某离婚,法院判决不准离婚。2007年,王某1再次提起离婚诉讼,赵某提起反诉,要求判决与王某1离婚,王某1依约支付违反忠诚协议的违约金(即双方约定的精神损失费)15万元。

---

① 姚秋英:《婚姻效力研究》,中国政法大学出版社2013年版,第155页。
② 孙书灵、高魁、潘龙峰:《夫妻忠诚协议的效力》,载《人民司法》2009年第22期,第76页。

法院认为，夫妻感情破裂，且双方均要求离婚，准予离婚。王某1在与赵某婚姻关系存续期间与他人同居，使赵某在精神上遭受本不需要其承担的烦恼和伤害，赵某作为无过错方，有权请求损害赔偿。结合本案实际情况及本地经济发展水平，判决王某1支付赵某精神损害费3万元。赵某提起上诉，上诉法院发回重审。

法院重审认为，忠诚协议系原、被告双方婚姻关系存续期间为了实现相互尊重，彼此忠诚对待的目的而签订的，该协议书系双方真实意思表示，且不违反法律规定，应当认定有效。双方分居期间王某1与其他女人产生婚外情，导致夫妻感情破裂，使赵某遭受精神伤害。王某1违反协议约定，亦违反夫妻应当互相忠实的法律规定，应当按照协议的约定对无过错方赵某予以赔偿。但赵某主张青春损失费不符合法律规定，本院不予支持。结合本案的实际情况以及王某1收入状况和本地的生活水平，酌情认定精神损失费为15万元。

二、律师分析

我国《民法典》第1043条第2款规定了"夫妻应当互相忠实，互相尊重，互相关爱……"该规定明确了夫妻之间的忠实义务。虽然此为倡导性规定，旨在维护婚姻的稳定，鼓励彼此忠诚，遵守婚姻伦理，维护婚姻权益。但是，这也不妨碍夫妻为赋予忠实义务以法律强制力而自愿以民事协议的形式将此道德义务转化为法律义务，但此类协议应是双方真实的意思表示，不违反法律、行政法规的强制性规定，不违背社会公序良俗。本案中，王某1与赵某签订的忠诚协议是与财产有关的身份协议。该协议约定一方有违背忠诚的情况，向对方提出离婚的，则必须赔偿对方精神损失费。该约定系双方真实的意思表示，既不违反法律、行政法规的强制性规定，也不违背社会公序良俗，应认定为有效；而协议中关于青春损失费的约定，因违背公序良俗，应为无效约定。[①]

夫妻忠诚协议的效力。在学界和司法界对夫妻忠诚协议的效力有"有效论"与"无效论"之争。司法实践中的忠诚协议，有教授认为，主要有两项内容：一是人身关系协议。即夫妻应相互忠实。若发生婚外情等违反忠实义务的情况，即必须同意离婚并放弃监护、探望子女的权利。二是财产关系协议。若发生婚外情等违反忠实义务的情况，即须在离婚时放弃财产所有权并承担损害赔偿责任。[②]

1. 与人身有关的夫妻忠诚协议的效力

夫妻忠诚协议中与人身有关的内容，主要体现在以下三个方面：

第一，约定离婚的效力。即夫妻忠诚协议约定一方违反忠诚约定即须离婚。此约定不必然具有法律效力，夫妻双方是否离婚应依据夫妻双方的意愿和婚姻关系的本质——感情确已破裂，调解无效，予以确定。需要注意的是，忠诚协议中限制离婚自由的内容并不必然导致整个忠诚协议无效。如果忠诚协议既约定了限制离婚自由的内容，又约定了关于财产方面的内容，若关于财产方面的内容合法有效，则限制离婚自由的内容无效并不影响关于财产方面的内容的效力。例如，在李某1、王某甲离婚纠纷案[③]中，法院认为，李某1与王某甲签订的婚姻协议书系对原告离婚自由的限制，违反了婚姻自由的法律规定，对该条款应当认定为无效，但该条款无效不影响协议书中其他内容的证明效力。被告提供的邮件截图、短信，能够印证婚姻协议书和说明材料中的内容，能够认定原告对被告有不忠的行为，未尽到夫妻忠实义务，在导致双方感情破裂问题上，原告具有过错，故支持被告要求原告承担精神损害赔偿的主张。

第二，约定监护权丧失的效力。即夫妻忠诚协议中约定夫妻一方违反忠诚约定即须丧失子女监护权。我国《民法典》第36条第1款规定："监护人

[①] 我国《民法典》第153条第2款规定："违背公序良俗的民事法律行为无效。"

[②] 王歌雅：《社会排挤与女性婚姻家庭权益的法律保障》，黑龙江人民出版社2019年版，第132—137页。

[③] 辽宁省抚顺市中级人民法院（2016）辽04民终296号民事判决书。

有下列情形之一的，人民法院根据有关个人或者组织的申请，撤销其监护人资格，安排必要的临时监护措施，并按照最有利于被监护人的原则依法指定监护人：（一）实施严重损害被监护人身心健康的行为；（二）怠于履行监护职责，或者无法履行监护职责且拒绝将监护职责部分或者全部委托给他人，导致被监护人处于危困状态；（三）实施严重侵害被监护人合法权益的其他行为。"可见，违反忠诚协议的一方是否丧失对未成年子女的监护权，并不取决于夫妻双方的约定，而取决于夫妻一方作为监护人是否实施了严重损害被监护人身心健康的行为，是否履行了监护职责，是否实施了严重侵犯被监护人合法权益的其他行为。因此，约定违反忠诚协议的一方监护权丧失的忠诚协议并不必然发生法律效力。

第三，约定探望权丧失的效力。即夫妻忠诚协议约定一方违反忠诚协议即丧失探望权，该约定并不必然发生法律效力。我国《民法典》第1086条规定："离婚后，不直接抚养子女的父或者母，有探望子女的权利，另一方有协助的义务。行使探望权利的方式、时间由当事人协议；协议不成的，由人民法院判决。父或者母探望子女，不利于子女身心健康的，由人民法院依法中止探望；中止的事由消失后，应当恢复探望。"根据该规定，探望权是法律赋予未直接抚养子女一方的法定权利，只能根据法定情况予以中止，但不可被剥夺。当事人不能通过约定的方式排除或者剥夺一方的探望权。

2.与财产有关的夫妻忠诚协议的效力

夫妻忠诚协议本质上是一种民事法律行为。我国《民法典》第143条规定："具备下列条件的民事法律行为有效：（一）行为人具有相应的民事行为能力；（二）意思表示真实；（三）不违反法律、行政法规的强制性规定，不违背公序良俗。"笔者认为，夫妻忠诚协议中与财产有关的约定，只要签订忠诚协议时夫妻双方具有相应的民事行为能力，意思表示真实，协议不违反法律、行政法规的强制性规定，不违背公序良俗，则应当认定为有效。当离婚时，无过错方可以请求违背夫妻忠实协议的一方按约定承担财产责任。

司法实践中曾有一个有名的"空床费"案例：王某某与尹某于1990年1月登记结婚，由于尹某因工作原因经常不回家住，2000年7月双方约定，如尹某晚上12点至早上7点不在家居住，每1小时支付"空床费"100元。事后由于尹某不回家居住，双方经常发生纠纷，尹某共计向王某某出具了欠其"空床费"4000元的欠条。后由于尹某家暴，王某某向法院起诉离婚，并主张该空床费4000元。经审理，二审法院确认在婚姻关系存续期间，尹某未尽陪伴义务，该空床费是给予王某某的补偿费用，该约定不违反法律、行政法规的禁止性规定，真实有效，予以支持。[1]

还有一起案例，某夫妻双方到容县县底镇人民政府民政部门自愿登记结婚并共同生活，婚后生育3个孩子。2016年11月，双方自愿登记离婚，领取离婚证并订立《离婚协议书》。该《离婚协议书》约定：由于这一年以来女方没有对男方履行妻子应尽的义务，没有与男方过夫妻生活，因此从2016年4月至10月的已交房贷款，女方应如数退还给男方。最终，法院认为《离婚协议书》是原、被告双方到法定婚姻登记机关自愿达成、签订并备案的协议，反映双方处分财产的合意，未违反法律相关规定，未发现此协议存在欺诈、胁迫等情况，故认定《离婚协议书》有效，对当事人具有法律约束力。[2]

这种"空床费"协议的实质是在一方无正当理由不能在约定的时间内陪伴另一方的情况下，自愿以支付一定数额金钱的方式对另一方进行补偿。这种协议内容系当事人真实的意思表示，不违反法律、行政法规的禁止性规定，不违背善良风俗，理应在法律上得到认可。人民法院在审理此类纠纷时，一般应审查双方当事人在签订协议时有无欺诈、胁迫的情形，如果完全出于双方自愿，协议内容又无违法且符合公序良俗原则，一般认定为有效协议。

有人担心支持这类"空床费"的协议，可能使人们误认为支付了"空床

①　参见重庆市第一中级人民法院（2004）渝一中民终字第3442号民事判决书。
②　参见广西壮族自治区容县人民法院（2017）桂0921民初1913号民事判决书。

费"就可以不履行夫妻相关义务。笔者认为认定"空床费"协议有效并不意味着支付了所谓的"空床费"就可以不履行夫妻相关义务。双方之所以签订这样的协议，本意是希望能用经济赔偿的方法把另一方留在自己身边，而另一方之所以会签订"空床费"协议，恐怕也是出于稳定婚姻的考虑，不得不为自己夜不归宿的行为付出经济上的代价。

需要注意的是，按照有约定从约定，无约定从法定的规则，若夫妻之间没有与财产有关的夫妻忠诚协议，那么离婚时，根据我国《民法典》第1091条的规定，若一方有重婚、与他人同居等重大过错，导致离婚的，无过错方可以请求离婚损害赔偿。

综上，笔者认为，夫妻忠诚协议是否有效，须具体情况具体分析。夫妻忠诚协议中与身份有关的内容，不能仅依照协议的约定处理，而应根据相关法律的规定公正合理地作出判决。夫妻忠诚协议中与财产有关的内容，如果作出约定时夫妻双方具有相应的民事行为能力，意思表示真实，协议不违反法律、行政法规的强制性规定，不违背公序良俗，则应当认定为有效，但在具体财产数额的确定上可以根据实际情况作出调整。

三、律师提示

在社会生活中，基于夫妻情感不忠引发离婚的情况不在少数，这严重影响了婚姻的稳定。因此，不少夫妻将签订夫妻忠诚协议视为对婚姻的保障。关于夫妻忠诚协议，笔者认为，需要注意：

第一，夫妻不能仅以一方违反忠实义务为由起诉。我国《最高人民法院关于适用〈中华人民共和国民法典〉婚姻家庭编的解释（一）》第4条规定："当事人仅以民法典第一千零四十三条为依据提起诉讼的，人民法院不予受理；已经受理的，裁定驳回起诉。"

第二，在司法实践中，关于忠诚协议效力的认定是存在争议的，有的法院判定有效，有的法院判定无效。在前述案例中，法院认为关于精神损害的部分忠诚协议有效。但是在李某与马某离婚纠纷案^①中，法院认为，李某与马某夫妻感情确已破裂，准予离婚。双方签订的"忠诚协议"，不属于法律所规定的夫妻财产约定情形，马某主张按照婚内协议处理子女抚养及财产分割无法律依据，但考虑李某在婚姻中的明显过错等因素，应对无过错的马某在财产分割上予以照顾。综合本案实际情况，从照顾子女和女方权益角度出发，判决女儿随马某共同生活，并由马某分得70%的夫妻共同财产。即在该案中，夫妻忠诚协议中关于财产约定的内容的效力法院也不予认可。

第三，夫妻签订忠诚协议应谨慎。具体而言，在签订忠诚协议时，应满足以下条件：^②一是夫妻双方应当在平等自愿的基础上签署忠诚协议，它直接决定着忠诚协议的效力。协议应符合民事法律行为的有效要件。根据我国《民法典》第1065条的规定，夫妻有权通过协议的方式对夫妻共同财产及双方个人的财产进行处分。在夫妻双方均具备完全民事行为能力，平等协商作出真实意思表示，不存在胁迫、欺诈、重大误解，未损害他人和社会公共利益的情况下，忠诚协议内容合法有效，对协议双方均具有约束力。

二是忠诚协议不得约定限制离婚，排除抚养权、探望权，人身伤害，侵犯隐私权等内容。忠诚协议不得约定"不许离婚、终身厮守"等字样，禁止或限制离婚违反了离婚自由原则；不得约定"丧失子女抚养权、探望权"等内容，此种约定剥脱了父母享有的法定抚养权、探望权，亦侵害了子女的合法利益；不得约定"如出轨、不忠自断五指、将出轨视频发到网上、当众跪下乞求原谅"等内容，此种约定侵害了过错方生命健康权、人格尊严权，亦可能侵害第三者的隐私权。

---

① 江苏省淮安市清江浦区人民法院发布8起妇女权益保护典型案例之四：李某与马某离婚纠纷案——忠诚协议虽不受保护 无过错妇女应该照顾。发布日期：2022年3月7日。基本案情：李某（男）与马某（女）于2012年登记结婚并生有一女。婚后李某与异性罗某存在不正当交往，导致罗某两次怀孕。2017年1月，李某与马某签订婚内协议一份，约定今后双方互相忠诚，如因一方过错行为（婚外情等）造成离婚，女儿由无过错方抚养，过错方放弃夫妻名下所有财产，并补偿无过错方人民币20万元。协议签订后，李某仍与罗某保持交往，罗某于2017年7月产下一子。后李某向法院起诉离婚，马某同意离婚，但主张按照婚内协议约定，处理子女抚养和夫妻共同财产分割。

② 参见贡小娟：《以案说法：忠诚协议这样签订才有效》，北大法宝·律所实务库。

三是忠诚协议财产约定内容应合理适当且具有可操作性。根据《深圳市中级人民法院关于审理婚姻家庭纠纷案件的裁判指引》（2014修订）第37条之规定：一方当事人以另一方当事人违反忠诚协议导致离婚为由请求另一方当事人在离婚时履行其在忠诚协议中所作损害赔偿承诺的，人民法院应予支持，但该忠诚协议约定的损害赔偿数额过高时，人民法院可以适当调整。因此，忠诚义务的赔偿责任应有限度，忠诚协议约定赔偿金额应适当，不能显失公平，不得超出过错方承受范围，影响过错方基本生活及履行子女抚养、老人赡养的法定义务。如约定过高，过错方亦可请求法院予以调整。再如对"净身出户"这一惩罚性条款需两面看待，一方面，如果在法庭上出轨方愿意执行双方关于"净身出户"的约定，法院一般会从其约定判处。另一方面，如果出轨方举证说明净身出户会给其带来生活上困难时，法院会基于公平原则，并在结合双方现实经济能力的基础上参照忠诚协议作出裁判。

　　四是夫妻忠诚协议应当对夫妻间发生的事实进行概述，事实包括签订双方身份信息、婚姻登记信息，以及双方承认的曾经不利于忠诚的事实。相较于收集其他能够证明出轨方出轨的证据，忠诚协议对出轨事实进行约定，无疑减轻了在收集出轨证据方面的压力。让过错方以书面的形式对自己违反夫妻间忠诚义务的行为进行确认，这是无过错方掌握有过错方的有力事实证据。当然，提起离婚诉讼证明对方具有出轨行为仅仅依靠忠诚协议还不能达到让法院确信的程度，仍然需要无过错方提供其他证据来加以印证。

第五章
夫妻共同债务的认定与处理

法律必须被信仰，否则它将形同虚设。

——［美］伯尔曼

本章导读

◆ 我国夫妻共同债务的认定规则是什么?

◆ 离婚时夫妻共同债务如何处理?

◆ 夫妻一方对外担保之债能否认定为夫妻共同债务?

◆ 一方在离婚后偿还了夫妻共同债务,其是否有权向另一方追偿?

◆ 夫妻一方婚前债务用于婚前共同生活,该方偿还后是否有权向另一方追偿?

◆ 婚后一方以个人名义所负债务,另一方是否需要共同偿还?

◆ 夫妻一方死亡后,婚姻关系存续期间的共同债务如何清偿?

第一节 ｜ 我国夫妻共同债务的认定规则是什么？

夫妻共同债务问题事关夫妻双方特别是未举债一方和债权人合法权益的保护，事关婚姻家庭的稳定和市场交易安全的维护。在我国《民法典》实施后，夫妻共同债务的认定规则是什么？本节拟就此问题进行探讨。

一、案例引入

案例来源：（2020）赣07民终3931号[①]

案情简介：被告邓某与钟某于1989年12月登记结婚。邓某因做生意需资金周转，于2017年1月和11月分别向梁某借款40万元和10万元，2017年1月，原告将借款40万元转账至邓某账户，邓某收到该借款后当天即将39000元转账给了钟某用于支付两被告向农村信用社的贷款利息。由于邓某未及时还款，梁某诉至法院，法院判决邓某归还原告借款本金50万元及利息。梁某于2019年3月向法院申请强制执行，但至今未全部执行到位。梁某起诉请求确认钟某为共同债务人并承担清偿义务。

一审法院认为，两笔借款金额高达50万元，明显属于超出家庭日常生活需要所负债务，被告钟某也未认可，故不能认定为本案借款是基于夫妻双方共同意思表示。但从借款的资金流向来看，邓某向原告借到40万元后立即向钟某转账39000元，被告钟某认可该39000元系用于归还两被告共同向信用社的贷款利息，故应当认定该39000元为夫妻共同债务；其余借款461000元由邓某个人支配、使用，原告也未提供证据证明邓某将其余借款用于其与钟某夫妻关系存续期间的家庭共同经营、生活，故应当认定该461000元借款为被告邓某的个人债务。梁某不服，向法院提起上诉。二审法院遂判决驳回上诉，维持原判。

[①] 梁某、邓某确认夫妻共同债务纠纷案，江西省赣州市中级人民法院（2020）赣07民终3931号民事判决书。

二、律师分析

我国《民法典》第1064条规定："夫妻双方共同签名或者夫妻一方事后追认等共同意思表示所负的债务，以及夫妻一方在婚姻关系存续期间以个人名义为家庭日常生活需要所负的债务，属于夫妻共同债务。夫妻一方在婚姻关系存续期间以个人名义超出家庭日常生活需要所负的债务，不属于夫妻共同债务；但是，债权人能够证明该债务用于夫妻共同生活、共同生产经营或者基于夫妻双方共同意思表示的除外。"本条是关于我国夫妻共同债务的规定。

本案中，邓某向梁某借款50万元。首先，邓某的该笔借款并非邓某与钟某共同签名所负的债务，钟某也并未对该笔债务进行追认，因此该笔债务不是夫妻双方基于共同意思表示所负的债务。其次，邓某所借的该笔借款数额较大，已经超出了家庭日常生活需要，因此也不能将50万元全部认定为夫妻共同债务。最后，除了邓某将借款向钟某转账39000元外，梁某未能提供充分证据证明将剩下的461000元用于邓某夫妻共同生活、共同生产经营。基于上述三个方面的理由，仅能证明39000元借款属于夫妻共同债务，剩下的461000元应为夫妻一方即邓某的个人债务。

根据我国《民法典》及相关司法解释，我国夫妻共同债务的认定规则可以分为以下三类：[①]

第一，合意规则，即夫妻双方合意的规则。该规则是指对于夫妻一方婚前婚后所欠的债务，夫妻双方可以约定为夫妻共同债务；对于夫妻一方婚姻期间所欠的债务，夫妻双方可以共同签名或事后追认的方式承认为共同债务。根据我国《民法典》第1064条第1款的规定，夫妻双方共同签名或者夫妻一方事后追认等共同意思表示所负的债务，属于夫妻共同债务。基于合意规则认定的夫妻共同债务，属于约定的夫妻共同债务，是民法意思自治原则在夫妻债务认定上的体现。

---

① 陈苇主编：《婚姻家庭继承法学》（第四版），中国政法大学出版社2022年版，第146-147页。

第二，家事代理权规则。该规则是指夫妻一方在婚姻期间以个人名义为家庭日常生活所需的负债，被推定为夫妻共同债务。我国《民法典》第1060条第1款规定："夫妻一方因家庭日常生活需要而实施的民事法律行为，对夫妻双方发生效力，但是夫妻一方与相对人另有约定的除外。"第1064条第1款规定："……夫妻一方在婚姻关系存续期间以个人名义为家庭日常生活需要所负的债务，属于夫妻共同债务。"基于上述规定，根据家事代理权规则认定的夫妻共同债务，也属于法定的夫妻共同债务。

第三，用途规则，即共同生活或共同收益的用途规则。该规则是指夫妻一方或双方为共同生活或者共同生产、经营、投资所负的债务，应当认定为夫妻共同债务。即该债务是被用于家庭的共同生活，共同生产、经营或为共同财产收益之投资而形成的。我国《民法典》第1064条第2款规定："夫妻一方在婚姻关系存续期间以个人名义超出家庭日常生活需要所负的债务，不属于夫妻共同债务；但是，债权人能够证明该债务用于夫妻共同生活、共同生产经营或者基于夫妻双方共同意思表示的除外。"《最高人民法院关于适用〈中华人民共和国民法典〉婚姻家庭编的解释（一）》第33条规定："债权人就一方婚前所负个人债务向债务人的配偶主张权利的，人民法院不予支持。但债权人能够证明所负债务用于婚后家庭共同生活的除外。"以上规定体现了夫妻共同债务认定之用途规则。基于该规则认定夫妻为共同生活、共同生产经营或为共同财产投资所负的债务为夫妻共同债务，此为法定的夫妻共同债务。

综上，我国《民法典》及相关司法解释明确了我国夫妻共同债务认定的规则包括合意规则、家事代理权规则和用途规则。这既有利于引导民众依法设立或认定夫妻共同债务，维护财产权益，又有利于为司法机关、法律实务人员认定夫妻共同债务提供明确的法律依据。对于保护当事人的财产权益、第三人的合法权益以及维护市场交易秩序意义重大。

三、律师提示

第一，我国《民法典》第1064条规定了三类比较重要的夫妻共同债务，但在实践中还存在依据法律规定产生的其他种类的夫妻共同债务。例如，夫妻因共同侵权所负的债务；[①]夫妻因被监护人侵权所负的债务[②]。

第二，对基于"用途规则"认定夫妻共同债务的，债权人负有举证责任。即如果债权人能够证明债务被用于夫妻共同生活、共同生产经营或者基于夫妻双方意思表示的，则夫妻一方在婚姻关系存续期间以个人名义超出家庭日常生活需要所负的债务为夫妻共同债务。因此债权人在建立债权债务关系时，应尽到谨慎义务。

---

① 我国《民法典》第 1168 条规定："二人以上共同实施侵权行为，造成他人损害的，应当承担连带责任。"

② 我国《民法典》第 1188 条第 1 款规定："无民事行为能力人、限制民事行为能力人造成他人损害的，由监护人承担侵权责任。监护人尽到监护职责的，可以减轻其侵权责任。"

第二节 ▎ 离婚时夫妻共同债务如何处理？

夫妻共同债务是指夫妻在婚姻关系存续期间因婚姻共同生活等所负的债务。[①]夫妻在婚姻关系存续期间，难免与他人发生债权债务关系。双方在离婚时，对于夫妻共同债务应该如何处理，本节拟就此问题进行探讨。

一、案例引入

案例来源：（2021）云 2323 民初 720 号[②]

案情简介：原告李某 1 与被告果某在婚姻关系存续期间购买房屋一套。购买房屋时向银行贷款的 13 万元已经偿还。因购买客车李某 1 刷卡支付了部分车款，目前尚欠农业银行信用卡债务（含利息）为 61350 元。共同财产包括新建的住房一栋、购买的房屋一套、客车及 AM 牌电瓶车、KJ 电视机、XTE 洗衣机及被告购买的 HK 康保险一份等，但未提到现金或存款。2021 年 6 月，李某 1 以夫妻感情确已破裂为由向法院起诉离婚，并请求判令住房按揭贷款 88000 元、向普某借款 50000 元、向李某华借款 20000 元及欠建房钢筋款 30000 元平均承担。

法院认为，李某 1 起诉与果某离婚，果某同意离婚，本院依法准予离婚。李某 1 购买车子时所欠农业银行信用卡的债务 61350 元，因该债务产生于婚姻关系存续期间，且系购买夫妻共同财产车子的支出，因此，该债务属于夫妻共同债务，应当由双方共同偿还，根据照顾子女、女方权益的原则及被告抚养次子需要支出的抚养费大于原告抚养长子支出的费用的原则，本院认定该债务由李某 1 承担 41350 元，由果某承担 20000 元。对于原告主张的欠住房按揭贷款 88000 元，双方提交的证据均已证实该债务已经清偿，因此本院对

189

---

① 房绍坤、范李瑛、张洪波：《婚姻家庭继承法》，中国人民大学出版社 2021 年版，第 92 页。

② 李某 1、果某离婚纠纷案，云南省牟定县人民法院（2021）云 2323 民初 720 号民事判决书。

该项主张不予支持。对原告主张的向普某借款50000元、向李某华借款20000元及欠建房钢筋款30000元由双方平均承担的主张，因被告对上述主张均不予认可，原告除提交借条和欠条复印件外，未向本院提交其他证据与之相印证，本院对该债务的真实性无法核实，故对原告的该项诉讼请求不予支持。

二、律师分析

我国《民法典》第1089条规定"离婚时，夫妻共同债务应当共同偿还。共同财产不足清偿或者财产归各自所有的，由双方协议清偿；协议不成的，由人民法院判决"。本案中，法院确认的李某1与果某的夫妻共同债务61350元，由李某1与果某共同偿还。根据我国《民法典》第1089条的规定，对于夫妻共同债务，首先用夫妻共同财产进行清偿。在本案中，双方所负的债务为农业银行信用卡的债务，一般应用金钱进行偿还。但夫妻的共同财产为实物，未提到留有现金。因此法院并未先判决由双方夫妻共同财产进行清偿，而是判决双方各承担一部分。法院在判决确定债务清偿时，考虑了照顾子女、女方权益的原则和被告抚养次子需要支出的抚养费大于原告抚养长子支出的费用的原则。最终法院判决由李某1承担41350元，由果某承担20000元。

我国《民法典》第1089条是关于离婚时夫妻共同债务清偿的规定。根据该条规定，夫妻共同债务的清偿方式有三种：

第一，共同财产清偿。婚姻关系终结时，夫妻共同债务应当遵循的是共同债务共同清偿原则。依法属于夫妻共同债务的，夫妻应当以共同财产进行偿还。即首先用夫妻共同财产进行清偿。

第二，协议清偿。夫妻共同财产不足以清偿的，或者双方约定财产归各自所有而没有共同财产清偿的，夫妻双方对共同债务如何偿还以及清偿比例等，可以由双方当事人协商确定。在杨某与丁某离婚后财产纠纷案[1]中，法院认为，杨某与丁某登记离婚时，离婚协议明确约定了夫妻共同债务的处理，该约定明确夫妻共同债务由丁某承担5万元，并直接给付杨某，其余债务全

---

[1] 安徽省马鞍山市博望区人民法院（2020）皖0506民初653号民事判决书。

部由杨某承担，这是双方真实意思的表示，不违反法律和行政法规的强制性规定，合法有效，当事人应按约履行。按离婚协议约定，已届还款期限的有3万元，扣除已付的5000元，余款25000元，丁某应及时给付。尚有2万元付款期限未到期，杨某现无权主张，其可待付款期限届满后，再行主张。

此外，双方对债务清偿达成的协议只是夫妻的内部约定，仅具有对内效力，不具有对外效力，故不能对抗债权人。即使双方对债务处理进行了约定，离婚的双方当事人对共同债务仍然负有连带清偿责任。

第三，判决清偿。如果夫妻共同财产不足以清偿共同债务，或者双方约定财产归各自所有而没有共同财产清偿，且双方对共同的债务清偿不能达成一致意见的，由人民法院考虑双方当事人的具体情况依法判决确定。离婚的双方当事人对共同债务仍负有连带清偿责任。

三、律师提示

《民法典》第1064条对夫妻共同债务的认定作出了规定，该法第1089条则对离婚时夫妻共同债务的清偿进行了规定。关于夫妻共同债务的清偿，笔者认为：

第一，夫妻共同债务属于连带债务，在对外关系上，夫妻双方应当依法对债权人承担连带清偿责任，但在对内关系上，夫妻双方应当如何确定清偿责任，该法第1089条作了明确规定。[①]

第二，对于夫妻共同债务的清偿，双方对清偿方式、清偿比例等的约定，仅在双方当事人之间有效，对债权人没有法律约束力，债权人可以要求双方或者任何一方对部分或全部夫妻共同债务进行清偿。

第三，即使夫妻双方中任何一方死亡，生存一方仍应当对婚姻关系存续期间的共同债务承担连带清偿责任。

---

① 黄薇主编：《中华人民共和国民法典婚姻家庭编释义》，法律出版社2020年版，第178页。

第三节 | 夫妻一方对外担保之债能否认定为夫妻共同债务？

在司法实践中，夫妻一方对外提供担保后，因该担保产生的债务是否属于夫妻共同债务，另一方是否需要承担连带责任一直存有较大争议。此类担保之债性质的认定事关债权人和配偶一方合法权益的保护。本节拟就此问题进行探讨。

一、案例引入

案例来源：（2018）京01民终8017号[①]

案情简介：张某与杨某于1996年登记结婚。杨某系Y公司（股份有限公司）股东之一。2010年10月，Y公司其他股东将所持有的股权转让给张某。现Y公司股东为杨某和张某，二人各持有60%和40%的股份。2006年8月，S公司与Y公司就某项目达成协议，约定S公司投入资金1500万元，Y公司按每年20%的回报率支付投资利润。2015年2月，双方签订的《借款合同》对借款金额、借款期限等作出了约定，并在合同中明确Y公司借款由大股东杨某以个人名义担保并承担相应的借款还款义务。同日，杨某出具个人担保书，自愿对上述款项承担连带保证责任。到期后，Y公司、杨某未按时还款。后S公司向法院起诉，要求张某就某法院作出的民事调解书确认的Y公司应偿还S公司的借款本金及利息共计42902500元的债务承担连带责任。

一审法院认为，首先，张某未在《借款合同》及个人担保书上签字，事后亦未追认，故案涉债务不是基于张某与杨某的共同意思表示。其次，案涉债务源于2006年S公司在某项目投入的资金1500万元，明显非基于夫妻共同生活需要，且S公司未能提交证据证明案涉债务被实际用于张某与杨某的夫

[①] S公司与张某婚姻家庭纠纷案，北京市第一中级人民法院 (2018) 京01民终8017号民事判决书。

妻共同生活或共同生产经营,抑或因杨某的担保行为收取了经济利益用于家庭生活。最后,鉴于本案所涉担保之债与夫妻共同生活不具有关联性,根据《最高人民法院民一庭关于夫妻一方对外担保之债能否认定为夫妻共同债务的复函》的规定,杨某承担的担保责任不应认定为夫妻共同债务。遂判决驳回S公司要求张某承担连带责任的请求。

二审法院认为,诉争借款债务发生于杨某与张某婚姻关系存续期间,且上述款项用于Y公司的经营活动,张某于2010年成为Y公司的股东,2016年最终确认债务数额及还款方式,该债务系杨某与张某用于Y公司的生产经营活动,故该债务应认定为用于夫妻共同生产经营。且杨某与张某作为Y公司的股东,并未举证证明其个人财产与公司财产相分离,故应对Y公司的对外债务承担连带责任。故支持S公司主张张某承担连带清偿责任的上诉请求。

二、律师分析

2014年7月,最高人民法院发布的《最高人民法院民一庭关于婚姻关系存续期间夫妻一方以个人名义所负债务性质如何认定的答复》指出,在不涉及他人的离婚案件中,由以个人名义举债的配偶一方负责举证证明所借债务用于夫妻共同生活,如证据不足,则其配偶一方不承担偿还责任。在债权人以夫妻一方为被告起诉的债务纠纷中,如果举债人的配偶举证证明所借债务并非用于夫妻共同生活,则其不承担偿还责任。2015年,《最高人民法院民一庭关于夫妻一方对外担保之债能否认定为夫妻共同债务的复函》指出,夫妻一方对外担保之债不应当认定为夫妻共同债务。上述文件强调以个人名义对外所负债务应与夫妻共同生活具有关联性。但根据我国《民法典》第1064条的规定,以个人名义为夫妻共同生产经营所负的债务也应当被认定为夫妻共同债务。本案中,杨某对外的担保之债数额巨大,已明显超过夫妻日常生活需要,虽然没有充分的证据证明担保之债被用于杨某与张某的夫妻共同生活或是基于双方的共同意思表示,但却能说明是基于双方共同生产经营而产生的债务,而一审法院恰好未考虑这一点。因此,该担保之债在性质上属于夫妻基于共同生产经营而产生的共同债务，张某须承担连带责任。

夫妻共同债务一般是为了夫妻（家庭）共同生活。根据我国《民法典》及相关司法解释，认定婚姻关系存续期间的债务是夫妻一方的个人债务还是夫妻双方的共同债务，须考虑三个标准：一是合意规则，即一方对外所负债务是否是共同的意思表示，如是否有双方的共同签名或者配偶另一方事后是否追认。二是家事代理权规则，即一方对外所负债务是否是为家庭日常生活需要所负的。三是用途规则，即一方所负债务是否用于夫妻共同生活、共同生产经营和投资。

担保之债不能直接等同于《民法典》规定的夫妻为共同生活所负的债务。夫妻一方以个人名义对外提供担保可能出于各种各样的原因。如果夫或妻一方在另一方不知情的情况下，为他人的债务提供了担保，因此形成的担保债务并非为夫妻共同生活、共同生产经营的需要，夫妻双方也未从该保证行为中受益，此担保之债不能成为夫妻共同债务。当然，如果债权人能够举证证明，夫或妻知道另一方的担保行为，并且认可此种担保行为，抑或如果夫妻一方对外提供担保取得了一定经济利益，并且将该利益用于家庭日常生活，或者配偶一方分享了利益，仍应当认定为夫妻共同债务，配偶双方就需要对该担保行为承担连带清偿责任。

必须注意，如果夫妻一方与第三人串通，虚构夫妻共同债务，第三人主张该债务为夫妻共同债务的，人民法院不予支持。夫妻一方在从事赌博、吸毒等违法犯罪活动中所负债务，第三人主张该债务为夫妻共同债务的，人民法院也不予支持。[①]

三、律师提示

关于夫妻一方对外担保之债能否认定为夫妻共同债务的问题，应该注意以下两点：

---

① 我国《最高人民法院关于适用〈中华人民共和国民法典〉婚姻家庭编的解释（一）》第34条。

第一，夫妻一方对外担保之债，考虑到配偶一方往往没有享受其利益，一般不认定为夫妻共同债务。但是，并非所有担保之债均不属于夫妻共同债务。担保之债是否属于夫妻共同债务，重点要考察该债务是否是基于夫妻双方的合意而产生，是否与夫妻共同生活密切相关，担保之债取得的经济利益是否用于夫妻共同生活、家庭日常生活或者共同生产经营等。

第二，最高人民法院民一庭就"再审申请人宋某、叶某与被申请人叶某某及一审被告陈某、李某民间借贷纠纷"一案给福建省高级人民法院的《最高人民法院民一庭关于夫妻一方对外担保之债能否认定为夫妻共同债务的复函》（〔2015〕民一他字第9号）中，尽管有"夫妻一方对外担保之债不应当适用《最高人民法院关于适用〈中华人民共和国婚姻法〉若干问题的解释（二）》第二十四条的规定认定为夫妻共同债务"的表述，但该批复系针对具体个案法律适用问题的答复，不属于司法解释性质，不具有普遍约束力。此类债务是否属于夫妻共同债务，应根据《民法典》及相关司法解释的规定进行判断。

第四节 | 一方在离婚后偿还了夫妻共同债务，其是否有权向另一方追偿？

对于夫妻共同债务，夫妻双方需承担连带清偿责任，债权人可以要求夫妻一方或者双方进行偿还。双方可以在婚内或者离婚时对夫妻共同债务进行清偿。如果在离婚之后，仍有夫妻共同债务需要偿还，一方在偿还了夫妻共同债务后，是否可以向另一方主张追偿？本节拟就此问题进行探讨。

一、案例引入

案例来源：（2022）粤01民终4010号①

案情简介：杨某与潘某于2017年11月登记离婚。双方签订《离婚协议书》，约定双方购买共同所有房屋时，支付房地产公司首期款、代收维修基金所借的债务由潘某承担；因购买上述房屋产生的银行贷款由双方共同承担，离婚后每月各承担一半月供；潘某向其小姨黄某1所借3万元由潘某承担。黄某1主张如下借款，第一笔债务发生于2016年，总金额为291287元，该债务是代杨某和潘某支付房屋的首期款及维修基金；第二笔债务发生于2017年3月，总金额为3万元，该债务是潘某为购买婚礼用品所借。2018年5月，法院作出×号《民事判决书》，判决杨某和潘某向黄某1偿还欠款321287元。2021年7月，房地产公司与杨某签订协议，约定房地产公司同意向潘某与杨某退回240000元，该款项作为潘某与杨某应归还黄某1款项的一部分，剩余款项杨某代潘某先行垫付。2021年7月，房地产公司代杨某和潘某向法院交纳×号判决所确定的债务240000元。

一审法院认为，杨某与潘某自愿达成的离婚协议没有违反法律的强制性

196

① 潘某、杨某离婚后财产纠纷案，广东省广州市中级人民法院（2022）粤01民终4010号民事判决书。

规定，双方应切实履行该协议的内容。双方共同购买的房屋被房地产公司回购后退回的240000元，应当由杨某与潘某各占120000元。虽然生效的×号《民事判决书》认定，杨某与潘某应共同清偿对黄某1的欠款，但此乃杨某与潘某对外共同承担夫妻共同债务之体现，而在杨某与潘某之间，两人书面约定因购买涉案房屋所需支付给房地产公司首期款、代收维修基金所借而产生的所有债务以及因结婚所借的3万元均由潘某承担，该约定在杨某、潘某之间合法有效。现杨某偿还了债务，潘某应依约定予以返还给杨某。潘某不服，提起上诉。二审法院判决驳回上诉，维持原判。

二、律师分析

我国《民法典》第1089条规定："离婚时，夫妻共同债务应当共同偿还。共同财产不足清偿或者财产归各自所有的，由双方协议清偿；协议不成的，由人民法院判决。"本案中，在对外关系上，杨某与潘某为支付房地产公司首期款、代收维修基金，购买婚礼用品向黄某1所借的本金及利息属于夫妻共同债务，应当由杨某与潘某共同偿还。在对内关系上，双方对上述债务的处理在他们达成的《离婚协议书》中进行了约定。双方签订该离婚协议书时具有相应的民事行为能力，意思表示真实，协议不违反法律、行政法规的强制性规定，不违背公序良俗，故应认定该协议合法有效。

此外，《最高人民法院关于适用〈中华人民共和国民法典〉婚姻家庭编的解释（一）》第35条规定："当事人的离婚协议或者人民法院生效判决、裁定、调解书已经对夫妻财产分割问题作出处理的，债权人仍有权就夫妻共同债务向男女双方主张权利。一方就夫妻共同债务承担清偿责任后，主张由另一方按照离婚协议或者人民法院的法律文书承担相应债务的，人民法院应予支持。"根据该规定，夫妻双方关于债务处理的约定仅具有对内效力，不具有对外效力。在本案中，虽然双方已对婚姻关系存续期间的债务负担作出了分配，但离婚协议书中关于债务负担的部分不产生对外效力，债权人黄某1仍然可以向杨某与潘某双方或者任何一方主张债权。但杨某与潘某签订的《离婚协议书》对双方具有法律约束力。故在对内关系上，双方应按离婚协议之约定承担债务。因杨某代潘某偿还了债务，而该债务按离婚协议约定应由潘某承担，故杨某在偿还债务后要求潘某偿还代垫款及利息的请求合法合理。

夫妻双方对夫妻共同债务负连带清偿义务，配偶为连带债务人。[1]对于此类债务，债权人有权要求夫妻双方中的任何一方承担全部或者部分清偿责任，夫妻任何一方均负有清偿全部债务的义务，任何一方在全部债务清偿前都不能免除清偿责任。根据债权人不同的请求，夫妻任何一方可以清偿全部或者部分债务。任何一方对债权人作出全部清偿的，都将导致连带责任消灭。任何一方清偿债务后，若双方之间有关于债务分担约定且该约定合法有效的，该方可根据约定向另一方追偿。

三、律师提示

夫妻双方应当对夫妻共同债务承担连带清偿责任。此类债务具有很强的追及力，即使双方离婚，他们仍然须对该共同债务承担连带清偿责任。如果夫妻双方对债务分担作出了约定，该约定有对内效力和对外效力之分。

第一，在对内效力上，夫妻双方自行达成的债务承担比例，在双方之间具有法律约束力。如果夫妻双方对共同债务的清偿方式作出了特别约定，例如，双方约定"在婚姻关系存续期间的全部债务由一方承担"，该约定也仅在夫妻双方内部有效。如果一方先行对共同债务进行了清偿，该方有权按照双方内部约定向另一方主张追偿，要求另一方返还自己代为清偿的部分。我国《最高人民法院关于适用〈中华人民共和国民法典〉婚姻家庭编的解释（一）》第35条第2款规定："一方就夫妻共同债务承担清偿责任后，主张由另一方按照离婚协议或者人民法院的法律文书承担相应债务的，人民法院应予支持。"

---

① 王利明、杨立新、王轶、程啸：《民法学》（第六版），法律出版社2020年版，第974—975页。

第二，在对外效力上，夫妻双方的内部约定不能对抗债权人，双方仍应当对夫妻共同债务承担连带清偿责任。即使"当事人的离婚协议或者人民法院生效判决、裁定、调解书已经对夫妻财产分割问题作出处理的，债权人仍有权就夫妻共同债务向男女双方主张权利"。不论在婚姻关系存续期间还是在离婚后，夫妻任何一方均不能以双方自行达成的债务分担比例拒绝对债权人承担连带责任。

第五节 | 夫妻一方婚前债务用于婚前共同生活，该方偿还后是否有权向另一方追偿？

根据我国《最高人民法院关于适用〈中华人民共和国民法典〉婚姻家庭编的解释（一）》第33条的规定，债权人若能够证明一方婚前所负债务用于婚后家庭共同生活的，可以就该方婚前所负的该个人债务向其配偶主张权利。若债权人能够证明一方婚前所负债务用于婚后共同生活，债权人是否可以就该方婚前所负的该债务向债务人的配偶主张权利？本节拟就此问题进行讨论。

一、案例引入

案例来源：（2020）苏0602民初314号[①]

案情简介： 2019年11月，原告邓某与被告魏某经法院调解离婚，其女儿魏某1由魏某抚养。魏某1系邓某和魏某婚前所生。云南省某县人民法院审理的原告尹某与被告邓某（2018）云0627民初3830号民间借贷纠纷案的判决书认定，邓某因住院生育孩子急需用钱，向尹某借款人民币3万元。该案判决书现已生效并进入执行程序。由于魏某1出生时间与邓某因住院生育魏某1向尹某借款的时间高度吻合，且已有生效法律文书确认邓某的借款用途，故邓某向尹某的借款系用于婚前生育女儿魏某1的盖然性较大，法院对该事实予以认定。邓某向法院起诉，请求判令魏某共同承担因生育魏某1产生的借款3万元，由此向邓某支付1.5万元。

法院认为，《最高人民法院关于适用〈中华人民共和国婚姻法〉若干问题的解释（二）》[②]第23条规定：债权人就一方婚前所负个人债务向债务人的

---

① 邓某与魏某离婚后财产纠纷案，江苏省南通市崇川区人民法院（2020）苏0602民初314号民事判决书。

② 已废止，现参见《最高人民法院关于适用〈中华人民共和国民法典〉婚姻家庭编的解释（一）》。

配偶主张权利的，人民法院不予支持。但债权人能够证明所负债务用于婚后家庭共同生活的除外。该条款明确了婚前债务用于婚后共同生活，则婚前债务转化为婚后夫妻共同债务，债务人的配偶应当共同承担清偿责任。该条款虽未规定夫妻一方婚前债务用于婚前共同生活的处理，但可借助类推适用的法律解释方法将该法律规定适用于本案。本案中，虽然邓某所借款项用于婚前生育子女，但与婚后夫妻共同生活的性质具有类似性，均是为了夫妻承担生养和抚育子女的共同义务，该债务与婚后双方共同生活具有必然的因果关系，故应当产生婚前债务转化为夫妻共同债务的后果。遵循公序良俗的原则，魏某作为父亲，也应与邓某共同承担因生育女儿魏某1的所借债务3万元的义务。为避免当事人诉累，尊重尹某的诉讼权利和生效民事判决书的既判力，尹某的借款应由邓某偿还，待邓某偿还后，可要求魏某支付已偿还借款的一半份额，不超过1.5万元。

二、律师分析

我国《最高人民法院关于适用〈中华人民共和国民法典〉婚姻家庭编的解释（一）》第33条规定："债权人就一方婚前所负个人债务向债务人的配偶主张权利的，人民法院不予支持。但债权人能够证明所负债务用于婚后家庭共同生活的除外。"根据本条规定，夫妻一方的婚前债务若被用于婚后家庭共同生活，则可以认定为夫妻共同债务，由夫妻双方共同承担连带清偿责任。但是该条并未规定夫妻一方的婚前债务被用于婚前共同生活该怎么处理。

本案中，法院采取了类推适用的方法，将该条法律规定适用于本案。所谓类推适用，是指在对特定的案件缺乏法律规定时，法官比照援引该案件类似的法律规定。夫妻一方就婚前所负个人债务，如有证据证明用于婚前共同生活，夫妻双方共同享受利益，则一方婚前个人债务可以比照夫妻共同债务的原则进行处理。本案中，邓某所借款项用于婚前生育子女，与婚后夫妻共同生活相似，均是为了夫妻承担生养和抚育子女的共同义务，故应当属于双方的共同债务，双方均应当承担连带责任。

根据《最高人民法院关于适用〈中华人民共和国民法典〉婚姻家庭编的解释（一）》第35条第2款规定，一方就夫妻共同债务承担清偿责任后，主张由另一方按照离婚协议或者人民法院的法律文书承担相应债务的，人民法院应予支持。因此，夫妻一方婚前债务用于婚前共同生活，借款方偿还后有权向另一方追偿。

三、律师提示

债权人若能够证明一方所负债务用于婚前共同生活的，债权人可以就一方婚前所负个人债务向债务人的配偶主张权利。需要注意的是：

第一，债权人负有举证证明一方所负债务用于婚前共同生活的义务。若债权人无法举证证明债务用于婚前共同生活，则很难得到法院的支持。

第二，若配偶一方对另一方婚前所负债务用于婚前共同生活予以认可，则该配偶对另一方婚前所负的用于婚前共同生活的债务承担连带清偿责任。

第六节 | 婚后一方以个人名义所负债务，另一方是否需要共同偿还？

在婚姻关系存续期间，夫妻一方以个人名义所负的债务，究竟是属于该方的个人债务还是夫妻共同债务，直接关系到债权人的债权以及夫妻另一方合法权益的保护。本节拟就此问题进行探讨。

一、案例引入

案例来源：（2020）浙0203民再3号[①]

案情简介： 2015年5月，邬某与张某办理结婚登记。2017年3月，邬某因购车向胡某借款10万元，并出具借条确认上述借款。邬某还向胡某出具承诺书，载明："借款人收到胡某的壹拾万元整借款，借款人保证按约归还。如未按约归还的，出借人为实现债权而支付的诉讼费、差旅费、律师费、保全担保费等均由借款人承担……"借款到期后，邬某未按约向原告还本付息。胡某向法院起诉，请求邬某与张某共同向其归还借款本金10万元及相关利息，并共同承担原告为实现债权支付的律师费8120元。

法院原审认为，双方之间的民间借贷关系依法成立并合法有效，双方当事人均应按约履行义务。邬某未按约定偿还所借款项本息，已构成违约。原告要求其归还借款本金10万元并支付利息，本院予以支持。对原告诉请的律师费8120元，根据约定应由被告邬某承担。涉案借款发生于邬某与张某婚姻关系存续期间，二被告亦未提供任何证据证明该笔借款系被告邬某的个人债务，故认定该笔债务系夫妻共同债务，支持原告主张由张某共同归还借款本息的诉请。

[①] 张某、胡某民间借贷纠纷案，浙江省宁波市海曙区人民法院（2020）浙0203民再3号民事判决书。

法院再审认为，本案中，张某未在借款协议上签字，无共同举债的意思表示。2016年12月，张某向法院提起离婚诉讼，虽于2017年2月被判决驳回离婚请求，但这表明当时双方夫妻关系不佳。因此，邬某于2017年4月向胡某借款，张某共同举债的可能性较小。此外，胡某未能举证证明张某有共同举债的合意，也未举证证明邬某将该借款用于家庭共同生活、经营或张某分享了该借款所带来的利益。故案涉借款不属于双方的夫妻共同债务。法院遂判决撤销原审判决，由邬某偿还胡某借款及利息以及律师费。

二、律师分析

本案的焦点是婚姻关系存续期间邬某以个人名义所欠的借款是否属于张某与邬某的夫妻共同债务。根据我国《民法典》第1064条①的规定，婚姻关系存续期间，夫妻一方以个人名义所负的债务，是否属于夫妻共同债务，应根据双方是否有共同举债的合意或一方事后是否追认（合意规则）、该债务是否为家庭日常生活需要所负（家事代理权规则）以及该债务是否被用于夫妻共同生活、共同生产经营以及投资（用途规则）确定。结合本案的观点还应考虑非举债方是否分享了该负债所带来的利益。

本案中，邬某与胡某具有完全民事行为能力，借款合同意思表示真实，不违反法律、行政法规的强制性规定，也不违背公序良俗。胡某按约定交付了款项，双方之间的民间借贷关系依法成立并合法有效，双方当事人均应按约履行各自的义务。结合本案的具体情况，邬某以其个人名义向胡某借款10万元属于邬某的个人债务而非邬某与张某的夫妻共同债务，张某无须与邬某共同偿还。具体理由如下：

---

① 我国《民法典》第1064条规定："夫妻双方共同签名或者夫妻一方事后追认等共同意思表示所负的债务，以及夫妻一方在婚姻关系存续期间以个人名义为家庭日常生活需要所负的债务，属于夫妻共同债务。夫妻一方在婚姻关系存续期间以个人名义超出家庭日常生活需要所负的债务，不属于夫妻共同债务；但是，债权人能够证明该债务用于夫妻共同生活、共同生产经营或者基于夫妻双方共同意思表示的除外。"

第一，根据合意规则，邬某借款当日向胡某出具的借条和承诺书上并无张某的共同签名，张某在事后不但未追认，反而提交证据证明张某与邬某夫妻感情已破裂，借款不可能用于夫妻共同生活。

第二，根据家事代理权规则，该债务数额高达10万元，已经超出了家庭日常生活需要。

第三，根据用途规则，债权人未能举证证明该债务用于夫妻共同生活、共同生产经营以及投资。在严某与柏某民间借贷纠纷案[1]中，法院再审认为，严某未提交证据证明柏某借款用于家庭共同生活或共同生产经营。而黄某提交的离婚协议书、公证书、2010年至2012年柏某所设公司资产负债表及损益表（利润表）、营业房按揭还款证明、住宅抵押还款证明等可以证明柏某所借款项并未用于家庭共同生活或共同生产经营。再结合其他情况，法院再审认定柏某所借款项不属于夫妻共同债务。

第四，根据受益规则，无证据证明张某分享了该借款所带来的利益。且张某于2016年12月向法院起诉离婚，说明当时双方夫妻关系并不理想。邬某于2017年4月向胡某借款，张某共同举债的可能性不大。

综上，虽然该债务发生在夫妻关系存续期间，但不应认定为夫妻共同债务，因此张某不负有共同偿还义务。

三、律师提示

婚后一方以个人名义所负的债务，另一方是否需要共同偿还的问题，旨在判断夫妻关系存续期间，一方以个人名义所负债务的性质，即此类债务是夫妻共同债务还是一方的个人债务。若为夫妻共同债务，则夫妻双方对该债务承担连带清偿责任，非举债方有共同偿还义务。笔者认为：

第一，在判断此类债务的性质时，应结合夫妻双方有无共同举债的合意、举债的用途（即负债是否用于夫妻共同生活、共同生产经营）或非举债

---

① 浙江省湖州市中级人民法院（2020）浙05民再17号民事判决书。

方是否分享了该举债所带来的利益等因素进行综合判断。

第二，我国已经废除了《最高人民法院关于适用〈中华人民共和国婚姻法〉若干问题的解释（二）》（2017修正）第24条第1款[①]所确立的夫妻共同债务"时间"推定规则。该规则是指在婚姻关系存续期间，以夫妻一方名义所负的债务，被推定为夫妻共同的债务。

[①] 《最高人民法院关于适用〈中华人民共和国婚姻法〉若干问题的解释（二）》（2017修正）第24条第1款规定："债权人就婚姻关系存续期间夫妻一方以个人名义所负债务主张权利的，应当按夫妻共同债务处理。但夫妻一方能够证明债权人与债务人明确约定为个人债务，或者能够证明属于婚姻法第十九条第三款规定情形的除外。"

第七节 | 夫妻一方死亡后，婚姻关系存续期间的共同债务如何清偿？

在现实生活中，夫妻共同债务应由双方共同偿还。若在共同债务清偿完之前一方死亡，另一方对婚姻关系存续期间的夫妻共同债务应该如何清偿呢？本节拟就此问题进行探讨。

一、案例引入

案例来源：（2021）吉01民终5152号[①]

案情简介：2012年12月，刘某与姜某登记结婚。2018年4月，刘某与姜某向王某出具借条，载明：今由姜某、刘某向王某借人民币陆拾万元整（￥600000.00），卖掉××房子还款，刘某与姜某在借款人处签字确认。同日，王某按姜某指示，将400000.00元汇入姜某指定的长春××房地产开发有限公司账户，2018年5月，王某将剩余200000.00元转入姜某银行账户。2020年5月，姜某因病去世。

一审法院认为，依据刘某于2018年4月向王某出具的借条、王某向法院出具的转账凭证及双方陈述，可以确认刘某与姜某向王某借款600000.00元系为购置住房，故王某要求刘某偿还借款本金600000.00元的主张，依法应予支持。关于王某主张的利息，因刘某向王某出具的借条中并未约定利息及还款期限，故王某要求刘某支付利息的主张，依法不予支持。关于刘某称其放弃继承姜某遗产，应视为其对债务履行的主张，因未向法庭提供充分证据证明，依法不予支持。

二审法院认为，案涉借款用于刘某与姜某共同生活，属于刘某与姜某的

[①] 刘某、王某民间借贷纠纷案，吉林省长春市中级人民法院（2021）吉01民终5152号民事判决书。

夫妻共同债务。虽然刘某主张放弃了部分遗产继承，但其放弃部分遗产继承仅可以对姜某依法应当承担的债务不负偿还责任，而案涉借款作为夫妻共同债务，夫妻二人均负有偿还义务，王某有权请求作为夫妻一方的刘某承担案涉债务，遂判决驳回上诉，维持原判。

二、律师分析

根据我国《民法典》第1089条规定，夫妻共同债务应当共同偿还。夫妻双方对夫妻共同债务承担连带清偿责任，债权人可以要求夫妻任何一方承担全部或者部分清偿责任，任何一方均有义务向债权人履行清偿义务。夫妻共同债权具有很强的追及力，即使在夫妻离婚的情况下，双方均须对共同债务进行清偿；即使在夫妻一方死亡的情况下，生存一方仍应对全部夫妻共同债务承担偿还义务。《最高人民法院关于适用〈中华人民共和国民法典〉婚姻家庭编的解释（一）》第36条规定："夫或者妻一方死亡的，生存一方应当对婚姻关系存续期间的夫妻共同债务承担清偿责任。"

本案中，在婚姻关系存续期间，刘某与姜某向王某出具借条，载明双方向王某借款60万元，并签字确认，即所谓的"共债共签"，属于夫妻双方共同意思表示所负的债务，为夫妻共同债务。双方对夫妻共同债务负连带清偿责任，即使姜某死亡，刘某仍然负有全部清偿责任。此外，我国《民法典》第1161条第2款规定："继承人放弃继承的，对被继承人依法应当缴纳的税款和债务可以不负清偿责任。"刘某放弃继承部分遗产系对于自身享有权利的处分，其放弃部分继承仅对姜某依法应当承担的债务不负偿还责任，而本案中的借款属于夫妻共同债务，夫妻二人均负有偿还义务。故在姜某死亡后，即使刘某放弃部分遗产，刘某仍应对夫妻共同债务承担全部清偿责任。

三、律师提示

关于夫妻一方死亡后，双方婚姻关系存续期间共同债务的清偿问题，笔者认为，应当注意以下三点：

第一，首先确定死亡债务人的债务是个人债务还是夫妻共同债务。若是个人债务，用死亡一方的个人财产进行清偿。

第二，若死亡债务人所负的债务属于夫妻共同债务，由生存配偶对共同债务承担全部清偿责任。

第三，夫妻一方在生前欠下的非法债务不受法律保护的，此时债权人如果要求其家人清偿，那么可以拒绝偿还这部分债务。

第六章
离婚救济

在民法慈母般的眼神中，每个人就是整个国家。

——［法］孟德斯鸠

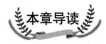
本章导读

◆ 一方负担较多家务，离婚时有权请求经济补偿吗？

◆ 离婚时夫妻一方经济困难，另一方是否负有帮助义务？

◆ 夫妻一方可以在哪些情形下请求离婚损害赔偿？

◆ 离婚时能否要求出轨的一方承担精神损害赔偿？

◆ 夫妻双方均存在法定过错的，法院是否支持其离婚损害赔偿请求？

第一节 ┃ 一方负担较多家务，离婚时有权请求经济补偿吗？

夫或妻在家庭中扮演着不同的角色。在传统观念的影响下，女性通常承担着抚育子女、照顾老年人、从事家务劳动等责任。有的家庭家务繁重，有的女性为了更好地照顾老人和孩子，选择辞职顾家，这一群体被称为"家庭主妇"。随着时代的进步、家庭观念的变化，承担照顾家庭的一方不再限于女性，逐渐有越来越多的男性加入全职顾家的群体，他们被称为"家庭主夫"。但生活中难免有夫妻由如胶似漆走向分道扬镳。一旦离婚，夫妻一方对家庭负担较多义务的，离婚时是否有权请求经济补偿呢？本节拟就此问题进行探讨。

一、案例引入

案例来源：（2021）豫1624民初7055号①

案情简介：原告韩某1与被告刘某1于2009年农历正月举行结婚仪式，2012年2月补办结婚登记手续。双方共育有3个子女。后原告怀疑刘某1在外打工与其他女子有染，双方产生矛盾。2020年8月，韩某1向法院起诉要求与刘某1离婚，法院判决不准离婚。后双方一直分居。双方在分居前三个子女一直随韩某1生活，且韩某1婚后一直在刘某1父亲经营的油坊工作。2017年，刘某1家庭自建两层楼房，韩某1为家庭建房出资出力。韩某1再次向法院起诉离婚，并要求判令刘某1给付其经济补偿。

法院认为，离婚案件是否应当解除婚姻关系，取决于双方夫妻感情是否破裂。本案中，自第一次法院判决不准许离婚后，双方分居至今，夫妻感情仍未改善，双方夫妻感情应视为确已破裂，故本院依法准许离婚。关于原告请求被告给予经济补偿的问题。根据《民法典》第1088条的规定，由于韩某

---

① 韩某1、刘某1离婚纠纷案，河南省沈丘县人民法院（2021）豫1624民初7055号民事判决书。

1自2008年结婚后，因抚育三个年幼子女、照顾家庭老人、经营家庭油坊、为家庭建房负担了较多义务，故韩某1依法有权向刘某1主张经济补偿。综合本案案情，本院酌定刘某1一次性给付韩某1经济补偿6万元为宜。

二、律师分析

我国《民法典》第1088条规定："夫妻一方因抚育子女、照料老年人、协助另一方工作等负担较多义务的，离婚时有权向另一方请求补偿，另一方应当给予补偿。具体办法由双方协议；协议不成的，由人民法院判决。"本条是对承担较多家务劳动的一方在离婚时享有经济补偿的规定。该规定实际上是对家务劳动价值的认可，使承担较多家务劳动的一方在离婚时享有经济上的补偿。本案中，韩某1在婚姻关系存续期间，因抚育三个子女、照顾家庭老人、经营家庭油坊、为家庭建房出资出力负担较多义务，因此其在离婚时有权向刘某1请求补偿，刘某1也应该给予补偿。至于补偿的数额、方式及具体办法，可由双方进行协商，协商不成则由法院根据具体情况判决确定。本案中，法院酌定刘某1一次性给付韩某1离婚经济补偿6万元。

为家庭付出较多义务的一方往往会花费较多的时间和精力来照顾家庭，这难免会影响他们的职业发展。虽然他们在职场中的付出是有回报的，然而在婚姻家庭中，全职照顾家庭的一方对家庭的付出却容易被视为理所当然，很少有人认为应当支付报酬。立法为这一群体提供了法律上的保障，《民法典》第1088条[1]规定的离婚经济补偿制度足以证明，家务劳动是有价值的。

《民法典》第1088条规定的离婚经济补偿制度的适用条件包括：

第一，请求经济补偿的时间是离婚之时。夫妻一方因抚育子女、照料老年人、协助另一方工作等负担较多义务的，应当在离婚时提出离婚经济补偿，在离婚前和离婚后均不能提出。

---

[1] 我国《民法典》第1088条规定："夫妻一方因抚育子女、照料老年人、协助另一方工作等负担较多义务的，离婚时有权向另一方请求补偿，另一方应当给予补偿。具体办法由双方协议；协议不成的，由人民法院判决。"

第二，夫妻一方负担较多义务。这要求在婚姻关系存续期间，夫妻一方因抚养子女、照料老年人、协助另一方工作等付出了较多义务。这是提起离婚经济补偿的必备条件。

第三，享有离婚经济补偿请求权的一方是负担较多义务的一方。只有在一方为婚姻共同体付出了较多义务的情况下才可以向对方请求离婚经济补偿。这是权利和义务对等原则的要求。负担较多义务的一方要求对其付出的义务予以补偿，补偿数额、方式等具体情况由双方协商，协商不成的，由人民法院根据双方的具体情况判决确定。

三、律师提示

关于我国《民法典》第1088条规定的离婚经济补偿制度，笔者认为，需要注意以下四点：

第一，离婚经济补偿制度不仅适用于采用夫妻分别财产制的夫妻，也适用于采用夫妻共同财产制的夫妻。根据我国2001年修正的《中华人民共和国婚姻法》（已失效）（以下简称2001年《婚姻法》）第40条①的规定，只有在夫妻书面约定婚姻关系存续期间所得的财产归各自所有的情况下（约定实行分别财产制），一方因抚育子女、照料老年人、协助另一方工作等付出较多义务的才有权请求离婚经济补偿。我国《民法典》删除了"书面约定婚姻关系存续期间所得的财产归各自所有"的适用前提，扩大了该制度的适用范围。即《民法典》实施后，该制度也适用于采用夫妻共同财产制的夫妻，这符合我国国情，更有利于保障为家庭付出较多义务一方的权益。

第二，离婚经济补偿在适用主体上没有性别限制，任何一方，无论男女，只要符合法定条件，均享有离婚经济补偿请求权。离婚经济补偿请求权照顾到了家务劳动者对家庭的付出，有利于使经济上处于劣势的一方在离婚

---

① 2001年《婚姻法》第40条规定："夫妻书面约定婚姻关系存续期间所得的财产归各自所有，一方因抚育子女、照料老人、协助另一方工作等付出较多义务的，离婚时有权向另一方请求补偿，另一方应当予以补偿。"

时得到适当补偿。需要注意的是，目前因抚养子女、照料老年人、协助另一方工作付出较多义务的一方大部分为妇女。

第三，离婚经济补偿的具体办法首先应由要求离婚的当事人双方自行协商确定。协商不成的，再由人民法院判决确定。

第四，离婚经济补偿制度的适用对证据要求极高，因此在日常生活中，承担较多家务劳动的一方需具有证据意识，在生活中注意保存证据，以备不时之需。

第二节 | 离婚时夫妻一方经济困难，另一方是否负有帮助义务？

男女双方因结婚而形成夫妻的身份关系，该身份关系会随着婚姻关系的解除而消灭。身份关系的消灭意味着基于夫妻身份而产生的权利义务关系的解除。若离婚时夫妻一方经济困难，另一方是否负有经济帮助义务呢？本节拟就此问题进行探讨。

一、案例引入

案例来源：（2021）鲁09民终2946号[①]

案情简介： 2020年9月，被告张某1与原告黄某协议离婚。离婚协议约定，离婚后两个孩子的抚养权归女方所有，男方不支付抚养费；男女双方婚后共有房屋归男方所有，被占用土地地上附属物及以后女方和两个孩子的青苗补偿费用归女方所有，用于抚养孩子。被告领取了青苗补偿费3442.20元并同意返还原告。双方离婚后，原告及两个女儿仍在原院落内居住，在2021年2月，双方发生争执，张某1不让黄某在此居住，黄某及两个女儿搬出该院落。黄某向法院起诉，请求判令张某1返还青苗补偿费3442.2元；判令张某1支付经济补偿金5万元。

一审法院认为，在黄某与张某1离婚后，从黄某及两个女儿仍在原院落内居住可以看出，张某1事实上以房屋居住权的形式对黄某进行了帮助，后双方发生争执，张某1不让黄某在此居住，黄某及两个女儿搬出原院落，已无房居住，黄某属于生活困难一方。此外，张某1已再婚，在同一院落居住已成为不可能，因此黄某主张经济帮助金有事实和法律依据。因双方无法形

217

[①] 张某1、黄某离婚后财产纠纷案，山东省泰安市中级人民法院（2021）鲁09民终2946号民事判决书。

成一致意见，一审法院酌情确定被告给予原告经济帮助金2万元。

二审法院认为，张某1与黄某于2020年9月协议离婚。双方在离婚协议中约定双方共有房屋归男方所有。双方离婚后女方仍在原院落内居住，一审法院认定男方系以居住权的形式对女方进行了帮助并无不当，男方该行为系经济帮助行为，并非民法意义上的设立居住权行为。双方现因发生争议，男方不让女方继续居住，女方无处居住，应认定为生活困难，一审法院据此酌定男方支付女方2万元经济帮助金并无不当。遂判决驳回上诉，维持原判。

二、律师分析

我国《民法典》第1090条规定："离婚时，如果一方生活困难，有负担能力的另一方应当给予适当帮助。具体办法由双方协议；协议不成的，由人民法院判决。"本条是有关离婚经济帮助制度的规定。对离婚时困难的一方给予帮助是我国婚姻法一贯坚持的原则。我国1950年婚姻法[①]、1980年婚姻法[②]以及2001年婚姻法[③]均对此进行了规定，我国《民法典》延续了该制度。本案中，黄某及两个女儿在黄某与张某1离婚后仍在原院落内居住，而该住房按约定已经归张某1所有，因此，张某1从其个人财产即住房中给予了黄某适当帮助。2021年2月，双方发生争执，张某1不让黄某在此居住，黄某及两个女儿搬出该院落，住房上的帮助终止，导致黄某及两个女儿居无定所。黄某属于生活困难的一方，这种困难是离婚时就存在的。故法院判决张某1给付离婚经济帮助符合立法目的。

根据我国《民法典》第1090条的规定，离婚时一方对另一方进行经济帮助的条件包括：

---

① 我国1950年《婚姻法》第25条规定："离婚后，一方如未再行结婚而生活困难，他方应帮助维持其生活；帮助的办法及期限，由双方协议；协议不成时，由人民法院判决。"

② 我国1980年《婚姻法》第33条规定："离婚时，如一方生活困难，另一方应给予适当的经济帮助。具体办法由双方协议；协议不成时，由人民法院判决。"

③ 我国2001年《婚姻法》第42条规定："离婚时，如一方生活困难，另一方应从其住房等个人财产中给予适当帮助。具体办法由双方协议；协议不成时，由人民法院判决。"

第一，离婚时一方存在生活困难。如果一方生活困难的情况是在离婚后才出现的，则不能请求离婚经济帮助。在上述案例中，虽然在离婚后法院才判决张某1给付离婚经济帮助费用，但黄某的生活困难是在离婚时就已经存在的，张某以其住房的形式给了黄某经济帮助。离婚后张某1要求黄某及其女儿搬出住房，法院判决张某1给付经济补偿实质上是以经济补偿金的形式延续了之前的经济帮助。离婚经济帮助的方式不仅仅只有住房，也可以通过给付补偿金等形式予以帮助。

第二，提供帮助的一方有负担能力。如果一方离婚时存在生活困难，但另一方无负担能力，则无法提供帮助。我国《民法典》的离婚经济帮助制度在2001年《婚姻法》的基础上，补充了帮助方须"有负担能力"的规定，这照顾到了提供经济帮助一方的实际情况。

三、律师提示

对于离婚经济帮助制度，笔者认为，需要注意如下三点：

第一，法院在取得经济帮助时，应考虑双方的收入、财产情况、就业能力、子女抚养状况、婚姻关系存续期间的生活水平等因素，综合确定经济帮助的方式和数额等。

第二，有过错的一方若存在生活困难，也可以要求无过错方给予适当经济帮助。[1]

第三，生活困难包括依靠个人财产和离婚时分得的财产无法维持当地基本生活水平。一方离婚后没有住处的，属于生活困难。[2]

---

[1] 黄薇主编：《中华人民共和国民法典婚姻家庭编释义》，法律出版社2020年版，第181页。

[2] 我国《最高人民法院关于适用〈中华人民共和国婚姻法〉若干问题的解释（一）》（已失效）第27条规定："婚姻法第四十二条所称'一方生活困难'，是指依靠个人财产和离婚时分得的财产无法维持当地基本生活水平。一方离婚后没有住处的，属于生活困难。离婚时，一方以个人财产中的住房对生活困难者进行帮助的形式，可以是房屋的居住权或者房屋的所有权。"

离婚损害赔偿制度是指婚姻当事人一方因法定过错行为的发生而导致离婚，基于无过错方的诉讼请求，由过错方赔偿无过错方损害并承担相应民事责任的一种法律救济制度。该制度具有弥补受害人的损害，保障无过错方的合法权益；给予受害人以精神抚慰；制裁违法行为；预防违法行为发生的作用。[①]离婚时，无过错方可以在哪些情形下提起离婚损害赔偿呢？本节拟就此问题进行探讨。

一、案例引入

案例来源：（2021）鄂02民终329号[②]

案情简介：原告徐某与被告陈某于1978年经人介绍相识，并于1981年9月举行婚礼。双方登记结婚后生育二子一女，均已成年。两人在共同生活中常因家庭琐事发生争吵。2014年8月，徐某曾向法院提起离婚诉讼，在二审诉讼期间其又申请撤回起诉。现徐某再次向法院提起离婚诉讼，请求法院判令其与陈某离婚，判令陈某向其支付离婚过错损害赔偿金5万元。

一审法院认为，婚姻关系的存续与解除，应以夫妻感情是否破裂为依据。徐某与陈某婚后常因家庭琐事产生矛盾，经一审法院调解无和好可能，且陈某亦同意与徐某离婚，由此认定双方夫妻感情确已破裂，准予离婚。由于徐某提供的证据不足以证实陈某对其实施家庭暴力，故不支持其要求陈某支付离婚过错损害赔偿金的请求。徐某不服，遂向法院提起上诉。

二审法院认为，根据《婚姻法》[③]第46条的规定，一方实施家庭暴力导致离婚的，无过错方有权请求损害赔偿。结合本案证据，公安局的接处警工作

---

① 陈苇主编：《婚姻家庭继承法学》（第三版），高等教育出版社2022年版，第220-221页。
② 徐某、陈某离婚纠纷案，湖北省黄石市中级人民法院（2021）鄂02民终329号民事判决书。
③ 已废止。现为《民法典》婚姻家庭编。

登记表，2010年、2014年，徐某与陈某因发生纠纷多次报警，根据公安部门对案件简要情况的记载，陈某对徐某实施过殴打行为，本院酌定陈某赔偿徐某5000元。

二、律师分析

我国《民法典》第1091条规定："有下列情形之一，导致离婚的，无过错方有权请求损害赔偿：（一）重婚；（二）与他人同居；（三）实施家庭暴力；（四）虐待、遗弃家庭成员；（五）有其他重大过错。"本条是关于离婚损害赔偿制度的规定。在我国，因夫妻一方的重大过错，如重婚、与他人同居、实施家庭暴力、虐待遗弃家庭成员等导致夫妻离婚的案件较多，离婚损害赔偿制度的确立有利于制裁实施上述过错行为的夫妻一方，保护无过错方的权益。本案中，结合公安局的接处警工作登记表、徐某与陈某发生纠纷多次报警，公安部门对案件简要情况的记载等，确认陈某对徐某实施过家庭暴力。徐某属于无过错一方，在离婚时有权请求损害赔偿。

根据我国《民法典》第1091条关于离婚损害赔偿制度的规定，无过错一方可以提起损害赔偿的情形包括：第一，重婚；第二，与他人同居；第三，实施家庭暴力；第四，虐待、遗弃家庭成员；第五，有其他重大过错。针对离婚损害赔偿的情形，我国《民法典》在原《婚姻法》的基础上，增加了第五项，即"有其他重大过错"作为兜底条款，将其他给无过错方造成严重损害的过错情形纳入损害赔偿范围，扩宽了离婚损害赔偿制度的适用范围，更有利于对无过错方权益的保护。

三、律师提示

关于离婚损害赔偿制度，应当注意以下四点：

第一，离婚损害赔偿是无过错方向过错方提起离婚损害赔偿请求。如果双方均存在离婚损害赔偿的法定情形，则不论是一方还是双方向对方提出离婚损害赔偿，人民法院均不予支持。①

第二，无过错方在协议离婚时明确表示放弃主张离婚损害赔偿请求的，当事人在婚姻登记机关办理离婚登记手续后向人民法院提出离婚损害赔偿的，人民法院不予支持。②

第三，无过错方向法院提出离婚损害赔偿请求的，必须在离婚诉讼的同时提出。③

第四，离婚损害赔偿，既包括物质损害赔偿，也包括精神损害赔偿。④

222

---

① 我国《最高人民法院关于适用〈中华人民共和国民法典〉婚姻家庭编的解释（一）》第 90 条。
② 我国《最高人民法院关于适用〈中华人民共和国民法典〉婚姻家庭编的解释（一）》第 89 条。
③ 我国《最高人民法院关于适用〈中华人民共和国民法典〉婚姻家庭编的解释（一）》第 88 条。
④ 我国《最高人民法院关于适用〈中华人民共和国民法典〉婚姻家庭编的解释（一）》第 86 条。

第四节 ┃ 离婚时能否要求出轨的一方承担精神损害赔偿？

"夫妻应当互相忠实，互相尊重，互相关爱。"然而，在婚姻关系中，一方或者双方出轨的行为却屡见不鲜。这不仅违背了夫妻忠实义务，也不利于优良家风的树立和家庭文明的建设。①在婚姻关系存续期间一方出轨的，离婚时另一方是否可以主张精神损害赔偿？本节拟就此问题进行探讨。

一、案例引入

案例来源：（2016）辽04民终296号②

案情简介：原告李某与被告王某甲于2003年9月登记结婚，婚后生育一子王某乙。孩子出生后，原、被告在原告母亲家居住，后双方发生矛盾，被告回到自己家居住，婚生子一直随原告生活，双方分居至今。现原告起诉要求与被告离婚。2011年6月，原被告双方签订一份婚姻协议书，内容为：2010年原告与案外人张某某发生多次婚外性行为，2011年1月被告发现后企图挽救婚姻，但原告仍对被告有欺骗行为，被告提出离婚，原告不同意，为避免原告继续欺骗被告并与张某某往来，双方签署如下协议：原告在今后若与被告离婚，则家庭财产全部归王某甲所有……该协议书由被告书写，双方签字。

一审法院认为，原告李某以夫妻感情已破裂诉至本院，要求与王某甲离婚，王某甲亦同意离婚，本院予以准许。根据被告提供的邮件截图、短信，能够印证婚姻协议书和说明材料中的内容，以上证据形成证据锁链，能够认

---

① 我国《民法典》第1043条规定："家庭应当树立优良家风，弘扬家庭美德，重视家庭文明建设。夫妻应当互相忠实，互相尊重，互相关爱；家庭成员应当敬老爱幼，互相帮助，维护平等、和睦、文明的婚姻家庭关系。"

② 李某、王某甲离婚纠纷案，辽宁省抚顺市中级人民法院（2016）辽04民终296号民事判决书。

定原告对被告有不忠的行为，在导致双方感情破裂问题上，原告具有过错，故本院对夫妻共同财产酌情对被告予以多分。对于被告要求原告承担精神损害赔偿的主张，本院予以支持，数额由本院酌定。遂判决原告李某于本判决生效之日起十日内支付被告王某甲精神损害赔偿金5000元。

二审法院认为，王某甲举证了大量李某书写的保证书、婚姻协议书、短信及从李某电脑中打印的李某披露感情的信函、与第三者网络聊天记录等，这些证据已充分证实了李某存在婚内出轨的事实，故一审判决认定李某对婚姻破裂负有过错责任证据充分，据此判决上诉人李某给付王某甲精神损害赔偿金5000元正确。

二、律师分析

根据《民法典》第1091条的规定，一方因重婚、与他人同居或者其他重大过错，导致离婚的，无过错方有权请求损害赔偿。此外，《最高人民法院关于适用〈中华人民共和国民法典〉婚姻家庭编的解释（一）》第86条规定："民法典第一千零九十一条规定的'损害赔偿'，包括物质损害赔偿和精神损害赔偿。涉及精神损害赔偿的，适用《最高人民法院关于确定民事侵权精神损害赔偿责任若干问题的解释》的有关规定。"可见，在离婚时，无过错方可以根据对方的法定过错，请求精神损害赔偿。本案中，李某因存在出轨行为，违背了夫妻之间的忠实义务，在导致夫妻感情破裂上，存在重大过错。因此，王某甲有权提出精神损害赔偿。

对于精神损害的赔偿数额的确定，《最高人民法院关于确定民事侵权精神损害赔偿责任若干问题的解释》（2020修正）第5条规定："精神损害的赔偿数额根据以下因素确定：（一）侵权人的过错程度，但是法律另有规定的除外；（二）侵权行为的目的、方式、场合等具体情节；（三）侵权行为所造成的后果；（四）侵权人的获利情况；（五）侵权人承担责任的经济能力；（六）受理诉讼法院所在地的平均生活水平。"本案中，一审法院认为，对于被告要求原告承担精神损害赔偿的主张，本院予以支持，数额由本院酌定。

法院在酌定具体数额时，应考虑上述因素。法院最终判决给予5000元精神损害赔偿。在孟某与陈某1离婚纠纷案[1]中，法院认为，被告婚内出轨，严重伤害了原被告的夫妻感情，也对原告的心理造成了伤害，原告要求被告支付精神损害赔偿的要求本院予以支持，并判决被告陈某1于2022年6月以前支付原告孟某精神损害赔偿金1万元。

我国《民法典》第1183条规定："侵害自然人人身权益造成严重精神损害的，被侵权人有权请求精神损害赔偿。因故意或者重大过失侵害自然人具有人身意义的特定物造成严重精神损害的，被侵权人有权请求精神损害赔偿。"夫妻一方婚内出轨会给另一方造成一定的精神压抑和痛苦等精神利益的损害。要求出轨方承担精神损害赔偿有利于抚慰无过错方受伤的心灵，保护无过错方的人身利益。2014年5月发布的《深圳市中级人民法院关于审理婚姻家庭纠纷案件的裁判指引》规定："一方当事人以另一方当事人违反忠诚协议导致离婚为由请求另一方当事人在离婚时履行其在忠诚协议中所作损害赔偿承诺的，人民法院应予支持，但该忠诚协议约定的损害赔偿数额过高时，人民法院可以适当调整。"

三、律师提示

笔者认为，对于离婚时能否要求出轨一方承担精神损害赔偿的问题，应注意以下三点：

第一，夫妻一方仅仅以另一方违反夫妻忠实义务而提起诉讼，但不起诉离婚的，人民法院不予受理，即使已经受理的，也要裁定驳回起诉。[2]

第二，依据一方出轨行为，离婚时另一方主张精神损害赔偿的，必须要有充分的证据证明对方存在出轨行为。在司法实践中，许多当事人要求出轨

---

① 河南省鹿邑县人民法院（2022）豫1628民初2855号民事判决书。

② 我国《最高人民法院关于适用〈中华人民共和国民法典〉婚姻家庭编的解释（一）》第4条规定："当事人仅以民法典第一千零四十三条为依据提起诉讼的，人民法院不予受理；已经受理的，裁定驳回起诉。"

方进行精神损害赔偿，但由于没有提供充分的证据证明对方存在出轨行为，因此没有得到法院的支持。

第三，请求精神损害赔偿的一方须无法定过错，即为无过错方。如果请求精神损害赔偿的一方也存在重婚、与他人同居等重大过错，则其无权主张精神损害赔偿。

夫妻双方均存在法定过错的，法院是否支持其离婚损害赔偿请求？

一方存在法定过错的，离婚时无过错方有权请求对方承担损害赔偿责任。但若双方均存在法定过错，一方或者双方在离婚时是否仍有权主张损害赔偿呢？本节拟就此问题进行探讨。

一、案例引入

案例来源：（2021）云2901民初4836号①

案情简介：原告钱某1与被告苏某1原系夫妻，与被告钱某2系亲兄弟。苏某1在与钱某1婚姻关系存续期间育有一女钱某3。因钱某1吸毒，苏某1向法院起诉要求离婚。2000年4月，法院作出民事调解书载明，双方达成自愿离婚以及婚生女钱某3归钱某1抚养的协议。经亲子鉴定，排除钱某1与钱某3的亲子关系；支持钱某2与钱某3的亲子关系。钱某1遂诉至法院，请求依法判决两被告赔偿原告精神损失费10万元。钱某1自认其于1992年与苏某1恋爱前已经吸食毒品，婚后曾与苏某1育有一子但已夭折，钱某3出生后其仍在吸食毒品，离婚后因吸食毒品被劳教三年。

法院认为，苏某1在与钱某1婚姻关系存续期间，与钱某2发生性关系并生育一女的行为，突破了中国传统文化中的基本伦理道德底线，应予谴责。被告的行为给钱某1精神上造成巨大伤害，钱某1关于苏某1支付精神损害抚慰金的诉讼请求，于法于理原本应当得到支持。但钱某1婚前、婚后吸食毒品屡教不改，是导致苏某1于2000年提起离婚诉讼的主要原因，也是离婚诉讼中应当判决准予离婚的情形之一。因此，系因钱某1的重大过错导致其与

① 钱某1、苏某1等离婚后损害责任纠纷案，云南省大理市人民法院（2021）云2901民初4836号民事判决书。

苏某1离婚。故钱某1作为原离婚诉讼的重大过错方，提起诉讼，请求判令苏某1承担离婚损害赔偿的诉讼请求，本院不予支持。此外，承担损害赔偿责任的主体，应为离婚诉讼当事人中无过错方的配偶，据此，本院不支持钱某1诉请钱某2承担赔偿责任的请求。

二、律师分析

我国《最高人民法院关于适用〈中华人民共和国民法典〉婚姻家庭编的解释（一）》第90条规定："夫妻双方均有民法典第一千零九十一条规定的过错情形，一方或者双方向对方提出离婚损害赔偿请求的，人民法院不予支持。"根据该规定，提起离婚损害赔偿请求的申请人应该为无法定过错方。如果存在《民法典》第1091条规定的法定过错，即重婚，与他人同居，实施家庭暴力，虐待、遗弃家庭成员，有其他重大过错，导致离婚的，则丧失提起离婚损害赔偿的权利。"其他重大过错"，应包括一方与他人发生性关系导致怀孕，有赌博、吸毒等恶习屡教不改[1]，等等。本案中，在苏某1与钱某1的婚姻关系存续期间，苏某1与他人发生性关系导致怀孕，钱某1有吸毒恶习且屡教不改，双方均存在法定过错情形。因此，他们任何一方提起离婚损害赔偿的，人民法院均不予支持。

此外，《最高人民法院关于适用〈中华人民共和国民法典〉婚姻家庭编的解释（一）》第87条第1款规定："承担民法典第一千零九十一条规定的损害赔偿责任的主体，为离婚诉讼当事人中无过错方的配偶。"即离婚损害赔偿的责任主体，应为离婚诉讼当事人中无过错方的配偶，不是第三人。本案中，钱某1诉请第三人钱某2承担赔偿责任，不符合法律规定，本院不予支持。

关于无过错方离婚损害请求权成立的条件，主要包括以下五个。[2]

---

① 我国《民法典》第1079条第3款规定："有下列情形之一，调解无效的，应当准予离婚：（一）重婚或者与他人同居；（二）实施家庭暴力或者虐待、遗弃家庭成员；（三）有赌博、吸毒等恶习屡教不改；（四）因感情不和分居满二年；（五）其他导致夫妻感情破裂的情形。"

② 陈苇主编：《婚姻家庭继承法学》（第三版），高等教育出版社2022年版，第222-223页。

第一，必须有破坏婚姻家庭关系的法定过错行为。包括重婚，与他人同居，实施家庭暴力，虐待、遗弃家庭成员，有其他重大过错。这些法定过错行为属于破坏婚姻家庭关系的重大过错行为，无过错方提出赔偿申请的，过错方应依法承担离婚损害赔偿责任。

第二，过错行为人主观上出于故意。即行为人明知自己的行为会侵害对方的合法利益或明知其行为是违法的，却故意实施该法定的5种违法行为，因而导致离婚。

第三，必须有损害事实的存在。因过错方的违法行为，导致夫妻感情破裂而离婚。给无过错方的人身、财产和精神利益都造成了一定的损害。

第四，过错行为与损害事实之间存在因果关系。

第五，离婚当事人要求损害赔偿的，须以自己无法定过错为前提。我国《最高人民法院关于适用〈中华人民共和国民法典〉婚姻家庭编的解释（一）》第90条规定："夫妻双方均有民法典第一千零九十一条规定的过错情形，一方或者双方向对方提出离婚损害赔偿请求的，人民法院不予支持。"

在高某与王某离婚纠纷案[①]中，法院认为，根据派出所接处警工作登记表、询问笔录、治安案件调解协议书、收条、公安局的家庭暴力告诫通知书、医院门诊病历、门诊收费票据、影像诊断报告和原、被告在庭审中的陈述等证据证明，认为双方在纠纷中对对方均实施了家庭暴力行为，双方均有过错，故对被告提出的精神损害赔偿的诉讼请求不予支持。

三、律师提示

关于夫妻双方均存在法定过错的，法院是否支持离婚损害赔偿请求的问题，应当注意：

第一，享有离婚损害赔偿的请求权主体是婚姻关系中的无过错方。

第二，离婚损害赔偿的责任主体为离婚诉讼当事人中无过错方的配偶，不是第三人。

---

① 南通市崇川区人民法院（2015）崇港民初字第00404号民事判决书。

第三，关于通奸、赌博吸毒等是否属于离婚损害赔偿的法定过错，存在争议。本案中，根据法院的判决，因一方通奸导致怀孕，或者因一方赌博、吸毒屡教不改导致离婚，均属于离婚损害赔偿的法定过错。但有学者认为，因通奸、赌博、吸毒等一般过错行为导致离婚的，不属于承担离婚损害赔偿责任的法定过错行为。[①]我们赞成前者，即因通奸已经导致了怀孕、因赌博吸毒达到了屡教不改的程度，由此导致离婚，应当属于离婚损害赔偿的法定过错情形，但如果仅具有通奸、赌博吸毒情形，情节不够严重的，则不应认定为离婚损害赔偿的法定过错。关键在于，"其他重大过错"必须与重婚、与他人同居、实施家庭暴力、虐待或遗弃家庭成员的行为具有相当性，并导致离婚。

第四，家庭应当树立优良家风，弘扬家庭美德，重视家庭文明建设。夫妻应当互相忠实，互相尊重，互相关爱；家庭成员应当敬老爱幼，互相帮助，维护平等、和睦、文明的婚姻家庭关系。

---

① 参见陈苇主编：《婚姻家庭继承法学》（第三版），群众出版社2017年版，第237页。

第七章
解决离婚纠纷的重要途径之调解

礼之用，和为贵。

——《论语·学而》

本章导读

◆ 调解有何优势?

◆ 未经调解,法院能直接判决离婚吗?

◆ 家事案件中的调解需要什么技巧?

◆ 双方达成调解协议后,人民法院是否需制作调解书?

第一节 | 调解有何优势？

中国的调解制度有着悠久的历史，对"和谐社会"的追求使得司法实务界越来越重视对中国调解制度的研究。[①]中国古人独特的自然观与人文观使中华文化自古以来带有协调、平衡、中庸、合一、排斥对立的特质；另外，在"家国同构"的传统社会结构中，国家制度与宗法制度互为一体，调解也自然成为解决纠纷和维护乡土社会秩序的重要方式。[②]在家事案件中，调解也有其自身的优势。

一、案例引入

案例来源：天津高院发布涉争夺抚养权典型案例之九：王某某诉李某抚养纠纷案——夫妻离婚拒养女，法官调解破镜重圆

案情简介：2010年，王某某（女方）与李某（男方）登记结婚，婚后育有一女。双方性格各异，常因生活琐事发生争吵。一次双方发生口角后，李某对王某某进行殴打，并致王某某轻微伤，后王某某报警。王某某与李某因此分居生活。王某某向法院起诉离婚并要求婚生女由李某抚养。在一审判决婚生女由李某抚养后，李某上诉，要求依法改判婚生女随王某某共同生活。

裁判要旨：因李某打伤王某某导致双方感情彻底破裂，且双方均拒绝直接抚养婚生女。若以判决方式结案不利于双方矛盾的缓和，法官以"背靠背"的方式多次接待双方当事人，发掘值得双方共同怀念或者感动的片段，和缓双方的对立情绪，引导双方重温孩子成长历程，重新唤起对孩子的父爱和母爱，并积极引用未成年人抚养纠纷的案例和事例，动之以情、晓之

[①] 高华：《我国调解制度的历史变迁》，载 https://bjgy.bjcourt.gov.cn/article/detail/ 2009/11/ id/872215.shtml，最后访问日期为2022年10月13日。

[②] 马小红、柴荣、孙季萍、春杨、姜晓敏：《中国法律史教程》，商务印书馆2020年版，第338页。

以理，使双方认识到拒不抚养孩子的错误性和严重性。法官在与孩子进行了沟通，了解其意愿后，安排孩子与双方相见。双方达成调解协议：婚生女随王某某共同生活，李某每月给付子女抚养费。在双方当事人签署调解书过程中，法官又做了延伸调解工作，即给双方做和好工作。结案后法官积极进行跟踪回访，了解孩子的生活和成长情况，关心双方当事人生活及情感情况，以孩子为纽带缓和修复双方当事人的关系。在法院的祝福和鼓励下，双方复婚和好，为婚生女的成长营造了温馨的家庭环境。

二、律师分析

本案通过调解方式解决离婚纠纷中的子女抚养问题。在大部分离婚案件中，父母双方都积极争夺子女的抚养权，而本案双方当事人却均拒绝直接抚养婚生女。法官坚持未成年人最大利益原则，积极做双方的调解工作，重新唤醒双方对抚养子女的责任意识。在法官的努力下，王某某作为婚生女的母亲，同意孩子由其直接抚养，李某也愿意承担婚生女的抚养费用。结案后，法官又积极做好跟踪回访工作，了解子女的生活情况，关心双方当事人的生活及情感情况，以孩子为纽带缓和修复双方当事人的关系。最终双方和好并复婚，为子女的生活创造了良好和完整的家庭条件。这充分说明，在诉讼离婚中，调解工作对于解决夫妻感情问题、子女抚养问题和化解双方矛盾具有重要意义。

在司法实践中，许多离婚案件在经法院调解后结案。[①] 可见，调解在司法中具有举足轻重的地位和作用。笔者认为，家事案件中调解的主要优势包括以下六个方面：

第一，缓和当事人之间的矛盾，促进纠纷的解决。若通过诉讼方式由当事人在诉讼中进行抗辩，可能加剧当事人之间的对立状态。但是若采取调解方式解决纠纷，可以促使当事人在合作的状态下解决纠纷，这不仅可以缓和

---

① 王某、金某离婚纠纷案，辽宁省朝阳市中级人民法院（2022）辽13民终514号民事调解书；朱某、岳某离婚纠纷案，云南省红河哈尼族彝族自治州中级人民法院（2022）云25民终286号民事调解书；杨某、屈某离婚纠纷案，辽宁省阜新市中级人民法院（2020）辽09民终2119号民事调解书；等等。

当事人之间的矛盾，还有利于纠纷的化解。英国大量的家庭纠纷都是通过调解方式解决的。[1]对离婚案件进行调解，不仅可以缓和夫妻双方感情上的对立，也有利于促进子女抚养及财产分割问题的协商解决。

第二，节约司法资源。若充分利用调解方式，在律师、调解员等人员的帮助下，解决当事人之间的纠纷，将大大降低法院案件的数量。这不仅有利于节约司法资源，减轻法官判案的压力，还有利于法官集中精力解决疑难案件，提高庭审的质量和效率。

第三，节约当事人的时间和成本。尽早有效地解决家庭纠纷，保护未成年人的最大利益及其安全是有效的家庭制度的基础。当事人采用调解方式解决纠纷，可以避免诉讼的拖延，避免收集证据及准备庭审花费大量时间，同时还可以避免诉讼带来的相关费用。

第四，有利于当事人之间协议的执行。若当事人通过调解方式达成协议，由于这是在双方协商一致的基础上作出的，当事人更愿意执行该协议。扩大调解的适用，发展多元的调解方式是推动家事司法系统发展的重要途径。

第五，有利于修复婚姻关系，避免轻率离婚，维护家庭稳定。调解程序具有良好的调整人际关系的功能。[2]调解作为我国诉讼离婚的必经程序，有利于修复当事人之间的婚姻关系，避免轻率离婚。

第六，调解可以保住秘密、守护亲情，不仅有利于保护未成年人的身心健康，更有利于保障未成年人的合法利益。[3]

---

[1] 陈莉、向前：《英国家事审判制度及其启示》，载《法律适用》2016年第11期，第118页。

[2] 蒋月：《构建婚姻家庭诉讼司法调解制度》，载《甘肃社会科学》2008年第1期，第38页。

[3] 重庆五中院发布五起儿童权益保护典型案件之四：殷某某诉李某抚养费调解案。殷某某的父亲殷某与李某曾系夫妻关系，双方于2007年3月协议离婚，殷某某由其父抚养，李某一次性支付抚养费19200元（每月200元）。现殷某某以李某所支付抚养费不能满足其生活学习需要为由，要求增加抚养费。一审法院认为，离婚后父母对于子女仍有抚养教育的权利和义务。考虑到近年来因物价上涨等因素，李某原支付的每月200元的抚养费显然不能满足殷某某生活学习等各种实际需要，也不足以维持当地实际生活水平，因此结合李某的收入情况，将抚养费增至每月350元，同时驳回殷某某的其他诉讼请求。殷某某上诉认为350元抚养费过低，不能满足当地实际生活水平，另外要求李某承担其教育费和医疗费的一半。二审经过法官的耐心调解，双方达成调解协议，将抚养费增至每月450元。法官点评：离婚家庭因未成年人抚养费问题产生纠纷这类案件近年来比较普遍。对此，法官建议，未成年人父母间应加大沟通力度，尽量调解解决，这有利于保护未成年人身心健康，更有利于保障未成年人的合法利益。

三、律师提示

家事纠纷不同于其他民事纠纷，它是发生在具有亲属关系的社会成员之间的人身或财产纠葛，具有鲜明的道德性和伦理性。在处理家事纠纷的过程中，有时，一纸判决并不能真正化解纠纷，为法官助力，充分发挥家事调查员、家事调解员探究纠纷根源、调和家庭矛盾，缓解乃至消除家庭成员间对立情绪的积极作用，促成当事人达成谅解，恰恰是真正化解家事纠纷的有效方式。关于家事案件中的调解，笔者认为：

第一，在家事审判方式和工作机制改革的过程中，各级法院与妇联构建家事纠纷一体化处理机制，共同打造家事调解员、家事调查员队伍，将调解作为化解家事纠纷的首选方式，以柔性司法治愈家庭创伤，以联动协作共建和谐社会。①

第二，诉讼离婚中调解制度功能未得到有效发挥。调解制度是我国司法实践的有益经验，在解决家庭纠纷中备受重视，但我国调解制度还存在某些不足：一是诉前调解之不足。我国的诉前调解并非诉讼离婚的必经程序，由当事人自行选择；因选择诉前调解的家庭越来越少，人民调解委员会也不愿

---

① 2019年度江苏法院婚姻家庭十大典型案例之二：朱乙诉朱甲继承纠纷案——养老院响起法槌声　家事调解调查员助力化解继承纠纷。案情：朱某（男）与庞某（女）婚后膝下无子，只有一名养女朱甲，但双方不常来往，关系疏离。多年来，两位老人的生活起居由侄子朱乙照顾。2019年8月，两位老人自书遗嘱一份，载明二人共同所有的位于某市的一处房屋由朱乙继承，而朱乙需负责照顾两位老人直至百年。2019年10月，朱某去世。庞某居住在养老院，行动不便。其后，朱甲与朱乙因为房屋继承问题多有争执，朱甲担心朱乙后续是否可以继续照顾好庞某，有所顾虑，不愿意配合朱乙进行房屋过户。2019年11月，朱乙向法院起诉朱甲和庞某要求继承房屋二分之一的份额，并由二被告协助办理房屋产权变更手续。法院在审理过程中发现，本案的症结不仅仅在于朱某遗产继承的问题，更重要的是朱某遗孀庞某的养老问题，庞某的意愿和想法对本案的处理至关重要。承办法官当即决定在庞某所在的养老院开庭审理本案。庭审中，庞某表示，朱乙对自己和已故的老伴儿给予了无微不至的照顾，自己愿意将房屋赠与朱乙。经过家事调解调查员的耐心开解，朱甲打开心结，表示愿意多给朱乙一些信任，朱乙亦承诺会好好照顾庞某，双方今后就庞某的情况将保持沟通，如遇问题，协商处理。得知这样的处理结果，庞某频频点头肯定，表示自己愿意将房屋的二分之一先由朱乙继承，本案最终调解结案。

意主动介入他人的家庭生活，导致诉前调解的功能没有得到充分的发挥。①
二是诉中调解之不足。就诉中调解而言，离婚诉讼调解被夹杂在普通民事调解之中，且多流于形式，并未发挥纠纷解决之功能。例如，某些法院仅仅简单询问当事人是否愿意调解，若当事人不同意调解，便随即要求书记员在笔录上载明"当事人不同意调解"，即视为已遵循调解程序。②此外，我国的调解制度还存在调解人员供给不足和调解员缺乏专业训练的问题。③

---

① 陈晋、黄筱蓉：《离婚诉讼外调解制度研究——基于浙鄂川三省的实地调研》，载《江西社会科学》2014年第1期，第172页。

② 方俊：《家事审判改革的实践困境与改进路径》，载《广西民族大学学报》（哲学社会科学版）2019年第5期，第186页。

③ 汤鸣：《家事纠纷法院调解实证研究》，载《当代法学》2016年第1期，第145-146页。

第二节 ┃ 未经调解，法院能直接判决离婚吗？

调解是解决纠纷的重要途径，不论是我国诉讼离婚中的调解，还是其他国家，如澳大利亚离婚制度中灵活多样的纠纷解决机制，都有诊断、修复和治疗婚姻关系，防止轻率离婚，维护家庭稳定之功能。在我国的离婚诉讼中，法院在未经调解的情况下能直接判决离婚吗？

一、案例引入

案例来源：（2022）辽0922民初1022号[①]

案情简介：原告牛某与被告孟某婚后初期夫妻感情尚好。近年来，双方因家庭琐事产生矛盾。2021年1月，孟某向牛某承诺再不吃曲马多。同年3月，牛某怀孕，孟某以其服用曲马多药物影响胎儿健康为由要求牛某打掉胎儿。同年8月，牛某再次怀孕，孟某再次以其服用药物为由要求牛某终止妊娠。同年9月，牛某终止妊娠。2021年10月，牛某与孟某因矛盾分居生活。牛某起诉请求判令与孟某离婚；判令产权登记于孟某父亲名下的房屋归牛某所有或者由孟某给付牛某精神损害抚慰金10万元及后期治疗费、营养费10万元，共20万元。

法院认为，本案中，经法院做调解和好工作，牛某不同意与孟某和好，孟某亦同意离婚，双方感情确已彻底破裂，故准予双方离婚。因涉案房屋未能举证证明是夫妻共同财产，本案不作处理。此外，因孟某在夫妻关系存续期间多次服用"曲马多"药物，向牛某保证不再服用该药物后，以服用药物影响胎儿健康为由要求牛某终止妊娠两次，造成牛某一年内两次终止妊娠，对牛某的身心造成极大损害，应认定孟某在造成夫妻感情破裂问题上存在重大过错。故牛某作为无过错方请求精神损害赔偿，本院依法予以支持。在赔偿数额上，酌定支持精神损害赔偿金3万元。

---

① 牛某、孟某离婚纠纷案，辽宁省彰武县人民法院（2022）辽0922民初1022号民事判决书。

二、律师分析

我国《民法典》第1079条第1款、第2款规定："夫妻一方要求离婚的，可以由有关组织进行调解或者直接向人民法院提起离婚诉讼。人民法院审理离婚案件，应当进行调解；如果感情确已破裂，调解无效的，应当准予离婚。"根据该规定，诉讼内调解，即诉中调解，是诉讼离婚的必经程序。如果感情确已破裂，调解无效，才准予离婚。本案中，在诉讼过程中，法院首先安排了调解工作，对双方进行调解。但由于牛某不同意与孟某和好，孟某也同意离婚，双方夫妻感情确已破裂，调解无效，法院才支持双方离婚。一般情况下，如果法院在离婚诉讼中未先行调解，直接作出离婚判决，则属于程序违法。在判决作出后，当事人可以向法院上诉，二审法院对于严重违反法定程序的，应裁定撤销原判决，发回原审人民法院重审。① 但是，也存在例外情况。例如，若在开庭审理时，一方无故未到庭参加诉讼的，法院在缺席情况下无法进行调解，不能因此认定为程序违法。② 此外，当事人在庭审中明确表示不同意调解的，法院基于此未经调解径行判决准予双方解除婚姻关系的，也不能认定为程序违法。③

根据我国《民法典》第1079条的规定，我国的调解分为两种，一种是诉中调解，是诉讼离婚的法定必经程序。这是在法院审判人员的主持下，由双方自愿协商达成协议，解决纠纷。另一种是诉前调解，不是诉讼离婚的必经程序，由当事人自由选择。这两种调解主要有以下不同：④

第一，调解的性质不同。诉前调解不是诉讼离婚的必经程序，而诉中调解是离婚的必经程序。

---

① 《民事诉讼法》（2021修正）第177条。

② 张某与刘某甲离婚纠纷案，河南省开封市中级人民法院（2009）汴民终字第268号民事判决书。

③ 马某某与张某离婚纠纷案，甘肃省庆阳市中级人民法院（2014）庆中民终字第640号民事判决书。

④ 郭庆敏：《澳大利亚离婚制度研究》，中国人民公安大学出版社2022年版，第265页。

第二，主持调解的主体不同。诉前调解由有关组织主持，而诉中调解由法院主持。

第三，调解的时间不同。诉前调解是夫妻一方要求离婚，在向人民法院起诉前，由有关组织进行调解，也可以称为诉讼外调解。诉中调解是夫妻一方要求离婚，且已经向法院起诉，法院在审理过程中进行的调解。

调解未达成协议或者调解书送达前一方反悔的，人民法院应当及时判决。[①]离婚案件有诉讼代理人的，本人除不能表达意思以外，应当出庭；确因特殊情况无法出庭的，必须向人民法院提交书面意见。[②]对于当事人申请不公开审理的离婚案件，法院可以不公开审理。[③]

人民法院审理离婚案件与其他民事案件最大的区别在于，其他民事案件的调解，是在事实清楚的基础上，根据当事人自愿原则进行，而离婚案件的调解，是人民法院审理离婚案件的必经程序。其他案件如果不适宜调解，可以不调解，直接开庭审理。而人民法院审理离婚案件，应当先行调解，调解无效的，可以判决准予或不准予离婚。[④]

三、律师提示

关于诉讼离婚中的调解，笔者认为，应当注意以下四点：

第一，诉前调解不是离婚的必经程序，但诉中调解是离婚的必经程序。

第二，离婚诉讼中，法院不经调解直接进行判决的，属于程序违法。除非存在当事人无故未参加庭审或者坚持不愿调解等特殊情况。

---

① 《民事诉讼法》（2021修正）第102条。

② 《民事诉讼法》（2021修正）第65条。

③ 《民事诉讼法》（2021修正）第137条第2款。

④ 《民事诉讼法》（2021修正）第125条规定："当事人起诉到人民法院的民事纠纷，适宜调解的，先行调解，但当事人拒绝调解的除外。"第9条规定："人民法院审理民事案件，应当根据自愿和合法的原则进行调解；调解不成的，应当及时判决。"

第三，人民法院审理离婚案件应当进行调解，但不能久调不决。^①

第四，诉中调解是指在诉讼期间由人民法院进行的调解，经过调解可能出现三种情形：一是调解和好；二是调解离婚；三是调解无效。调解无效的，由人民法院依法作出准予离婚或者不准予离婚的判决。

---

① 《最高人民法院关于适用〈中华人民共和国民事诉讼法〉的解释》（2022修正）第145条规定："人民法院审理民事案件，应当根据自愿、合法的原则进行调解。当事人一方或者双方坚持不愿调解的，应当及时裁判。人民法院审理离婚案件，应当进行调解，但不应久调不决。"

第三节 ｜ 家事案件中的调解需要什么技巧？

人们常说，"清官难断家务事"。婚约财产纠纷、婚约无效纠纷、离婚纠纷、抚养纠纷、收养关系纠纷、继承纠纷等家事纠纷虽然较为常见，但此类纠纷的解决却并非易事。家事案件的当事人之间一般为亲属，在纠纷的背后还存在感情纠葛或家庭矛盾。因此，在处理此类案件时应重视调解，以一种较为柔性的方法化解当事人之间的情感纠葛和家庭矛盾，减少当事人的敌对情绪和心理创伤。调解在家事案件的处理中具有举足轻重的作用。但在调解过程中，需要掌握一定的技巧，才能最大限度地发挥调解的功能。

一、案例引入

案例来源：最高人民法院发布全国法院十大调解案例之五：严某泰等诉严某平等继承纠纷案[①]

案情简介：严某某与李某某系夫妻。1988年7月，严某某去世，未留有遗嘱。1994年11月，李某某去世，留有遗嘱，将上海市××路××号房屋出售，并分配了继承份额。本案原告以及三被告均为严某某与李某某的孙辈后代。1996年，三被告作为代位继承人诉至法院，要求确认遗嘱无效，后经审判认定遗嘱真实有效。后原告多次组织召开家庭会议，协商出售房产事宜，但三被告均不配合，致使房产无法出售。原告遂诉至法院。本案争议遗产是严某某与李某某夫妇共有的上海市××路××号房屋。

法院经考虑，选择了优先调解的审判方法。承办法官通过与17位当事人推心置腹地沟通，首先取得他们的一致信任。其次，以情入手，借助当事人的亲戚做说服教育工作，消除当事人之间的不信任，就继承份额达成一致意见。最后，创新调解方法，采取由各继承人推荐买家的房屋变现方案，在

---

① 《全国法院十大调解案例》，载《人民法院报》2012年3月10日第3版。

金融危机不利影响的背景下，顺利地找到了买家。在买家因为价格过高而退缩时，法官再次与当事人和买家沟通，顺利达成统一价格。案件最终调解结案，当事人当月领取了继承款。经过一年半的调解工作，一场纷争十多年的继承案件终于得到了圆满解决。

二、律师分析

本案是因遗产继承引发的典型家庭纠纷。该案中，被继承人是上海当地知名人士，继承人人数众多且分居世界各地，矛盾重重，纷争已久，办理难度很大。本案的成功调解，对人民法院审理继承等家庭案件具有很好的示范作用。我们综合本案以及其他相关案例的经验、学者观点等，归纳总结出在家事案件的调解过程中，应该具备的一些技巧：

第一，立足亲情，准确找到调解的突破口。家事案件的当事人一般发生在亲属之间，如夫妻之间、父母子女之间、兄弟姐妹之间等，这类主体亲属关系密切。因此在调解过程中，可以从亲情着手，耐心释法引导，唤起他们对和睦家庭的回忆和向往，消除或减小彼此之间的对立和矛盾。《法治日报》曾刊载了一个借助父母与子女之间的亲情关系，打消夫妻离婚想法的案例。在该案中，武某婚后经常与丈夫柳某因生活琐事发生争执，一怒之下要求离婚。后经亲朋好友劝说，武某想继续与丈夫生活。但柳某经妻子起诉离婚一闹，坚决要求离婚。法官经过与办案团队讨论后，决定进行庭前调解。魏法官将原、被告和他们的孩子共同邀约到法院进行调解。看到父母相互指责，躲在一旁的儿子哇哇大哭："我不要爸爸和妈妈分开，我不要见不到爸爸……"孩子哭红了双眼，泪水瞬间冷却了这对夫妻的怒火。经过法官的调解，柳某认识到自己的错误，在向法官表示感谢后，主动向妻子武某道歉。随后，武某主动向法院提出了撤诉申请。[①]

---

① 孙立昊洋、黄华东：《甘泉法院"诉前调解＋民间调解"提质增效》，载《法治日报》2021年8月1日第2版。

第二，最大限度地兼顾各方当事人的权益。当事人之间产生纠纷，往往是为了争取各自的利益。在这种情况下，应发挥法官、律师或者其他调解人员的积极能动性，做好当事人之间的工作，协调各方立场和利益，促使互谅互让，最终形成一致意见。在上述案例中，法院通过调解，既实现了当事人之间的继承权利，又维护了亲情和家庭和睦，同时弘扬了"和为贵"的家庭伦理和社会价值观。

第三，找准争议的焦点问题。焦点问题的解决是全案纠纷解决的关键，焦点问题的解决有利于其他问题迎刃而解。上述案例中，法院准确把握确定继承份额和巨额不动产遗产案变现分配这两个焦点，采取继承人内部竞价的方式成功变现了房屋，确保了调解成功。

第四，善于借助其他力量，创新调解方法。例如，借助当事人的亲属对当事人进行说服教育。上述案例中，法院借助当事人的亲戚做说服教育工作，以亲情感化了各方当事人，消除了各方之间的对立，为调解成功奠定了坚实的基础。再如，与其他专业人员合作，借助其他专业人员的优势和便利解决纠纷。在李某诉梁某抚养权纠纷案[1]中，粤港澳大湾区内地法院法官和澳门调解员联合主持调解，通过律师调解员协助查明澳门法律。传统法律查明存在费用昂贵、时限较长的缺陷，本案充分发挥澳门律师作用，创新跨境联合调解机制，由澳门律师调解员与法官和当事人直接沟通，释明澳门法律相关规定，无须另行出具法律查明意见书，提高了域外法查明效率，增加了裁判结果的可预期性。

第五，尽可能照顾当事人的特殊需求。在赵某静与赵某明离婚纠纷案[2]

---

[1] 广东省珠海市中级人民法院发布涉澳妇女儿童权益司法保护十大案例之三：李某诉梁某抚养权纠纷案——澳门籍调解员参与调解温情化解抚养纠纷。

[2] 江苏省高级人民法院、江苏省残疾人联合会联合发布10起残疾人民事权益司法保护典型案例之二：赵某静与赵某明离婚纠纷案——手语老师全介入 调解疏导解纠纷。基本案情：赵某静与赵某明均系聋哑人，于2006年2月登记结婚，育有一子赵某某。双方婚后一段时间感情尚可，后因性格不合、无共同语言发生矛盾，从2014年1月开始分居。赵某静认为夫妻双方感情已经破裂，向法院提起离婚诉讼。江苏省常熟市人民法院在案件审理过程中，为了充分了解当事人对于婚姻关系解除、子女抚养、财产分割问题的真实意愿，邀请手语老师参与案件调解，最终双方当事人自愿达成了离婚协议并对子女抚养及探望权问题作出了约定。

中，在审理过程中，考虑到残疾当事人的特殊司法需求，法官主动邀请手语老师参与案件调解，最终在充分尊重当事人意愿的情形下促成双方达成调解协议，照顾到了特殊群体的诉讼权利，彰显了司法的人文关怀。

第六，本着双方当事人自愿原则，依据法律并照顾当地民间习惯，充分尊重群众意见。

三、律师提示

调解需取得当事人的信任。调解需要说服当事人，因此在调解过程中，首先应取得当事人的信任。无论是调解意向的引导还是调解方案的提出，都要真心实意地为当事人着想，像对待自己或者自己亲人的事情那样对待当事人的事情。

调解需要耐心。调解工作不能急于求成，要耐心与当事人交换意见，有的案件要经过多次的沟通交流。在调解过程中，要控制好工作的力度，注意给下一步工作留有余地或创造条件。并结合当事人的心理变化，合理把握调解的节奏，缓急安排得当，促成调解协议的达成。

第四节 | 双方达成调解协议后，人民法院是否需制作调解书？

判决结案的，判决书生效后具有法律约束力。判决书中确定的权利人在义务人不履行生效判决确定的义务时，有权请求法院予以强制执行。若双方当事人通过法院调解结案的，在达成调解协议后，法院是否还需制作调解书，以保护当事人约定的权利义务呢？

一、案例引入

案例来源：（2018）鄂0111民初9758号[①]

案情简介：原告马某与被告刘某原系夫妻关系。2005年，双方购买房屋一套，并以刘某名义办理抵押贷款。2011年11月，因夫妻双方感情彻底破裂，法院判决准予离婚，但未对该房屋进行分割。后该房屋贷款未按期还贷，银行向法院起诉。2016年5月，法院判决刘某偿还贷款并支付利息、罚息，马某承担连带清偿责任。2017年11月，刘某向法院提起离婚后财产纠纷之诉，双方经法院主持调解自愿达成如下调解协议："一、×××房屋产权归原告所有，原告支付被告300000元房屋补偿款，被告在调解书生效后7日内配合原告办理房屋所有权变更登记手续；……四、双方各自对外如经手债务的，则由各自承担。"现原告以该房屋贷款应由双方共同偿还为由，再次向法院起诉。刘某认为，房屋已归马某所有，应当由马某承担房屋剩余贷款。

法院认为，依据法律规定，调解达成协议，人民法院应当制作调解书，调解书经双方当事人签收后即具有法律效力。本院生效的民事调解书约定的权利、义务是双方当事人真实的意思表示，双方应共同遵守执行。双方已约

———————

① 马某与刘某离婚后财产纠纷案，湖北省武汉市洪山区人民法院（2018）鄂0111民初9758号民事判决书。

定涉案房屋归原告所有，原告应向被告支付补偿款30万元。被告配合原告完成了该房屋产权过户手续，已经履行了义务，该房屋已登记在原告名下。该房屋剩余贷款属原告的个人债务，即应按双方第四条约定履行，由原告负责偿还，原告对此提出的诉讼请求，本院不予支持。

二、律师分析

《民事诉讼法》（2021修正）第100条规定："调解达成协议，人民法院应当制作调解书。调解书应当写明诉讼请求、案件的事实和调解结果。调解书由审判人员、书记员署名，加盖人民法院印章，送达双方当事人。调解书经双方当事人签收后，即具有法律效力。"本案中，刘某向法院提起离婚后财产纠纷之诉后，经法院主持调解，马某与刘某自愿达成调解协议，约定房屋产权归马某所有，双方各自对外经手的债务由各自承担。法院根据双方达成的调解协议制作了调解书。该调解书经当事人签收后即具有法律效力。因此，银行的贷款应由原告马某承担。

调解达成协议，人民法院应当制作调解书。当事人在法院主持调解下达成的调解协议，等同于当事人解决争议的一种契约，若无特别约定或规定，该契约从成立时生效。以生效的调解协议为基础的调解书经双方当事人签收后，即具有法律效力。人民法院的民事调解书只是对当事人意思自治形成的契约的确认，即用固定形式的法律文书确定下来，便于当事人履行和法院的强制执行。若调解未达成协议或者调解书送达前一方反悔的，人民法院应当及时判决。[①]

并非所有的民事案件在双方达成调解协议的情况下，法院都应当制作调解书。根据《民事诉讼法》（2021修正）第101条的规定，下列案件调解达成协议，人民法院可以不制作调解书：（1）调解和好的离婚案件；（2）调解维持收养关系的案件；（3）能够即时履行的案件；（4）其他不需要制作调解

---

① 《民事诉讼法》（2021修正）第102条。

书的案件。对不需要制作调解书的协议，应当记入笔录，由双方当事人、审判人员、书记员签名或者盖章后，即具有法律效力。

三、律师提示

当事人达成调解协议后，人民法院是否需制作调解协议，笔者认为，应当注意以下三点：

第一，针对可以不制作调解书的案件，法院对双方达成的调解协议，应当记入笔录，由双方当事人、审判人员、书记员签名或者盖章后，则具有法律效力。

第二，对于其他需要制作调解书的案件，调解书经双方当事人签收后，即具有法律效力。

第三，调解协议是双方当事人自愿处分其实体权利和诉讼权利的一种文书形式，是法院制作调解书的基础。它本身并无法律效力，一方或双方反悔，人民法院无从约束。但调解书却不同于调解协议。调解书是指人民法院制作的，记载当事人之间调解协议内容的法律文书。它既是当事人平等协商结果的记录，又是人民法院对当事人的协议予以确认后，依法赋予强制执行力的法律文书。

第八章
离婚诉讼证据的收集与效力

正义从来不会缺席，只会迟到。

——［美］休尼特

本章导读

◆ 离婚诉讼证据的种类主要有哪些？

◆ 离婚诉讼证据的三性是什么？

◆ 微信、QQ等互联网电子数据证据的取证与效力

◆ 录音、视频证据的取证与效力

◆ 扫描证据的效力

◆ 离婚诉讼证据收集的注意事项

第一节 | 离婚诉讼证据的种类主要有哪些？

民事诉讼中的证据，也称为民事证据，是指在民事诉讼中能够证明案件真实情况的各种资料。民事证据是民事诉讼中法院认定案件事实作出裁判的根据。[①] 离婚诉讼属于民事诉讼的范畴，在离婚诉讼中，当事人可以收集的证据主要包括哪些种类呢？

一、案例引入

案例来源：（2021）苏03民终338号[②]

案情简介：朱某与曹某原系夫妻关系。2019年6月，双方协议离婚，并签订离婚协议。坐落于徐州市的X房屋和Y房屋系双方共同所有；坐落于徐州市的房屋为公租房。双方离婚后徐州市房屋由朱某居住使用，徐州市Y房屋由曹某居住使用，徐州市X房屋由双方对外出租，朱某取得四分之三的租金，曹某取得四分之一的租金。朱某申请对徐州市Y房屋和徐州市X房屋价值进行评估。2020年7月，房地产评估公司作出《房地产估价报告》，确定徐州市X房屋在2020年5月的价值为31.97万元；徐州市Y房屋在2020年5月的价值为52.79万元。朱某向法院起诉，要求依法分割双方婚内财产。

一审法院认为，根据三套房屋的使用情况，徐州市X房屋归朱某所有，徐州市Y房屋归曹某所有为宜。因徐州市房屋为公租房，根据法律规定，目前只能处理该房屋的居住使用权，故判定该房屋由朱某居住使用，相应的租金由朱某交纳。虽然两套房屋价值存在差价，但考虑到将徐州市房屋判归朱某居住使用，朱某也获得相应的权益，故对朱某主张曹某给付房屋差价的诉讼请求，本院不予支持。

---

① 张卫平：《民事诉讼法》（第五版），法律出版社2019年版，第211页。
② 曹某与朱某离婚后财产纠纷案，江苏省徐州市中级人民法院（2021）苏03民终338号民事判决书。

二审法院认为，一审中，朱某申请对房屋价值进行评估。房地产评估公司作出的《房地产估价报告》对两套房屋的价值进行了评估。此鉴定意见的鉴定机构具有鉴定资质，鉴定程序合法，对此鉴定意见双方一审均未提出重新鉴定的申请。因此，鉴定意见即《房地产估价报告》可以作为认定案件事实的依据。一审法院依据《房地产估价报告》、房屋的使用情况，作出的处理意见已充分考虑到已评估的两套房屋价值的差价情况及公租房的实际，已适当平衡了双方当事人的合法权益，并无不当。遂判决驳回上诉，维持原判。

二、律师分析

《民事诉讼法》（2021修正）第66条规定："证据包括：（一）当事人的陈述；（二）书证；（三）物证；（四）视听资料；（五）电子数据；（六）证人证言；（七）鉴定意见；（八）勘验笔录。证据必须查证属实，才能作为认定事实的根据。"本案中，房地产评估公司作出的《房地产估价报告》，即是对两套房子价值的鉴定意见。对房屋进行鉴定的机构具有鉴定资质，鉴定程序合法，该鉴定意见属于民事诉讼证据之一，可以作为认定本案中房屋价值事实的依据。

根据《民事诉讼法》（2021修正）第66条的规定，离婚诉讼中的证据同样也包括当事人的陈述、书证、物证、视听资料、电子数据、证人证言、鉴定意见和勘验笔录。以下逐一对上述八类证据进行探究：[①]

第一，当事人的陈述。当事人的陈述，是指当事人在诉讼中就本案的事实向法院所作的陈述。《最高人民法院关于民事诉讼证据的若干规定》（2019修正）第63条第1款规定："当事人应当就案件事实作真实、完整的陈述。"关于当事人陈述的证明力，一方面，法院在认定当事人陈述的证明力时一般还需要借助其他证据来证明当事人陈述本身的真实性；另一方面，只有提出主张的一方当事人的陈述时，不能证明其主张。《最高人民法院关于民事诉

---

① 张卫平：《民事诉讼法》（第五版），法律出版社2019年版，第215-228页。

讼证据的若干规定》（2019修正）第90条第1项规定，当事人的陈述不能单独作为认定案件事实的根据。例如，在离婚诉讼夫妻双方对自己情况的陈述，法官不能仅以该陈述作为认定案件事实的根据。

第二，书证。书证是以文字、符号、图形等形式所记载的内容或表达的思想来证明案件事实的证据。书证要具有证据力，必须满足两个基本条件：一是书证是真实的；二是书证所反映的内容对待证事实能起到证明的作用。根据《民事诉讼法》（2021修正）第73条的规定，书证应当提交原件，提交外文书证，必须附有中文译本。提交原件确有困难的，可以提交复制品、照片、副本、节录本。离婚诉讼中当事人提交的结婚证、房产证、户口簿、购房协议书、保证书等，都属于书证。

第三，物证。物证是指以物的外形、性状、质地、规格等证明案件争议事实的证据。物证是民事诉讼中一种十分常见的证据形式或证据方法。根据《最高人民法院关于民事诉讼证据的若干规定》（2019修正）第22条的规定，人民法院调查收集的物证应当是原物。被调查人提供原物确有困难的，可以提供复制品或者影像资料。提供复制品或者影像资料的，应当在调查笔录中说明取证情况。在离婚诉讼中，物证包括当事人的毛发、牙刷等。

第四，视听资料。视听资料是指利用录音、录像等技术手段反映的声音、图像以及电子计算机储存的数据证明案件事实的证据。常见的视听资料有录像带、录音带、胶卷及储存于软盘、光盘、硬盘中的电脑数据等。《最高人民法院关于民事诉讼证据的若干规定》（2019修正）第15条第1款规定，当事人以视听资料作为证据的，应当提供存储该视听资料的原始载体。

第五，电子数据。电子数据，也称为电子证据，是指基于电子技术生成，以数字化形式存在于磁盘、磁带等载体，其内容可与载体分离，并可多次复制到其他载体的，能够证明案件事实的数据。离婚案件中，夫妻一方与他人之间的电子文章、电子邮件等均涉及电子数据，利用这些电子数据可以在离婚诉讼中证明某一事实的存在。

第六，证人证言。证人是指了解案件情况并向法院或当事人提供证词的人。证言是指证人将其了解的案件事实向法院所作的陈述或证词。《最高人民法院关于民事诉讼证据的若干规定》（2019修正）第67条规定："不能正确表达意思的人，不能作为证人。待证事实与其年龄、智力状况或者精神健康状况相适应的无民事行为能力人和限制民事行为能力人，可以作为证人。"

第七，鉴定意见。鉴定意见是指法院依据其职权或者依据当事人的申请，委托或者聘请具有鉴定资格的鉴定机构，由鉴定人对与案件的待证事实有关的专门性问题进行分析、鉴别和判断后所作出的结论性意见。[1]《民事诉讼法》（2021修正）第81条规定："当事人对鉴定意见有异议或者人民法院认为鉴定人有必要出庭的，鉴定人应当出庭作证。经人民法院通知，鉴定人拒不出庭作证的，鉴定意见不得作为认定事实的根据；支付鉴定费用的当事人可以要求返还鉴定费用。"

第八，勘验笔录。勘验笔录是指勘验人员对案件有关的现场进行调查、勘验所作的记录。勘验笔录可以用文字记载，也可以拍照、录像、绘图或制作模型等。笔录必须在勘验过程中当场制作，完整反映勘验的经过和结果，不能根据记忆制作。

三、律师提示

关于离婚诉讼证据的种类，应当注意以下三点：

第一，当事人陈述是在离婚诉讼中的陈述，因此在证据交换中，不存在当事人陈述这种证据，而且也无法就此种证据进行交换。在法院的判决书中也很少直接将当事人陈述作为证据，仅仅是作为当事人对案件事实的描述。

第二，在民事诉讼证据中，一般而言，书证是证据之王；在刑事诉讼证据中，物证是证据之王。[2]因此，在离婚案件中，有关证明财产权属、家庭暴力等的书证非常重要。

第三，视听资料必须合法取得才具有证据效力。非法获得的视听资料包

---

[1] 《民事诉讼法学》编写组：《民事诉讼法学》（第二版），高等教育出版社2018年版，第131页。

[2] 张卫平：《民事诉讼法》（第五版），法律出版社2019年版，第227页。

括使用法律、法规禁止的手段窃听、窃照所获得的视听资料，以侵害他人隐私权的方式取得的视听资料等。偷录、偷拍证据的合法性要根据具体情况予以判断，不能简单地认为是合法还是非法。[①]

---

① 张卫平：《民事诉讼法》（第五版），法律出版社 2019 年版，第 220 页。

第二节 ┃ 离婚诉讼证据的三性是什么？

若夫妻双方向人民法院提起离婚诉讼，负有举证责任的一方，须向人民法院提交必要的证据。离婚诉讼证据要被人民法院采纳，则需要具备离婚诉讼证据的三性（客观性、关联性、合法性）。

一、案例引入

案例来源：（2017）皖1802民初4893号①

案情简介：1991年6月，原告葛某与被告陈某按乡俗举行婚礼同居生活，1992年生育一男孩（已独立生活）。1994年5月，双方补办结婚登记手续。自2015年9月，被告离家，不与原告联系，也很少回家。2016年7月，原告以夫妻感情已经破裂为由，向法院提起离婚诉讼。法院判决不准离婚，现原告再次向法院起诉离婚。葛某围绕其诉请依法向法院提交了如下证据：身份证复印件一份、结婚登记信息表复印件一份、（2016）皖1802民初3648号民事判决书复印件一份。诉讼中，原告未能举证证明，在婚姻关系存续期间，其与被告有夫妻共同财产、共同债权及债务。

法院认为，经审查，本院认为葛某提交的三组证据符合证据的客观性、合法性和关联性，对其证明效力，本院均予以认定。婚姻是以感情为基础的，婚后原、被告因生活琐事产生矛盾，且双方未能采取有效方式化解，已经严重影响夫妻感情。2015年9月，被告无故离家出走，未与原告联系，双方互不尽夫妻义务，应认定为双方感情确已破裂，且无和好可能。由于被告未到庭，本院无法主持调解，故对原告提出的离婚请求应予准许。法院判决准予葛某与陈某离婚。

---

① 葛某与陈某离婚纠纷案，安徽省宣城市宣州区人民法院（2017）皖1802民初4893号民事判决书。

二、律师分析

离婚诉讼证据是在离婚诉讼中能够证明离婚案件真实情况的各种资料，是法院认定案件事实作出裁判的根据。作为离婚诉讼的证据必须符合民事诉讼证据的三性，即客观性、关联性和合法性。本案中，原告葛某向法院提交的证据包括身份证复印件一份、结婚登记信息表复印件一份、（2016）皖1802民初3648号民事判决书复印件一份。法院对其进行审查后，确认上述证据符合证据的客观性、合法性和关联性，并对其证明效力予以认定。

以下分别对民事诉讼证据（离婚诉讼证据）的客观性、关联性和合法性予以说明：[①]

第一，客观性。证据的客观性也称为证据的真实性，是指证据的形式和内容必须是客观存在的事实，而不是捏造或虚构的。若当事人在离婚诉讼中出示的证据不具有客观性，法院将不予采信。在赵某与甘某1离婚纠纷案[②]中，赵某提供甘某1之父的录音资料，主张甘某1之父不愿意抚养甘某2（甘某2系赵某与甘某1的女儿），法院认为仅凭该录音资料就认定甘某1之父不愿意抚养甘某2缺乏证据的客观性，且失之偏颇，故对该证据不予采信。

第二，关联性。证据的关联性，又称为相关性，是指只有与待证的案件事实之间存在客观的、内在的、必然的联系的事实，才能成为民事诉讼证据。证据的关联性要求每一个具体的证据必须对证据案件事实具有实质性意义。

第三，合法性。证据的合法性，也称为证据的法律性，是指某种事实在民事诉讼中作为认定案件事实根据的适格性或者容许性。证据的合法性具有三层含义：

一是从形式上看，证据必须具备法定表现形式。根据我国《民事诉讼法》（2021修正）的规定，民事诉讼证据有以下八种形式：当事人的陈述、

---

① 《民事诉讼法学》编写组：《民事诉讼法学》（第二版），高等教育出版社2018年版，第117—119页。

② 河南省鲁山县人民法院（2020）豫0423民初1728号民事判决书。

书证、物证、视听资料、电子数据、证人证言、鉴定意见和勘验笔录。

二是从取证方法上看，证据必须依据法定程序和方法调查收集。《最高人民法院关于适用〈中华人民共和国民事诉讼法〉的解释》（2022修正）第106条规定："对以严重侵害他人合法权益、违反法律禁止性规定或者严重违背公序良俗的方法形成或者获取的证据，不得作为认定案件事实的根据。"因此，无论是当事人还是公权力机关，其取证方法必须合法。

三是从证据使用程序上看，当事人提供的证据必须经过法定的程序才能成为定案根据。该法定程序主要指证据的质证程序，即证据应当在法庭上出示，由当事人质证。没有经过当事人质证的证据，不得作为认定案件事实的依据。但当事人在审理前的准备阶段认可的证据，经审判人员在庭审中说明后，视为质证过的证据。

三、律师提示

对于离婚诉讼证据的三性，其相互之间具有一定的逻辑联系：[①]

第一，证据的客观性是证据的自然属性，是最本质的属性，是证据的关联性和合法性的基础。

第二，证据的关联性体现了证据对证明案件事实的作用和价值，有利于缩小收集、调查、审查证据的范围，提高诉讼证明的效力。

第三，证据的合法性是在关联性的基础上对证据提出的法律要求，体现了诉讼证明与日常生活中普通形式的证明的本质区别，体现了证据的法律属性。

---

① 《民事诉讼法学》编写组：《民事诉讼法学》（第二版），高等教育出版社2018年版，第119页。

第三节 | 微信、QQ等互联网电子数据证据的取证与效力

信息技术行业的不断发展不仅方便了人们进行信息检索与交流，也极大地提高了人们工作和生活的效率。与此同时，在证据信息化的大趋势下，微信、QQ等互联网电子数据证据在证明案件事实的过程中起着越来越重要的作用。在离婚诉讼案件中，通过微信、QQ等协商确定双方权利义务的情况并不少见，此类证据也成为认定案件事实的重要证据。目前，互联网电子数据证据成为案件重要证据的比例逐步上升，特别是微信证据成为当事人证明自己主张的重要证据。微信、QQ等互联网电子数据证据的取证与效力也越来越受关注。

一、案例引入

案例来源：（2016）皖1282民初795号[①]

案情简介：2013年10月，原告李某某与被告段某某自由恋爱。2014年3月，双方办理结婚登记，婚后未生育子女。2016年正月，原、被告因家事发生纠纷后，被告外出务工。分居后双方仍有微信、QQ通信联系。李某某向法院起诉，请求与段某某离婚。李某某为支持其诉讼请求，向法院提供了身份证复印件、结婚登记审查处理表复印件、微信及QQ聊天记录影印件。

法院认为，人民法院审理离婚案件，准予或不准离婚应以夫妻感情是否确已破裂作为区分的界限。判断夫妻感情是否确已破裂，应当从婚姻基础、婚后感情、离婚原因、夫妻关系的现状和有无和好的可能等方面综合分析。本案中，李某某与段某某系自由恋爱，婚前双方具有一定的了解。李某某诉称与段某某于2016年正月因家事发生纠纷后外出打工，不能说明其分居的原

[①] 李某某与段某某离婚纠纷案，安徽省界首市人民法院（2016）皖1282民初795号民事判决书。

因是感情不和，且分居时间亦不符合法律规定，分居后双方也时常以微信、QQ聊天的方式进行联系。虽然联系中相互斗气，但综合以上事实，不能证明双方夫妻感情确已破裂，已无和好的可能。因此，判决不准双方离婚，依法驳回其他诉讼请求。

二、律师分析

我国《最高人民法院关于适用〈中华人民共和国民事诉讼法〉的解释》（2022修正）第116条第2款、第3款规定："电子数据是指通过电子邮件、电子数据交换、网上聊天记录、博客、微博客、手机短信、电子签名、域名等形成或者存储在电子介质中的信息。存储在电子介质中的录音资料和影像资料，适用电子数据的规定。"①《广州市南沙区人民法院（广东自由贸易区南沙片区人民法院）互联网电子数据证据举证、认证规程（试行）》第1条规定，互联网电子数据证据，是指当事人在民商事诉讼过程中向法院提交的，在互联网环境中使用短信、电子邮件、QQ、微信、支付宝或者其他具备通讯、支付功能的软件所产生的，能够有形地表现所载内容，并可以随时调取查用的数据信息（以下简称电子证据），包括但不限于：（1）使用通讯功能生成的对话记录，包括文字、静态和动态图片、文本文件、音频、视频、网络链接；（2）使用微信朋友圈功能发布的文字、图片、音频、视频、网络链接，其中文字包括评论和点赞；（3）使用支付、转账、红包功能产生的支付转账信息。可见，微信、QQ等互联网电子数据证据可以作为认定案件事实的依据。在本案中，原告向法院提供的微信、QQ聊天记录影印件，是法院作为认定夫妻双方感情是否确已破裂的重要证据之一。虽然双方因工作等原因分开居住，但也经常以微信、QQ聊天的方式进行联系。这不能证明双方夫妻感

260

---

① 《最高人民法院关于民事诉讼证据的若干规定》（2019修正）第14条规定："电子数据包括下列信息、电子文件：（一）网页、博客、微博客等网络平台发布的信息；（二）手机短信、电子邮件、即时通信、通讯群组等网络应用服务的通信信息；（三）用户注册信息、身份认证信息、电子交易记录、通信记录、登录日志等信息；（四）文档、图片、音频、视频、数字证书、计算机程序等电子文件；（五）其他以数字化形式存储、处理、传输的能够证明案件事实的信息。"

情确已破裂，已无和好的可能。因此，不能据此判决双方离婚。

对于微信、QQ等互联网电子数据证据，应把握以下几个要点：

第一，原件认定规则。《最高人民法院关于民事诉讼证据的若干规定》（2019修正）第15条第2款规定，当事人以电子数据作为证据的，应当提供原件。电子数据的制作者制作的与原件一致的副本，或者直接来源于电子数据的打印件或其他可以显示、识别的输出介质，视为电子数据的原件。对于证据的调查收集和保全，该规定第23条指出，人民法院调查收集电子数据，或者对电子数据采取证据保全措施，应当要求被调查人提供原始载体。提供原始载体确有困难的，可以提供复制件。提供复制件的，人民法院应当在调查笔录中说明其来源和制作经过。即遵循"最佳证据规则"，但电子数据的复制件在一定条件下也能发挥同等效力。这主要是因为电子数据具有强大的可复制性、可显示性、可传播性，就内容上而言，复制件与原件内容完全一致，例如，生活中的电子发票，其打印版本与电子版本价值相同。

第二，真实性的认定规则。《最高人民法院关于民事诉讼证据的若干规定》（2019修正）第93条规定，人民法院对于电子数据的真实性，应当结合下列因素综合判断：[①]（一）电子数据的生成、存储、传输所依赖的计算机系统的硬件、软件环境是否完整、可靠；（二）电子数据的生成、存储、传输所依赖的计算机系统的硬件、软件环境是否处于正常运行状态，或者不处于正常运行状态时对电子数据的生成、存储、传输是否有影响；（三）电子数据的生成、存储、传输所依赖的计算机系统的硬件、软件环境是否具备有效的防止出错的监测、核查手段；（四）电子数据是否被完整地保存、传输、提取，保存、传输、提取的方法是否可靠；（五）电子数据是否在正常的往来活动中形成和存储；（六）保存、传输、提取电子数据的主体是否适当；

[①] 此外，根据《最高人民法院关于民事诉讼证据的若干规定》（2019修正）第94条的规定，电子数据存在下列情形的，人民法院可以确认其真实性，但有足以反驳的相反证据的除外：（一）由当事人提交或者保管的于己不利的电子数据；（二）由记录和保存电子数据的中立第三方平台提供或者确认的；（三）在正常业务活动中形成的；（四）以档案管理方式保管的；（五）以当事人约定的方式保存、传输、提取的。电子数据的内容经公证机关公证的，人民法院应当确认其真实性，但有相反证据足以推翻的除外。

（七）影响电子数据完整性和可靠性的其他因素。人民法院认为有必要的，可以通过鉴定或者勘验等方法，审查判断电子数据的真实性。这进一步细化了对电子数据真实性的认定标准。由于电子数据具有易改性、易伪造性，在以往电子证据的收集过程中，除了经过公证机关公证的以外，法院在电子数据真实性的判断方面存在一定的困难。上述规定将电子数据真实性和可采信性进一步提升，对于电子数据的生成、存储、提取等的真实性结合具体案件中的认定，赋予法官自由裁量权，为司法实践提供指引作用。

第三，取证方法。在具体案件中，当事人因不清楚电子数据的收集保全方法，导致手中的微信等证据证明力降低。以微信证据为例，该如何按照要求收集和保全微信证据呢？这主要涉及以下几方面：

一是提交微信相关证据。（1）提供使用终端设备登录本方微信账户的过程演示，用于证明其持有微信聊天记录的合法性和本人身份的真实性。（2）提供聊天双方的个人信息界面。并结合个人信息界面中显示的手机号码、头像等信息，固定双方当事人的真实身份。（3）提供完整的聊天记录。根据微信聊天记录在使用终端中只能删除不能添加的特点，对双方各自微信客户端完整聊天信息进行对比，以验证相关信息的完整性和真实性。

二是保全微信证据。（1）针对微信证据的易删改、易丢失的特点，当事人可及时在公证处进行公证或者采取其他较为可靠的电子证据保全公司进行保全。当事人提供的电子数据如果经过了公证或第三方存证平台确认，在无相反证据的情况下，真实性应得到认可。如果此证据亦具备合法性和关联性，其证明力不会低于其他证据。（2）对于微信内的图片，一定要将图片与其他记录整体进行公证，不建议单独对图片进行保全公证。（3）通过微信传输的文件如果不及时保存会失效，还有一些网络链接等，在保全时除上述步骤外，还要保全打开后的文本文件或网络链接内容。仅仅保全下载后的文本文件或者网络链接而无法证实真实性和关联性，可能不会被法院采纳。

三是法庭展示微信证据的方式。在法庭上，法官要求出示微信的原始载体、登录软件出示电子证据时，可按以下步骤进行展示，并与固定电子证据形成的图片、音频、视频进行一致性核对：（1）由账户持有人登录微信，展示登录所使用的账户名称。（2）在通讯录中查找对方用户并点击查看个人信息，展示个人信息界面显示的备注名称、昵称、微信号、手机号等具有身份指向性的内容。（3）在个人信息界面点击"发消息"进入通讯对话框，逐一展示对话过程中生成的信息内容，对文本文件、图片、音频、视频、转账或者发红包内容，应当点击打开展示。（4）展示转账信息时，应点击通讯对话框中的聊天详情，查看转账记录，展示转账支付信息。（5）如提供的电子证据属于对话记录的（包括文字、音频、视频），应当完整地反映在对话过程中，与案件事实有关的内容不得选择性提供，法庭可要求补充提供指定期间内的完整对话记录；如故意选择性提供对话记录内容，将承担相应的法律后果。

三、律师提示

微信、QQ作为生活中最常用的社交通信软件，记录了人们日常生活的各种信息。在日常的争议解决事项中，微信、QQ证据的运用越来越多。微信、QQ证据作为电子数据的一种，对法官查明案件事实有着非常重要的作用。从预防纠纷，减少电子证据真实性方面的争议出发，对于微信、QQ等互联网电子数据证据的取证与效力，笔者认为，应当注意以下四点：

第一，鉴于微信、QQ证据的特殊属性，如果没有正确地收集和运用微信、QQ证据，微信、QQ证据的证据能力将大打折扣。因此，当事人应注意此类证据收集与运用的方式。

第二，固定专属号码。合同签订过程中，双方当事人可以约定特定微信号、QQ号作为双方文件往来和交流沟通的专用号码，防止纠纷发生后单方否认"号码为其所有"的情况，以维护诚实信用的市场秩序，减少证明成本。

第三，保存原始证据。实践中经常出现部分或全部编辑、删除电子数据的情况，这在很大程度上进一步降低了电子证据的可信度。对于原始电子证据，建议完整保存，必要情况下，可以提前进行公证。

第四，推广实名认证。对于微信、QQ等日常通信工具，进一步提倡和推动实名认证，从根本上实现电子数据有迹可循、有人可查、有责可究。

第四节 | 录音、视频证据的取证与效力

随着现代信息技术的快速发展，录音、视频等证据越来越多地出现在法院的庭审中。录音、视频等视听资料利用现代科技手段储存音像和数据，具有易于保存、生动逼真的特点，可以较为直观地再现案件事实，但也容易被人利用技术手段加以篡改。因此，对录音、视频证据的取证和效力也有严格要求。

一、案例引入

案例来源：（2015）甘民初字第7311号①

案情简介：原告刘某某与被告李某甲系夫妻，双方婚后育一女李某乙。刘某某向法院起诉，要求与李某甲离婚。庭审过程中，刘某某提供录音光盘1张、视频光盘1张、录音文字整理资料及照片4张等证据材料，4张照片显示刘某某胳膊处有一块轻微伤后痕迹。刘某某表示，通过上述证据可以证实李某甲对其实施过家庭暴力。李某甲对原告提供的证据真实性没有异议，但不承认对刘某某实施家庭暴力。同时，李某甲提供与刘某某一同去山东游玩时拍摄的照片，表示双方感情没有破裂。刘某某对该证据真实性没有异议。刘某某陈述，李某甲不偿还其母亲的欠款是导火索，现其父亲在重症病房，卖房款全部在李某甲处，被告不还钱为病重的父亲治病，导致双方夫妻感情彻底破裂。李某甲表示，其对刘某某父亲现在重症病房的事实并不知情。上述事实有结婚证、照片及当事人陈述笔录等在案为凭，这些证明材料已经开庭质证和本院的审查，予以采信。

法院认为，原告在庭审过程中虽然提供了录音、视频光盘及照片，但被

---

① 刘某某与李某甲离婚纠纷案，大连市甘井子区人民法院（2015）甘民初字第7311号民事判决书。

告在录音及视频中均没有承认殴打原告，录音及视频中体现不出被告对原告实施了暴力行为，而原告提供照片亦无法证实其胳膊上的伤后痕迹系被告所为。同时，在原告提供的录音中，双方多次提及"110"就在楼下，如李某甲对刘某某实施家庭暴力对其造成了伤害后果，刘某某可以报案进行解决，但其并没有报案。且通过录音及视频资料得知，双方因家庭琐事发生争吵，因一时冲动互相谩骂、推诿，不能以此认定李某甲对刘某某实施家庭暴力。双方之所以发生矛盾系因刘某某认为李某甲不偿还母亲借款，致使重病父亲无法得到医治，而非被告存在原则性的过错，且婚生女刚满1周岁。法院遂判决不准双方离婚。

二、律师分析

视听资料，是指利用录音、录像等技术手段反映的声音、图像以及电子计算机储存的数据证明案件事实的证据。视听资料作为一种新的证据方法是现代科技发展的结果，随着电子产品日益普及化，在诉讼中人们越来越多地使用视听资料。录音、视频也属于视听资料的范畴。《最高人民法院关于适用〈中华人民共和国民事诉讼法〉的解释》（2022修正）第116条第1款规定，视听资料包括录音资料和影像资料。另外，根据《民事诉讼法》（2021修正）第66条的规定，视听资料属于民事诉讼证据的八大证据之一。在本案中，当事人提供的录音、视频光盘属于诉讼离婚证据之视听资料。该证据虽然反映了夫妻双方之间有争吵行为，但并不能证明被告对原告实施了家庭暴力。《民事诉讼法》（2021修正）第74条规定："人民法院对视听资料，应当辨别真伪，并结合本案的其他证据，审查确定能否作为认定事实的根据。"本案中，法院还结合了其他证据，如李某甲提供的与刘某某一同去游玩的照片，综合确定双方感情并未确已破裂，最终作出不准离婚的判决。

录音、视频取证往往是在证据不足的情况下进行的，由于其取证过程一般比较隐蔽，被录音者或者被录视频者此时警惕性较低，所以，录音或视频取证较为容易实现。但录音、视频作为证据，必须合法取得。《最高人民法院关于适用〈中华人民共和国民事诉讼法〉的解释》（2022修正）第106条规定："对以严重侵害他人合法权益、违反法律禁止性规定或者严重违背公序良俗的方法形成或者获取的证据，不得作为认定案件事实的根据。"根据该规定，偷录偷拍的录音、视频等要作为合法证据使用，必须受到限制：一是不得侵害他人合法权益，包括个人隐私以及个人的生活不受干扰等。二是不得违反法律禁止性规定。采取暴力、胁迫、非法拘禁、窃听等方法取得的证据，均不能作为诉讼证据使用。三是不得违背公序良俗。故意违反社会公共利益、社会公德的偷录偷拍行为，也在禁止之列。

合法的录音、视频证据应该具备的法律条件是什么？在诉讼实践中，要使录音、录像证据成为判决依据，必须同时具备两个条件：

其一，视听资料应该提供原始载体。《最高人民法院关于民事诉讼证据的若干规定》（2019修正）第15条规定，当事人以视听资料作为证据的，应当提供存储该视听资料的原始载体。当事人以电子数据作为证据的，应当提供原件。电子数据的制作者制作的与原件一致的副本，或者直接来源于电子数据的打印件或其他可以显示、识别的输出介质，视为电子数据的原件。这要求当事人出示的录音、录像证据未被剪接、剪辑或者伪造，前后连接紧密，内容未被篡改，具有客观真实性和连贯性。

其二，视听资料不能有疑点。存有疑点的视听资料不能单独作为认定案件事实的根据。[①]法院在把录音、录像证据作为判案依据时，还要对录音、录像证据是否有疑点进行审查。若发现录音、视频存在疑点，则不能单独作为认定案件事实的根据。

三、律师提示

对于录音、视频证据的取证与效力，笔者认为，应该注意以下五点：

第一，"偷拍、偷录"的录音、视频的合法性问题要根据具体情况加以

---

① 《最高人民法院关于民事诉讼证据的若干规定》（2019修正）第90条。

判断，不能简单地认为一概合法或者一概非法。在实践中出现的个人跟踪、偷拍、偷录是否已严重侵害他人合法权益、是否违反法律禁止性规定或者是否严重违背公序良俗，由法官根据相关法律和司法解释的规定自由裁量。

第二，存有疑点的录音、视频等视听资料不能单独作为认定案件事实的证据，但经过技术处理能够消除疑点的录音、视频等视听资料仍然可以作为认定案件事实的证据。

第三，未征得对方的同意所录制的录音或者视频不一定是不合法的。我国1995年发布的《最高人民法院关于未经对方当事人同意私自录制其谈话取得的资料不能作为证据使用的批复》（已失效）指出，"证据的取得必须合法，只有经过合法途径取得的证据才能作为定案的根据。未经过对方当事人同意私自录制其谈话，系不合法行为，以这种手段取得的录音资料，不能作为证据使用"。即被录像、录音当事人不知情或未经其同意私自进行偷拍、偷录所取得的视听资料，不能作为证据采纳。但随着《最高人民法院关于民事诉讼证据的若干规定》的出台，一向被视为非法证据而一概加以排斥的私录视听资料登上了证据舞台。通过合法途径取得录音可以作为证据使用，属于视听资料法定证据的种类之一。

第四，原始证据的证明力最强。证据的原始性极为重要，录音、视频往往可以直接反映事实真相。根据《最高人民法院关于民事诉讼证据的若干规定》（2019修正）第61条的规定，"对书证、物证、视听资料进行质证时，当事人应当出示证据的原件或者原物……"，因为证据原件在民事诉讼当中相当重要，原件只能有一个，而复制件可以有很多个。在黄某与曹某1离婚纠纷案①中，原告要求抚养女儿曹某4，审理中，被告提供女儿曹某4原始的录音视频，其表示不愿意随原告生活，因此对原告要求抚养女儿曹某4的诉讼请求，本院不予支持。

第五，隐私权属于民事主体的人格权。我国《民法典》第1032条规定："自然人享有隐私权。任何组织或者个人不得以刺探、侵扰、泄露、公开等

---

① 河南省正阳县人民法院（2020）豫 1724 民初 3663 号民事判决书。

方式侵害他人的隐私权。隐私是自然人的私人生活安宁和不愿为他人知晓的私密空间、私密活动、私密信息。"可见，我国法律保护公民的隐私权，但前提是该隐私内容应当合法。因为我国法律只保护合法利益，并不保护非法利益。因此，如果某一个内容或情况虽然为他人个人所有，并不愿被他人知晓，但其实质上违反了法律规定，则并不能构成法律中所保护的隐私，所有人也不能主张隐私权。

第五节 | 扫描证据的效力

在诉讼活动中，证据的重要性不言而喻。想要获得胜诉就需要有充足的证据做支撑。但证据的种类较多，当事人提交法院的证据需要符合一定的条件，否则法院不会采信。扫描件作为一种常用的资料，其能否作为诉讼证据使用呢？如果可以，其证明效力如何呢？本节拟就此问题进行探讨。

一、案例引入

案例来源：（2015）新民一初字第01693号[①]

案情简介： 2011年11月，原告李某与被告刘某甲经人介绍认识。2012年4月，双方举行结婚仪式后开始以夫妻名义共同生活，后在民政局办理了结婚登记手续。双方均系再婚，婚后生育儿子刘某乙，现随原告生活。婚后原告经常因被告与其他女性交往密切发生争吵。2013年10月，原告与被告吵架后外出做生意，双方分居至今。原告称，双方没有共同财产、共同债权和共同债务。被告提供了一份开发项目转让合同扫描件及收据存根复印件，用以证明原告欠被告钱款，原告认为证据为复印件，对其真实性无法确认，因此对证据应不予认可。

法院认为，原、被告均系再婚，相识不久即登记结婚，双方婚前了解不够，婚姻基础一般。婚后双方经常因为被告与其他女性交往密切发生争吵。2013年10月，双方吵架后原告外出做生意，并分居至今。双方均认为彼此感情确已破裂，没有和好可能，故本院准予离婚。被告称原告欠被告钱，并提供了开发项目转让合同扫描件及收据存根复印件。原告认为证据为复印件，对证据不予认可。因被告未到庭参加诉讼，被告提供的现有证据不足以

[①] 李某与刘某甲离婚纠纷案，河北省新乐市人民法院（2015）新民一初字第01693号民事判决书。

证明原告欠被告钱款。故对被告的该项主张本院不予处理，被告待完善证据后可另行起诉。遂判决准予双方离婚。

二、律师分析

《最高人民法院关于民事诉讼证据的若干规定》（2019修正）第14条规定，图片属于电子数据。根据《民事诉讼法》（2021修正）第73条的规定："书证应当提交原件。物证应当提交原物。提交原件或者原物确有困难的，可以提交复制品、照片、副本、节录本。提交外文书证，必须附有中文译本。"书证如合同等，其扫描件证据的效力如何呢？在本案中，被告刘某甲提供了一份开发项目转让合同扫描件及收据存根复印件，用以证明原告李某欠其钱款。对于该扫描件及复印件，原告认为证据为复印件，对该证据的真实性无法确认，因此不予认可该证据。对此，法院对该证据也无法采信。因此，对于一方提供的扫描证据，另一方不予认可，又无其他证据进行佐证的，其效力得不到法院的认可。

合同原件属于原始证据，也是直接证据，其证明力较高。一方可以直接拿着合同原件去打官司，而扫描件并非原始证据，仅凭扫描件去打官司很难得到法院支持。原件也可能被篡改，但可以被鉴定出来，如原件真实，可以作为认定事实的证据，而扫描件即使鉴定真实，仍不能直接作为证据认定。

从证据的角度来说，扫描件是图片，以复印件的形式存在，从技术上可能被篡改，若仅凭该复印件去打官司是很难得到法院支持的。因此，仅扫描件的证明效力较低，不能单独作为认定事实的根据。在吴某诉叶某离婚纠纷案[①]中，法院认为，原告提交的借条系扫描件，且涉及案外人的权利，依法不予采信。

扫描证据虽不能单独作为认定事实的根据，但如果与其他证据相互印证，形成证据链条，扫描件也可以作为定案证据，从而具有较高证明效力。在沈阳

① 浙江省景宁畲族自治县人民法院（2016）浙1127民初87号民事判决书。

市某物资有限公司诉辽宁某建设工程集团有限公司等买卖合同纠纷案①中，再审法院认为，"某物资有限公司提交的提货单虽系扫描件，但根据《最高人民法院关于民事诉讼证据的若干规定》第六十九条，无法与原件核对的复印件仅是不能单独作为认定案件事实的依据，而本案工业品买卖合同中已经注明以实际提货单为准，就实际发生的交易数额问题，某物资有限公司与李某进行了结算，签订了还款保证书、填写了支票，原审中李某对此数额亦予认可，因此某物资有限公司提交的提货单扫描件系与上述证据相互结合而非单独使用，且足以构成完整的证据链，辽宁某建设工程集团有限公司就此提出的抗辩不能成立。"

此外，在没有其他证据相互印证的情况下，如果对方对扫描件待证的事实予以认可，则扫描件也可以作为定案证据。只要是双方真实意思表示且不违反法律规定即可。但是从法律风险上说，仍建议当事人采取书面原件的方式，以防发生纠纷的时候无法证明当事人当时的合意。

三、律师提示

随着经济的发展，人们法律意识的提高，为了保障合同双方当事人通过合同的订立和履行达到预期的目的，当事人之间通常会签订相关的合同。对于合同的原件与扫描件，其证明效力是有区别的：

第一，扫描件可以作为证据使用，但是证明效力较低。因此，扫描件不能单独作为认定事实的根据。

第二，扫描件作为证据时，如果没有其他证据来证明相关事实内容，对方当事人也不予认可的，法院通常不会采信该扫描件。

第三，合同原件证明力较强。但是，在实际生活中，可能存在各种各样的原因导致无法获取原件，或者获取原件较为麻烦或成本较高，只能取得相关扫描件，虽然扫描件具有一定的法律效力，但无论是扫描件还是原件，只要是合同，就一定要用公章，否则便谈不上证明力度。如果是扫描件最好用

---

① 最高人民法院 (2014) 民抗字第 31 号民事判决书。

彩色扫描，扫描件需保留原件，必要时进行比对，才能真正具备法律效力。

第四，为了使扫描件的法律效力更高，可以在合同中附加一句"双方均同意传真件、扫描件具有同等法律效力"。另外，在合同签订和履行过程中，合同双方可以借助网络平台，通过电子邮箱或QQ等传输合同、合同履行签订等电子文本，并保存相关记录，以备发生纠纷时做证据使用。

第六节 ┃ 离婚诉讼证据收集的注意事项

证据是证明未知事实或已知事实真实性的根据。民事诉讼活动主要围绕证据展开，即"打官司就是打证据"。离婚诉讼输赢的关键就在于离婚证据的准备是否充分，是否能够形成完整的证据链条。离婚证据的充分与否直接关系到法官对"夫妻感情确已破裂"等事实的认定。然而离婚证据的收集又是一个复杂且有技巧的过程，在整个数据收集过程中有许多需要注意的事项。

一、案例引入

案例来源：（2016）苏12民终38号①

案情简介：2012年1月，原告黄某甲与被告顾某甲举行婚礼。后双方生育一子黄某乙，并办理了结婚登记。2014年4月，黄某甲向法院提起离婚诉讼，经法院调解和好。2014年11月，黄某甲再次起诉离婚，未获准许。现黄某甲再次提起离婚之诉。

一审法院认为，是否准许离婚应以夫妻感情是否确已破裂为判断标准。在本案中，黄某甲与顾某甲系自主婚姻，并育有一子，在婚后的共同生活中建立了一定的夫妻感情，双方均应珍惜。近年来，双方因纠纷而长期分居，黄某甲曾提起过数次离婚诉讼，夫妻感情已不和睦。但因顾某甲目前患病且正在治疗中，黄某甲此时要求离婚不合适，故判决不准双方离婚。

二审法院认为，黄某甲在2014年4月起诉离婚时虽提出与顾某甲已自2013年10月起分居，但双方经原审法院调解后和好，据此应认定双方当时尚有夫妻感情，且自调解和好时起双方感情并未破裂。黄某甲虽再次提出离婚并主张双方因夫妻感情破裂而继续分居，但其未提交证据证明双方自调

---

① 黄某甲与顾某甲离婚纠纷案，江苏省泰州市中级人民法院（2016）苏12民终38号民事判决书。

解和好后分居时间已满两年，故根据现有证据应认定双方目前尚有夫妻感情，且未达到感情破裂的程度。黄某甲以双方分居、夫妻感情破裂为由提出离婚，证据不足，依法不予采信。对于二审中黄某甲申请对顾某甲是否患有××进行鉴定，因该鉴定申请与夫妻感情破裂与否无必然关联，本院依法不予准许。遂判驳回上诉，维持原判。

二、律师分析

根据我国《民法典》第1079条的规定，人民法院审理离婚案件，应当进行调解；如果感情确已破裂，调解无效的，应当准予离婚。有下列情形之一，调解无效的，应当准予离婚：（1）重婚或者与他人同居；（2）实施家庭暴力或者虐待、遗弃家庭成员；（3）有赌博、吸毒等恶习屡教不改；（4）因感情不和分居满二年；（5）其他导致夫妻感情破裂的情形。此外，经人民法院判决不准离婚后，双方又分居满一年，一方再次提起离婚诉讼的，应当准予离婚。本案中，黄某甲起诉离婚，但未提供证据证明存在上述调解无效，应当准予离婚的五种情形。2014年11月，黄某甲再次起诉离婚，法院审理后于2015年2月判决不准离婚，同年黄某甲再次起诉离婚。即经人民法院判决不准离婚后，双方分居也并未满一年。故不符合上述应当准予离婚的情形。

此外，《最高人民法院关于适用〈中华人民共和国民事诉讼法〉的解释》（2022修正）第121条第1款规定："当事人申请鉴定，可以在举证期限届满前提出。申请鉴定的事项与待证事实无关联，或者对证明待证事实无意义的，人民法院不予准许。"本案中，黄某甲申请对顾某甲是否患有××进行鉴定。但因该申请鉴定事项与夫妻感情破裂与否无必然关联，因此人民法院不予准许。离婚证据应具备关联性，这是证据的三性之一，但黄某甲申请鉴定得出的结论与待证事实不具有关联性。

对于离婚诉讼证据的收集，我们应注意以下方面：

第一，注意掌握离婚证据的种类。离婚证据包括：（1）当事人的陈述，当事人的陈述不能单独作为认定案件事实的依据，因此，需要当事人收集、提供其他证据进行补强；（2）书证，如夫妻一方或双方的购房合同、保证书、情书等；（3）物证，如毛发、照片、礼物等；（4）视听资料，如手机、录音笔的录音等；（5）电子数据；（6）证人证言；（7）鉴定意见，如亲子鉴定结论；（8）勘验笔录。具体包括能证明当事人的诉讼主体资格的证据，证明婚姻关系确已破裂的证据，证明子女抚养的证据，证明婚姻关系存续期间有共同财产、个人财产、债务的证据，证明可以申请离婚救济（离婚经济补偿、离婚经济帮助、离婚损害赔偿）的证据等。

第二，注意明确举证责任。诉讼离婚中，夫妻一方对自己的主张应当提供证据予以证明。根据《民事诉讼法》（2021修正）第67条第1款的规定，当事人对自己提出的主张，有责任提供证据。

第三，注意举证时间，把握举证时限。最好在案件起诉之前收集到充足的证据。主要原因在于，一是起诉之后可能来不及收集全所需证据。当事人起诉后，须在指定的举证期限内向人民法院提交证据材料，超过举证期限提交的证据材料，人民法院可能不予采纳。①一旦当事人不能在指定的举证期限内提交证据，将承担不利的后果。二是有些证据在起诉之后很难收集到。例如，关于婚外情、家庭暴力等事实的证据，当事人一旦起诉，对方就会有所防备，谨慎从事，不会让人抓到把柄。因此，在起诉之后要想取得这类证据并非易事。

第四，注意运用申请法院调查收集证据的权利。《民事诉讼法》（2021修正）第67条规定："……当事人及其诉讼代理人因客观原因不能自行收集的证据，或者人民法院认为审理案件需要的证据，人民法院应当调查收集。人民法院应当按照法定程序，全面地、客观地审查核实证据。"在离婚案件中，有些财产证据必须靠法院去收集。比如，银行存款、股票资金对账单、微信

① 《民事诉讼法》（2021修正）第68条规定："当事人对自己提出的主张应当及时提供证据。人民法院根据当事人的主张和案件审理情况，确定当事人应当提供的证据及其期限。当事人在该期限内提供证据确有困难的，可以向人民法院申请延长期限，人民法院根据当事人的申请适当延长。当事人逾期提供证据的，人民法院应当责令其说明理由；拒不说明理由或者理由不成立的，人民法院根据不同情形可以不予采纳该证据，或者采纳该证据但予以训诫、罚款。"

转账记录等，一般需要法院查询，或由法院开具调查令再委托律师收集。此外鉴定报告，比如房产价值鉴定、亲子鉴定等，均需法院委托。因此，灵活运用申请法院调取证据的权利相当重要。

关于当事人为证明具体事实需要注意收集的证据，笔者认为可以包括以下方面：

一是注意收集证明双方诉讼主体资格的离婚证据。包括：（1）证明原被告是夫妻关系的证据，如结婚证、婚姻关系证明书、户口簿以及身份证等。（2）涉及构成事实婚姻的，应提交居委会或街道办出具的证明。（3）证明被告下落不明的，应提交被告住所或经常居住地公安机关的证明。

二是注意收集证明婚姻关系破裂的离婚证据。（1）涉及家庭暴力的，可提交公安机关的出警记录、告诫书、伤情鉴定意见等；实施家庭暴力一方的保证书、认错书、悔过书等；受害人去医院治疗时保留的诊断证明、病历本、医疗费票据、照片等；实施家庭暴力或者承认实施家庭暴力的录音录像，并保留好原始的视听资料；等等。（2）涉及吸毒、赌博的，可提交居委会或街道办或公安机关出具的证明；涉及行政处罚、刑事犯罪的，应提交有关处罚决定或判决书。（3）涉及有重婚行为或有配偶与他人同居的，应提交与上述行为相关的结婚证、子女出生证、居住证明、相片或居委会、街道办、公安机关出具的证明等证据。因重婚、有配偶者与他人同居、实施家庭暴力、虐待遗弃家庭成员引起离婚的，无过错方有权请求损害赔偿。在某些离婚案件中，由于当事人未提供充分的证据证明婚姻关系确已破裂，被判决不准离婚。例如，在杨某、姚某1离婚纠纷案[①]中，法院认为，婚姻自由是处理婚姻关系问题的基本原则，夫妻感情是否确已破裂是判断是否准予离婚的标准。本案中，原告要求离婚证据不足，双方虽因琐事产生矛盾，但只要相互理解，加强沟通交流，仍有和好的可能，故判决不准离婚。

三是注意收集有关子女抚养的证据。（1）双方基本条件的取证。离婚案件中夫妻双方的基本条件，如工资、文化程度、经济状况、思想品质等。（2）双

① 山东省费县人民法院（2021）鲁1325民初4497号民事判决书。

方父母基本条件的取证。例如，祖父母、外祖父母抚养孙子女、外孙子女的意愿、身体状况、照顾方式等情况。有时候孩子不是由夫妻一方带，而是由一方的父母带。（3）孩子生活环境方面的取证。对于有未成年子女的诉讼离婚案件，法院作出的判决应有利于未成年子女的健康成长，符合儿童最大利益原则。若夫妻离婚，但一方距离学校较近，或生活小区条件好，对子女入学、生活最为有利，则有利于孩子抚养权的争取。（4）未成年子女真实意愿的取证。我国《民法典》第1084条第3款规定，已满两周岁的子女，父母双方对抚养问题协议不成的，由人民法院根据双方的具体情况，按照最有利于未成年子女的原则判决。子女已满八周岁的，应当尊重其真实意愿。在一般情况下，法院会认真听取孩子的意见。在离婚前或离婚过程中，应做好孩子的思想工作，使孩子愿意由对其最为有利一方抚养。（5）经济状况的取证。证明一方经济状况良好的，应提交工资单或其他合法收入的证明，或提交有关居住情况的证据。良好的经济状况也有利于争取子女的抚养权。

四是有关财产分割、债务处理应注意的事项。（1）证明有房产的，应提交房产证或购房合同、交款发票或出资证明。（2）证明有银行存款并申请法院调查的，应提交开户行名称和开户账号。（3）证明有股票并申请法院调查的，应提交股东代码、资金账号以及开户的证券营业部。（4）证明有车辆的，应提交行驶证、车牌号。（5）证明一方在公司拥有股权的，应提交该公司的工商登记情况、出资的证明等。（6）证明一方有债权债务的，除提交借据以外，应有相关的证据佐证。（7）证明夫妻双方财产有约定的，应提交双方签署的书面协议等相关证据。

五是关于离婚救济证据收集的注意事项。例如，一方有重婚的，可以到婚姻登记处查询婚外情一方的婚姻情况。如果有登记的，可以请求民政部门的工作人员配合，调取重婚的证据，或者查找伪造的结婚证、与他人所生小孩出生证等直接证据。再如一方与他人同居的，可以找到共同居住的房子。认定重婚罪重要的一点就是和他人同居生活。最好能够找到共同居住的房子，收集房屋租赁合同或者购房合同等来证明与他人同居生活。此外，对于如何认定双方以夫妻的名义共同生活，生活在他们周围的群众的证人证言非常关键。

无论是哪种证据的收集，所收集的证据都必须符合民事诉讼证据的三个基本特征，即客观性、关联性和合法性。

三、律师提示

对于离婚证据收集的注意事项，需要强调的是：

第一，对易消失的、不易保存的、易更改的证据应及时保全和固定。以防另一方删除或者更改证据。

第二，注意收集证据手段和方法的合法性。当事人通过不正当途径采购、安装监听和监视设备，而我国法律对这些设备的使用有严格的法律规定，可能会违反相关法律，最终将承担相关责任。

第三，偷拍偷录不合法证据与私自拍录合法证据容易混淆。《最高人民法院关于适用〈中华人民共和国民事诉讼法〉的解释》（2022修正）第106条规定："对以严重侵害他人合法权益、违反法律禁止性规定或者严重违背公序良俗的方法形成或者获取的证据，不得作为认定案件事实的根据。"因此，证据收集是否合法，要看是否严重侵犯他人合法权益、是否违反法律的禁止性规定、是否严重违背公序良俗。如侵入第三人住宅录音照相，是侵权行为。但如果在自己家取证，则不存在此类问题。再如，在自己家里安放录音设备不构成侵权，但若安放在第三人家中，就不具备合法性。此外，通过非法手段获取的在第三人居室内的两人亲昵的照片则不具备合法性，但如果是在公共场合获取的两人亲昵的照片，就具有合法性。

第九章
其他离婚纠纷的处理

人生而自由，却无往不在枷锁之中。

——［法］卢梭

◆ 向法院提起离婚诉讼后，在法院作出判决前，当事人能否申请登记离婚？

◆ 双方签署以协议离婚为条件的财产及债务处理协议后离婚未成，一方在
  离婚诉讼中反悔的，该协议是否生效？

◆ 离婚后发现还有尚未分割的夫妻共同财产，还能要求分割吗？

◆ 协议离婚后，一方不履行离婚协议，另一方能否向法院起诉？

第一节 向法院提起离婚诉讼后，在法院作出判决前，当事人能否申请登记离婚？

在离婚程序上，我国采取双轨制。夫妻双方自愿离婚的，可以向婚姻登记机关申请离婚登记，即登记离婚或协议离婚；若夫妻一方要求离婚，另一方不同意离婚或者虽然双方均同意离婚，但不能对子女抚养、财产分割等事项达成一致的，可以向法院起诉离婚，即诉讼离婚。在诉讼离婚过程中，夫妻能否同时向婚姻登记机关申请登记离婚呢？本节拟就此问题进行探讨。

一、案例引入

案例来源：（2021）豫1721民初1988号[①]

案情简介：原告张某与被告武某1于××××年××月××日生育儿子武某2，于××××年××月××日在民政局登记结婚，后生育女儿武某3。双方在共同生活中偶有生气、吵架。2021年4月，张某向法院提起诉讼，要求与武某1离婚。2021年5月，双方向民政局申请离婚登记，目前处于离婚冷静期内。

法院认为，当事人对自己提出的诉讼请求所依据的事实或者反驳对方诉讼请求所依据的事实有责任提供证据予以证明。没有提供证据或者证据不足以证明当事人的事实主张的，由负有举证责任的当事人承担不利后果。本案中，张某提出离婚，应当提供夫妻感情确已破裂的证据，没有提供该证据或提供证据不足的，应当承担对己不利的法律后果。张某与武某1结婚多年，并育有一子一女，二人在生活中偶有摩擦，并未导致夫妻感情确已彻底破裂，双方仍有和好的可能。此外，张某诉称双方夫妻感情确已破裂，武某1并不认可，张某仅有陈述，而不能提供其他相关证据证明，目前双方处于离婚冷

[①] 张某与武某1离婚纠纷案，河南省西平县人民法院（2021）豫1721民初1988号民事判决书。

静期内，武某1也愿意和好。张某提供的双方夫妻感情确已破裂的证据不足，不符合法律关于离婚规定的情形。故法院判决驳回张某的离婚诉讼请求。

二、律师分析

在诉讼离婚过程中，夫妻是否可以同时向婚姻登记机关申请登记离婚呢？我国立法并未规定在离婚诉讼未作出判决前，当事人不能申请登记离婚。在本案中，2021年4月，张某向法院提起诉讼，双方向民政局申请离婚登记。在法院审理时双方正处于离婚冷静期内。从该案来看，一方起诉离婚后，若双方同意离婚的，仍然可以向婚姻登记机关申请离婚登记。

针对登记离婚，我国《民法典》新增了离婚冷静期制度。该法第1077条规定："自婚姻登记机关收到离婚登记申请之日起三十日内，任何一方不愿意离婚的，可以向婚姻登记机关撤回离婚登记申请。前款规定期限届满后三十日内，双方应当亲自到婚姻登记机关申请发给离婚证；未申请的，视为撤回离婚登记申请。"这对于防止冲动离婚，维护家庭稳定具有积极作用。

我们建议，应当增设免除或者缩短离婚冷静期的条款。即存在家庭暴力、虐待、遗弃等情形的，可以适当缩短或者免除离婚冷静期的适用。主要原因如下：

（1）离婚冷静期的目的是防止轻率离婚，但并非所有向婚姻登记机关申请离婚的当事人都存在轻率离婚的情况，申请离婚的原因也不尽相同。

（2）一些国家对离婚冷静期或者具有冷静离婚的制度的适用规定了除外条款。例如，澳大利亚规定结婚不满两年的，原则上不得离婚。这相当于对离婚设置了"冷静期"。但是，若当事人出具双方在特定人员的帮助下考虑过和解的证明，或者当事人虽未参加和解程序，但有特殊情况的，可不受该冷静期的限制。

（3）根据我国《民法典》第1079条关于诉讼离婚的规定，"实施家庭暴力或者虐待、遗弃家庭成员"的，经调解无效，应当准予离婚。笔者建议将家庭纠纷解决服务作为登记离婚的前置程序。笔者认为，存在家庭暴力、虐待、遗弃等情形，接受家庭纠纷解决服务后仍然申请离婚的，此情形如同诉讼离婚中"经调解无效，应当准予离婚"，那么，在登记离婚中则可以适当缩短或者免除30日离婚冷静期的适用。

三、律师提示

关于诉讼离婚中是否设置离婚冷静期之思考，我国没有对诉讼离婚设置离婚冷静期。有学者建议，在诉讼离婚中也应当设立离婚冷静期，[①]但也有学者认为，离婚冷静期仅适用于登记离婚，不适用于诉讼离婚。原因在于，诉讼离婚总有一方不同意离婚，或者存在其他争议而不能达成一致意见，因而向法院起诉离婚，不存在当事人两愿离婚这种意义上的冷静问题。[②]

笔者认为，我国目前的诉讼离婚可以不设置离婚冷静期。我国诉讼离婚中设置了调解制度，并且调解是诉讼离婚的必经程序，法院进行调解的过程也给了当事人冷静思考的时间。因此，若能充分发挥诉中调解的作用，也能达到冷静离婚之目的。

此外，家庭应当树立优良家风，弘扬家庭美德，重视家庭文明建设。夫妻应当互相忠实、互相尊重、互相关爱；家庭成员应当敬老爱幼、互相帮助，维护平等、和睦、文明的婚姻家庭关系。夫妻感情是维系婚姻的基础，需要夫妻双方共同培养和呵护。登记离婚中离婚冷静期的设立对于维护家庭的稳定具有积极意义，但该制度还需要进一步完善。

---

① 郭剑平：《我国离婚冷静期制度构建的法理学思考》，载《社会科学家》2018年第7期，第26-34页；姜大伟：《离婚冷静期：由经验到逻辑——〈民法典〉第1077条评析》，载《华侨大学学报》（哲学社会科学版），第132页。

② 杨立新、蒋晓华：《对民法典婚姻家庭编草案规定离婚冷静期的立法评估》，载《河南社会科学》2019年第6期，第36页。

双方签署以协议离婚为条件的财产及债务处理协议后离婚未成，一方在离婚诉讼中反悔的，该协议是否生效？

夫妻双方达成以协议离婚为条件的财产以及债务处理协议，如果双方协议离婚未成，一方在离婚诉讼中反悔的，该离婚协议是否具有法律效力呢？若不具有法律效力，财产及债务问题又该如何处理？本节拟就此问题进行探讨。

一、案例引入

案例来源：（2021）黔0111民初4979号[①]

案情简介：2019年1月，原告李某甲与被告李某登记结婚。2020年6月，双方签订《协议书》，内容如下：一、李某与李某甲离婚；二、案涉房屋归李某所有，尚未支付的剩余房款26万元由李某甲支付，若案涉房屋更换新的房屋，新的房屋亦归李某所有，剩余房款由李某甲支付；三、李某按照李某甲要求透支李某信用卡44000元的欠款，已用于夫妻家庭共同生活，由李某甲承担；四、2019年1月以李某名义在信用社贷款50000元，该笔贷款用于偿还购买案涉房屋的借款，由李某甲承担。李某甲认定该协议书系为挽回婚姻所签订，以不离婚作为条件，李某要求离婚，故该协议书及保证书不成立。2021年1月，李某提起离婚诉讼，并要求分割案涉房屋。法院判决双方离婚，但未对案涉房屋进行分割。

法院认为，根据《最高人民法院关于适用〈中华人民共和国民法典〉婚姻家庭编的解释（一）》第69条的规定，李某与李某甲自行签订离婚协议

[①] 李某甲、李某等合同纠纷案，贵州省贵阳市花溪区人民法院（2021）黔0111民初4979号民事判决书。

书，后未能协议离婚，现李某甲亦不认可该协议中关于财产及债务处理的约定，故本院认定该协议书关于财产及债务处理的约定并未生效，该协议对李某甲不产生约束力。双方签订的《协议书》虽不发生法律效力，不能根据其内容来进行财产及共同债权债务的分割，但并不影响本院根据其内容对李某与李某甲共同债务进行认定。根据该协议书可知，信用社的贷款5万元为购买案涉房屋所借，李某个人信用卡透支的44000元系为夫妻共同生活，且李某偿还的银行信用卡金额超出44000元，故本院根据李某与李某甲签订的协议书、有双方签字的信用社借款借据认定信用社的贷款5万元、李某信用卡欠款44000元均系双方夫妻关系存续期间的共同债务。

二、律师分析

我国《最高人民法院关于适用〈中华人民共和国民法典〉婚姻家庭编的解释（一）》第69条第1款规定："当事人达成的以协议离婚或者到人民法院调解离婚为条件的财产以及债务处理协议，如果双方离婚未成，一方在离婚诉讼中反悔的，人民法院应当认定该财产以及债务处理协议没有生效，并根据实际情况依照民法典第一千零八十七条和第一千零八十九条的规定判决。"可见，夫妻双方达成的以协议离婚为条件的离婚协议为附生效条件的民事法律行为。根据我国《民法典》第158条的规定，附生效条件的民事法律行为，自条件成就时生效。因此，以协议离婚为条件的离婚协议并不自双方当事人签字时起生效，而是以双方离婚登记为生效条件。

本案中，原告李某甲与被告李某签订了以离婚为条件的财产分割及债务处理的离婚协议，但双方协议离婚未成，也未经人民法院调解离婚，且李某甲在离婚诉讼中反悔，故人民法院认定该财产以及债务处理协议并未生效。因此，首先，对于夫妻双方的共同财产，应由李某甲与李某双方协议处理；协议不成的，由人民法院根据财产的具体情况，按照照顾子女、女方和无过错方权益的原则判决。其次，对于夫妻共同债务应当共同偿还，若双方共同财产不足清偿或者财产归各自所有的，由双方协议清偿；协议不成的，则由人民法院判决。

此外，我国《民法典》第1076条规定："夫妻双方自愿离婚的，应当签订书面离婚协议，并亲自到婚姻登记机关申请离婚登记。离婚协议应当载明双方自愿离婚的意思表示和对子女抚养、财产以及债务处理等事项协商一致的意见。"第1080条规定："完成离婚登记，或者离婚判决书、调解书生效，即解除婚姻关系。"依据该规定，通过登记离婚的方式解除婚姻关系除了需要双方当事人的真实意思表示一致外，还需要通过婚姻登记机关的登记。夫妻双方仅签署离婚协议书但未到婚姻登记机关申请离婚登记，也未经法院调解离婚，故此离婚协议不发生法律效力。但如果另一方在此种情况下仍然认可离婚协议中关于财产分割或者债务处理的条款，则可以按照当事人的意思对财产和债务进行处理。遵循有约定从约定的原则。

对于未生效的离婚协议，法院一般不会依据离婚协议的内容来处理双方的财产和债务问题，但法院可以依据该离婚协议并结合其他证据以证明夫妻双方的感情问题和夫妻财产及债务情况。例如，在本案中，法院虽然认为李某甲与李某签订的离婚协议并未生效，但根据该协议的内容对李某与李某甲的共同债务进行了认定。

三、律师提示

夫妻双方签署以协议离婚为条件的财产以及债务处理协议后协议离婚未成，一方在离婚诉讼中对之前签订的离婚协议反悔的，该财产以及债务处理协议不发生效力。但需要注意如下五点：

第一，双方若协议离婚，在办理离婚登记前签订的离婚协议未生效，只有在婚姻登记机关办理离婚登记后该离婚协议才发生效力。

第二，若双方签署以协议离婚为条件的财产以及债务处理协议后离婚未成，双方对该财产以及债务处理协议均认可的，则属于双方协议处理财产及债务问题，应当予以尊重。

第三，若一方或者双方不认可该财产以及债务处理协议的，则共同财产由法院按照照顾子女、女方和无过错方权益的原则判决；夫妻共同债务由双方用共同的财产进行清偿，若双方共同财产不足清偿或者财产归各自所有且双方对债务清偿协议不成的，则由人民法院判决。

第四，即使双方签订的以协议离婚为条件的财产以及债务处理协议未生效，该协议仍然可以作为法院确定夫妻双方财产及债务状况的参考依据。

第五，协议离婚，离婚协议如有约定补偿款项或其他财物支付义务，支付时间最好是在自婚姻登记机关领取离婚证后，避免出现在未解除婚姻关系的情况下进行支付，导致该支付款被认定为夫妻共同财产在双方之间予以分割的情形。

第三节 | 离婚后发现还有尚未分割的夫妻共同财产，还能要求分割吗？

　　根据我国现行法的规定，离婚时夫妻可以就夫妻共同财产进行分割。但在实践中，离婚双方有时因为不知道对方有存款，或者对方转移、隐匿夫妻共同财产等情况，导致在离婚时漏分了部分夫妻共同财产。若一方在离婚后才发现还有尚未分割的夫妻共同财产的，是否还可以主张分割该共同财产呢？

一、案例引入

　　案例来源：（2022）辽13民终738号[①]

　　案情简介：2014年4月2日，原告刘某与被告李某经法院调解离婚。2021年11月，刘某起诉要求分割李某名下银行存款。截至2014年4月4日，李某在中国农业银行尾号为×××1的银行账户的存款余额为113868.94元；2014年4月4日，尾号为×××2的银行账户被转入508750元。截至2014年4月4日，该账户的存款余额为581425.81元。此外，2011年3月27日，李某在中国农业银行存款1000000元。本案在审理过程中，原告以上述财产属未分割的夫妻共同财产为由主张分割。被告认可上述款项属于夫妻共同财产，但称原告本次诉讼请求已超过诉讼时效，故不同意分割。

　　一审法院认为，在本案中，原、被告均认可至2014年4月4日被告在中国农业银行两个账户内的存款以及被告于2011年3月27日在中国农业银行的存款共计1695294.75元为夫妻共同财产。因上述存款在双方离婚后尚未分割，原告要求对此存款予以分割的，本院予以支持。此外，本案并不存在法律规

---

　　① 刘某、李某离婚后财产纠纷案，辽宁省朝阳市中级人民法院（2022）辽13民终738号民事判决书。

定的超出诉讼时效的情形。遂判决被告李某给付原告刘某847647.38元。

二审法院认为，本案中，李某不存在隐藏、转移夫妻共同财产等情形，故本案不适用《最高人民法院关于适用〈中华人民共和国民法典〉婚姻家庭编的解释（一）》第84条规定的三年诉讼时效之规定，而应适用上述司法解释第83条的规定，即离婚后，一方以尚有夫妻共同财产未处理为由向人民法院起诉请求分割的，经审查该财产确属离婚时未涉及的夫妻共同财产，人民法院应当依法予以分割。由于双方于2014年4月2日经法院调解离婚，同年4月4日尾号为×××2的银行账户转入508750元发生在双方离婚后，故该款项不应认定为夫妻共同财产。故判决李某名下1186544.75元银行存款属于尚未分割的夫妻共同财产，由李某与刘某共同分割，因此李某应给付刘某593272.38元。

二、律师分析

我国《最高人民法院关于适用〈中华人民共和国民法典〉婚姻家庭编的解释（一）》第83条规定："离婚后，一方以尚有夫妻共同财产未处理为由向人民法院起诉请求分割的，经审查该财产确属离婚时未涉及的夫妻共同财产，人民法院应当依法予以分割。"根据该条规定，离婚后确有未处理的夫妻共同财产，一方请求分割的，人民法院应予以支持。且此类离婚后涉及的未处理财产，不适用诉讼时效的规定。本案中，刘某与李某在离婚后，刘某以李某名下的银行存款为尚未处理的夫妻共同财产为由向人民法院请求分割，人民法院查明李某名下确实有尚未处理的夫妻共同财产，因此对该共同财产进行了分割。这种情况不适用诉讼时效的规定。此外，本条在适用上仅能以"未处理的夫妻共同财产"为范围。本案中2014年4月4日存入的款项发生在离婚后，因此不能对该财产进行分割。

对于离婚时未分割的夫妻共同财产，属于夫妻双方共有物的分割问题，夫妻双方对该共同财产享有所有权，只要没有丧失共有基础或者没有分割过，就不适用诉讼时效的规定。我国《民法典》第240条规定，所有权人对自己的不动产或者动产，依法享有占有、使用、收益和处分的权利。所有权具有完全性，因此所有权人可以对所有物进行全面的占有、使用、收益与处分。故夫妻对未分割的夫妻共同财产，可以进行分割处理。此外，所有权具有永久性，该权利不会因为诉讼时效期间的经过而消灭。①无论从程序要求、利益保护还是诉讼法规定出发，均应允许就夫妻共同财产关系单独进行处理，保护当事人的诉权。因此，离婚后，一方主张在婚姻关系存续期间夫妻有离婚时未处理的共同财产，请求法院分割的，如果确属离婚时未分割的夫妻共同财产，法院应当依法分割。

此外，我国《民法典》第1092条规定："夫妻一方隐藏、转移、变卖、毁损、挥霍夫妻共同财产，或者伪造夫妻共同债务企图侵占另一方财产的，在离婚分割夫妻共同财产时，对该方可以少分或者不分。离婚后，另一方发现有上述行为的，可以向人民法院提起诉讼，请求再次分割夫妻共同财产。"《最高人民法院关于适用〈中华人民共和国民法典〉婚姻家庭编的解释（一）》第84条规定："当事人依据民法典第一千零九十二条的规定向人民法院提起诉讼，请求再次分割夫妻共同财产的诉讼时效期间为三年，从当事人发现之日起计算。"可见，《最高人民法院关于适用〈中华人民共和国民法典〉婚姻家庭编的解释（一）》第84条规定的请求再次分割夫妻共同财产的诉讼时效期间为三年的规定，是针对夫妻一方存在隐藏、转移、变卖、毁损、挥霍夫妻共同财产，或者伪造夫妻共同债务企图侵占另一方财产的情形，而非该司法解释第83条规定的对尚未处理的夫妻共同财产要求再次分割的情形。

三、律师提示

关于离婚后发现还有尚未分割的夫妻共同财产的情况，笔者认为，应当注意以下三点：

第一，如果该财产确属离婚时未涉及的夫妻共同财产，一方主张分割

---

① 王利明、杨立新、王轶、程啸：《民法学》（第六版），法律出版社2020年版，第381页。

的，则法院应当予以分割。

第二，如果因夫妻一方隐藏、转移、变卖、毁损、挥霍夫妻共同财产，或者伪造夫妻共同债务企图侵占另一方财产而导致有未分割的夫妻共同财产，另一方请求再次分割夫妻共同财产的，应适用3年的诉讼时效限制。

第三，如果不存在上述夫妻一方隐藏、转移、变卖、毁损等情况，还有离婚时未涉及的夫妻共同财产的，一方请求分割该夫妻共同财产，不适用诉讼时效限制。

协议离婚后，一方不履行离婚协议，另一方能否向法院起诉？

夫妻双方协议离婚时，签订离婚协议就子女抚养、财产及债务处理等问题作出约定。在登记离婚后并不意味着就毫无后顾之忧，因为一方可能基于各种原因不履行协议约定的内容。另一方能否就此向法院提起诉讼呢？

一、案例引入

案例来源：（2022）京02民终1216号①

案情简介：魏某与张某原系夫妻，2020年9月，双方协议离婚。在魏某与张某签订的离婚协议书中，债务部分第2项就本案所涉的ZZKQC房屋约定为："男方父母借男女双方之名购买ZZKQC房屋一套作为养老之用楼房，因男方父母四处借钱凑得房款，其间男女双方并未出钱，ZZKQC房屋的房产权与男女双方无关，此楼房属于男方父母所有。女方魏某认同上述第2项属于事实，无异议。"离婚后，魏某起诉请求重新分割ZZKQC房屋总房款70万元。

一审法院认为，双方在离婚协议中已经约定ZZKQC房屋产权属于男方父母，女方认可该事实，故该房屋不再作为夫妻共同财产分割。但在魏某与张某婚姻关系存续期间，张某向房屋出卖方支付房款、向银行偿还购房贷款合计890093.7元。自2018年4月22日至2020年5月16日，张某父母向张某账户累计转账388100元。故在魏某与张某婚姻关系存续期间，张某父母向张某的转账总额与张某支付的房款、偿还的购房贷款总额之间存在501993.7元的差额。该部分差额应为张某在婚姻关系存续期间对该房屋的投入，应作为夫妻共同财产予以分割，遂判决张某给付魏某250996.9元。

---

① 张某与魏某离婚后财产纠纷案，北京市第二中级人民法院（2022）京02民终1216号民事判决书。

二审法院认为，双方于2020年9月登记离婚，同日，双方签署离婚协议书并在民政部门登记备案。从协议书第2项对案涉房屋的约定来看，该房屋的买卖合同、贷款手续由张某与魏某办理，即魏某应当知悉购买该房屋的目的及资金来源。在此种情形下，其仍在离婚协议书上签字认可该房屋系张某父母借名购买的养老房，资金源于张某父母借款出资，其与张某并未出资，房屋产权与双方无关，属于张某父母所有。此外，魏某亦未提交证据证明双方签字并在民政部门登记备案的离婚协议存在可撤销或者无效的法定情形，故魏某与张某均应受离婚协议书约束。故不支持魏某要求分割房款的主张。一审法院对此认定有误，本院予以纠正。遂判决撤销一审判决，驳回魏某的诉讼请求。

二、律师分析

我国《民法典》第1076条规定："夫妻双方自愿离婚的，应当签订书面离婚协议，并亲自到婚姻登记机关申请离婚登记。离婚协议应当载明双方自愿离婚的意思表示和对子女抚养、财产以及债务处理等事项协商一致的意见。"根据《最高人民法院关于适用〈中华人民共和国民法典〉婚姻家庭编的解释（一）》第69条第2款的规定，当事人依照《民法典》第1076条签订的离婚协议中关于财产以及债务处理的条款，对男女双方具有法律约束力。登记离婚后当事人因履行上述协议发生纠纷提起诉讼的，人民法院应当受理。从上述规定来看，夫妻双方通过登记离婚的方式离婚，应当签订书面离婚协议，该离婚协议应当对子女抚养、财产及债务处理进行约定。双方基于该离婚协议的约定已经办理了离婚登记，该离婚协议对双方具有法律约束力。因此双方均应当履行该离婚协议规定的义务。

本案中，魏某与张某通过登记离婚的方式离婚，并签订了书面离婚协议。该协议明确约定，ZZKQC房屋是男方父母借钱凑得房款，魏某与张某并未出资，该房属于男方父母所有。魏某对此予以认可并签字确认。由此可见，该协议对房屋的出资、产权归属、购房目的进行了明确约定。此外，在签署该协议时魏某与张某均属于完全民事行为能力人，双方意思表示真实，协议内容不违反法律、行政法规的强制性规定，亦不违背公序良俗。且双方已经根据离婚协议完成了离婚登记。因此，该协议合法有效，对双方具有约束力。魏某主张重新分割房屋总房款70万元的诉求违背了离婚协议的约定，不应得到法院的支持。

此外，我国《最高人民法院关于适用〈中华人民共和国民法典〉婚姻家庭编的解释（一）》第70条规定："夫妻双方协议离婚后就财产分割问题反悔，请求撤销财产分割协议的，人民法院应当受理。人民法院审理后，未发现订立财产分割协议时存在欺诈、胁迫等情形的，应当依法驳回当事人的诉讼请求。"因此，若夫妻双方签订离婚协议时存在欺诈、胁迫等情形，一方或者双方对离婚协议中的财产分割安排反悔的，可以主张撤销离婚协议中有关财产分割的内容。

三、律师提示

夫妻双方自愿离婚，签署书面离婚协议对子女抚养、财产分割及债务处理协商达成一致，在办理离婚登记后，一方不履行离婚协议，由此发生纠纷的，另一方可以向人民法院提起民事诉讼，人民法院应当受理。如果诉讼请求得到人民法院支持，另一方仍不履行生效的法律文书确定的义务的，该方可以向人民法院申请强制执行。

图书在版编目 (CIP) 数据

离婚纠纷法律实务 / 雷莉，郭庆敏著 . —北京：
中国法制出版社，2023.6
（大成·集）
ISBN 978-7-5216-3306-1

Ⅰ.①离⋯　Ⅱ.①雷⋯②郭⋯　Ⅲ.①离婚法—案例
—中国　Ⅳ.① D923.905

中国国家版本馆 CIP 数据核字（2023）第 032245 号

策划 / 责任编辑：刘　悦（798489332@qq.com）　　　　　　封面设计：汪要军

离婚纠纷法律实务
LIHUN JIUFEN FALÜ SHIWU

著者 / 雷莉　郭庆敏
经销 / 新华书店
印刷 / 三河市国英印务有限公司
开本 / 710 毫米 × 1000 毫米　16 开　　　　　　　　　印张 / 19　字数 / 273 千
版次 / 2023 年 6 月第 1 版　　　　　　　　　　　　　2023 年 6 月第 1 次印刷

中国法制出版社出版
书号 ISBN 978-7-5216-3306-1　　　　　　　　　　　　　　定价：69.00 元

北京市西城区西便门西里甲 16 号西便门办公区
邮政编码：100053　　　　　　　　　　　　　　　　传真：010-63141600
网址：http://www.zgfzs.com　　　　　　　　　　　编辑部电话：010-63141819
市场营销部电话：010-63141612　　　　　　　　　印务部电话：010-63141606
（如有印装质量问题，请与本社印务部联系。）